ProGenesis

95 **Thesen**
gegen die Evolution

Wissenschaftliche Kritik
am naturalistischen Weltbild

Christliche Literatur-Verbreitung e. V.
Postfach 11 01 35 · 33661 Bielefeld

1. Auflage 2009
2. überarbeitete Auflage 2010

© 2009 by CLV · Christliche Literatur-Verbreitung
Postfach 11 01 35 · 33661 Bielefeld
CLV im Internet: www.clv.de

Satz: CLV
Umschlag: CLV (Foto: Rafael Laguillo, stockxpert.com)
Druck und Bindung: CPI – Ebner & Spiegel, Ulm

ISBN 978-3-86699-220-7

Inhalt

Vorwort des Verlags

Der CLV ist doch kein Verlag für wissenschaftliche Werke, sondern für christliche Literatur ... so mag mancher denken, der dieses Buch in den Händen hält – Thesen gegen die Evolution, das ist doch eher ein Thema für die Wissenschaft!

Das ist richtig – und wiederum auch nicht, denn die Diskussion Evolution kontra Schöpfung wird nicht nur in wissenschaftlichen Kreisen geführt. In populärwissenschaftlichen Publikationen wird die Evolutionstheorie häufig als gesicherte wissenschaftliche Erkenntnis dargestellt. Alternative Modelle werden nicht beachtet und kritische Fragestellungen zur Evolutionstheorie zusammen mit den Fragenden in den Bereich des religiösen Fundamentalismus abgeschoben bzw. als unwissenschaftlich abgelehnt. Bibelgläubigen Christen wird vorgeworfen, die wenigen unklaren Randbereiche aus einer im Allgemeinen gut abgesicherten Evolutionstheorie herauszupicken, um darauf ihre rein weltanschaulich geprägte Wissenschaftskritik zu gründen und so die klare Sicht auf wissenschaftliche Fakten zu vernebeln.

Dieses Buch möchte zeigen, dass kritische Fragestellungen sich keineswegs nur auf Randbereiche beschränken, sondern im Gegenteil gerade die Fundamente der Evolutionstheorie betreffen. In 95 allgemein verständlichen Thesen werden aktuelle Forschungsergebnisse zusammengefasst und dem naturalistischen Weltbild entgegengehalten.

Die den Thesen zugrunde liegenden Fakten und Argumente wurden nach dem heutigen Stand der Erkenntnis erhoben und werden aus dem Blickwinkel der Schöpfungstheorie diskutiert. Um die Formulierungen für den wissenschaftlich interessierten Laien verständlich zu halten, wurde versucht, eine zugespitzte Darstellung ohne inhaltliche und qualitative Einbußen zu finden. Dass dabei nicht jede These die wissenschaftlichen Grundlagen bis in die Tiefe darstellt, ist ebendieser Verständlichkeit geschuldet. Aktualität, Quellenangaben, Genauigkeit und Nachvollziehbarkeit der Argumentation halten wissenschaftlichen Kriterien stand.

Da die fortschreitende Erkenntnis in fast allen Bereichen der Wissenschaft heute aktuelle Erkenntnisse schnell veralten lässt, sind sowohl Autoren als auch Verlag für Korrekturen und Hinweise dankbar.

Der Verlag

Vorwort

Rechtzeitig zu Beginn des Darwinjahres 2009 erschien am 31. Dezember 2008 in der Zeitung DIE ZEIT ein doppelseitiger Artikel mit der Überschrift »Danke, Darwin!«. Dazu waren weitere vier Ganzseiten dem Thema Evolution gewidmet. Der Dank gilt einem Mann, der vor 200 Jahren geboren wurde und dessen revolutionierendes Buch *Die Entstehung der Arten* vor 150 Jahren erschien. Schon der Philosoph Immanuel Kant (1724–1804) behauptete voller Stolz: »Gebt mir Materie, ich will eine Welt daraus bauen.« Auch der französische Mathematiker und Astronom Laplace (1749–1827) trumpfte 50 Jahre später gegenüber Napoleon auf: »Meine Theorien bedürfen nicht der Hypothese ›Gott‹.«

Diese und andere Väter des wissenschaftlichen Atheismus suchten nach einer Erklärung für die Herkunft des Lebens, in der Gott nicht mehr vorkommt. Die scheinbar rettende Antwort gab Darwin, der es denkmöglich machte, die Entstehung des Lebens »auf natürliche Weise« zu erklären.

Ist die Evolution ein brauchbares Denkmodell?

Schon ein kurzer Blick in den Bereich der Lebewesen zeigt uns durchweg hochgradig zielorientierte Konzepte: Der Pottwal, ein Säugetier, ist so ausgerüstet, dass er aus 3000 m Tiefe auftauchen kann, ohne an der gefürchteten Taucherkrankheit zu sterben. Eine riesige Menge mikroskopisch kleiner Bakterien in unserem Darmtrakt hat eingebaute Elektromotoren, die vorwärts und rückwärts laufen können. Von der vollen Funktionsweise der Organe (z. B. Herz, Leber, Niere) hängt in den meisten Fällen das Leben ab. Unfertige, sich erst entwickelnde Organe sind wertlos. Wer hier im Sinne des Darwinismus denkt, muss wissen, dass die Evolution keine Zielperspektive in Richtung eines später einmal funktionierenden Organes kennt.

Der Evolutionsbiologe G. Osche bemerkte ganz richtig: »Lebewesen können ja während bestimmter Evolutionsphasen nicht wie ein Unternehmer den Betrieb wegen Umbaus vorübergehend schließen.«

Woher kommt das Leben?

Bei all dem lauten Evolutionsgetöse unserer Tage fragt man sich: Woher kommt das Leben denn nun wirklich? Die Evolutionstheorie hat nicht die geringste Erklärung dafür, wie Lebendiges aus Unbelebtem entstehen kann. Stanley Miller (1930–2007), dessen »Ursuppenexperiment« seit den 60er-Jahren in jedem Biologiebuch erwähnt wird, gab 40 Jahre danach zu, dass keine der gegenwärtigen Hypothesen über den Ursprung des Lebens zu überzeugen vermag. Er bezeichnete sie allesamt als »Unsinn« bzw. als »chemische Kopfgeburten«. Der Mikrobiologe Louis Pasteur (1822–1895) erkannte etwas sehr Grundlegendes: »Leben kann nur von Leben kommen.«

Warum wurden die 95 Thesen dieses Buches geschrieben?

Vertreter der Evolution halten ihre Lehre über den Ursprung des Lebens und dieser Welt für eine wissenschaftliche Theorie. Nach Karl Popper muss eine empirische Theorie falsifizierbar sein. Das heißt: Auch die Evolutionstheorie muss prinzipiell widerlegbar sein. Darum wurden die Thesen dieses Buches geschrieben.

Die stärkste Argumentation in der Wissenschaft ist immer dann gegeben, wenn man Naturgesetze in dem Sinne anwenden kann, dass sie einen Prozess oder Vorgang ausschließen. Naturgesetze kennen keine Ausnahme. Aus diesem Grunde ist z. B. ein »Perpetuum mobile«, also eine Maschine, die ohne Energiezufuhr ständig läuft, ein Fantasieprodukt. Heute wissen wir, was Darwin nicht wissen konnte: In den Zellen aller Lebewesen kommt eine geradezu unvorstellbare Menge an Information vor – und dazu noch in der höchsten uns bekannten Packungsdichte. Die Bildung aller Organe geschieht informationsgesteuert, alle Abläufe in den Lebewesen funktionieren informationsgesteuert, und die Herstellung aller körpereigenen Substanzen (z. B. ca. 50 000 Proteine im menschlichen Körper) geschieht ebenso informationsgesteuert. Das Gedankensystem Evolution könnte überhaupt nur funktionieren, wenn es in der Materie eine Möglichkeit gäbe, dass durch Zufallsprozesse Information entstünde.

Information ist keine Eigenschaft der Materie:

Information ist eine nicht-materielle Größe; sie ist daher keine Eigenschaft der Materie. Die Naturgesetze über nicht-materielle Größen – insbesondere die der Information – besagen, dass Materie niemals eine nicht-materielle Größe erzeugen kann. Weiterhin gilt: Information kann nur durch einen mit Intelligenz und Willen ausgestatteten Urheber entstehen. Damit ist bereits klar: Wer Evolution für denkmöglich hält, glaubt an ein »Perpetuum mobile der Information«, also an etwas, was die allgemeingültigen Naturgesetze verbieten. Darauf werde ich im Kapitel Informationstheorie (Thesen 76-83) eingehen, das ich selbst zu diesem Buch beigetragen habe.

Fazit

Die Autoren der *95 Thesen gegen die Evolution* haben erkannt, dass die Evolutionslehre zu den größten Irrtümern der Weltgeschichte gehört. Würde es sich ausschließlich um eine rein wissenschaftliche Frage in irgendeiner Disziplin handeln, hätten sie nicht den riesigen Aufwand zur Widerlegung betrieben. Der Grund ist ein anderer: Unsere Herkunftsfrage kann uns nicht gleichgültig sein, denn sie ist aufs Engste mit der Gottesfrage verknüpft. **In Bezug auf die Glaubwürdigkeit der Bibel kommen nur die beiden Alternativen A1 und A2 infrage:**

A1: Es stimmt, dass die Herkunft und unermessliche Vielfalt des Lebens sich ausschließlich durch chemische und physikalische Gesetzmäßigkeiten und die viel zitierten Evolutionsfaktoren Mutation, Rekombination, Selektion, Isolation, lange Zeiträume, Zufall und Notwendigkeit sowie Tod erklären lässt. Konsequenterweise braucht man dann keinen Gott, und auch die Bibel beruht dann auf keinerlei göttlicher Quelle. Sie ist ein von Menschen erdachtes Buch, und Begriffe wie Himmel und Hölle oder Auferstehung und ewiges Gericht entstammen der menschlichen Fantasie und haben für uns Menschen keinerlei Relevanz.

Oder A2: Es stimmt, was Gott uns in der Bibel gesagt hat. Dann ist der Gott der Bibel der einzige lebendige Gott und die Evolution ein folgenschwerer Wissenschaftsirrtum. Der Tod ist kein Leben schaffender »Evolutionsfaktor«, sondern eine Konsequenz der Trennung von Gott (1). Wir können der ganzen Bibel glauben – so wie Jesus zu Gott, dem Vater, gebetet hat: »Dein Wort ist die Wahrheit« (2), und wie der Apostel Paulus bekannt hat: »Ich glaube allem, was geschrieben steht« (3). Wir werden nach unserem physischen Tod auferstehen und uns im Gericht vor Gott zu verantworten haben; und es gibt wirklich einen Himmel und auch eine Hölle.

Sinn und Ziel dieses Buches

Das Konzept der hier vorgelegten 95 Thesen ist unverkennbar an die 95 Thesen Martin Luthers angelehnt. Damals löste dieser eine Revolution aus, die eine weltweite Wirkung zur Folge hatte. Luther stellte die Bibel als einzige göttliche Quelle heraus und konnte mit diesem Maßstab zahlreiche Missstände und Irrlehren der damaligen römisch-katholischen Kirche entlarven. Eine ähnliche Durchschlagskraft wünsche ich auch diesen 95 Thesen.

Direktor und Professor a. D.
Dr.-Ing. Werner Gitt

Werner Gitt war bis zu seiner Pensionierung im Jahr 2002 fast 25 Jahre Direktor und Professor bei der Physikalisch-Technischen Bundesanstalt in Braunschweig.

Referenzen

(1) Paulus von Tarsus, die Bibel, Römer 6,23.
(2) Die Bibel, Johannes 17,17.
(3) Die Bibel, Apostelgeschichte 24,14.

Einleitung

Zwar sind seit der Erstveröffentlichung von Charles Darwins Buch *Von der Entstehung der Arten* am 24. November 1859 zahlreiche Fakten bekannt geworden, die ganz klar gegen die Evolutionstheorie sprechen, doch der Glaube an Evolution, Urknall und eine Milliarden Jahre alte Erde hat sich tief in das Bewusstsein der modernen Gesellschaft eingeprägt. Dabei hat diese Weltanschauung allmählich einen fundamentalistischen Charakter angenommen. In keinem anderen Bereich der Wissenschaften werden kritische Stimmen so unsachlich und vehement attackiert wie auf diesem Gebiet der Forschung. Wer zweifelt, wird aus der Debatte um die Ursprungsfragen ausgeschlossen und nicht selten bekämpft.

Die Uneinsichtigkeit der führenden Schichten in Wissenschaft, Schulwesen und Medien erinnert an die Sturheit, mit der die römisch-katholische Kirche des Mittelalters ihr damaliges Weltbild verteidigt hat. Am 31. Oktober 1517 hat der Reformator Martin Luther 95 Thesen veröffentlicht, mit denen er die seinerzeit verbreitete Ablasspraxis infrage stellte. Diese Intervention hat eine Kettenreaktion ausgelöst, die schließlich zur Reformation führte. In ähnlicher Weise sollen die hier vorliegenden 95 Thesen zu einem Umdenken in der Ursprungsdebatte beitragen.

Mit dieser Veröffentlichung wollen wir uns dafür einsetzen, dass in der Diskussion um den Ursprung der Menschheit, des irdischen Lebens und des Kosmos ein freier Umgang mit wissenschaftlichen Daten, Interpretationen und weltanschaulichen Positionen[1] möglich wird.

---

1 Von der Antike bis in die Gegenwart gibt es eine breite, kaum noch zu überblickende philosophische, weltanschauliche und naturwissenschaftliche Literatur zu Ursprungsfragen des Lebens und des Kosmos. Sollte sich darin eine zwingende Widerlegung eines oder mehrerer der hier aufgeführten Kritikpunkte an der Evolutionstheorie vorfinden, so bitten wir Sie, uns diese zukommen zu lassen.

»Im Grunde bewegen nur zwei Fragen die Menschheit: Wie hat alles angefangen, und wie wird alles enden?«

(Stephen Hawking)

»Wenn man demonstrieren könnte, dass es irgendein komplexes Organ gibt, das nicht durch eine Reihe von einander folgenden geringen Modifikationen gebildet werden konnte, würde meine Theorie absolut zusammenbrechen.«

(Charles Darwin)

»Es gibt keine noch so absurde Meinung, die die Menschen nicht leicht zu der ihrigen machten, sobald man es dahin gebracht hat, sie zu überreden, dass solche allgemein angenommen sei.«　　　　　　　*(Arthur Schopenhauer)*

»Der erste Trunk aus dem Becher der Naturwissenschaft macht atheistisch, aber auf dem Grund des Bechers wartet Gott.«

(Werner Heisenberg)

95 Thesen gegen die Evolution

01. Die Veränderung von Lebewesen über die Artgrenze hinaus (Makroevolution) durch die Bildung neuartiger Organe oder Strukturen wurde noch nie beobachtet und ist absolut unbelegt.

02. Die Forschung bringt immer mehr unsystematisch verteilte Merkmale der Lebewesen ans Licht, sodass die Hypothese eines Stammbaums der Arten als widerlegt betrachtet werden muss.

03. Für den Aufbau von irreduzibel komplexen Systemen, wie sie in den Lebewesen vorkommen, ist kein Mechanismus bekannt.

04. In rund 19 Millionen wissenschaftlichen Arbeiten wurden von 453 732 dokumentierten Mutationen lediglich 186 als vorteilhaft eingestuft, wobei bei keiner einzigen eine Zunahme von genetischer Information stattfand.

05. Die bekannten Evolutionsmechanismen Mutation, Selektion, Gentransfer, Kombination von Genabschnitten, Genduplikation und andere Faktoren genügen nicht zur Erklärung neuer Baupläne und Funktionen.

06. Die Arbeitsteilung und gegenseitige Abhängigkeit einer Vielzahl der Pflanzen- und Tierarten in einem Ökosystem (Biodiversität) widerspricht der Vorstellung einer schrittweisen Entstehung.

07. Symbiosen und fremddienliches Verhalten von verschiedenen Pflanzen und Tieren können mit den bekannten Mechanismen der Evolution nicht erklärt werden.

08. Mehr als 3000 künstliche Mutationen mit der Fruchtfliege Drosophila melanogaster seit 1908 haben keinen neuen, vorteilhafteren Bauplan hervorgebracht; die Fruchtfliege blieb immer eine Fruchtfliege.

09. Zunehmend zeigt sich, dass große Teile der sogenannten Junk-DNA, die man bis vor Kurzem als »evolutionären Ab-

fall« bezeichnet hat, sehr wohl bestimmte Funktionen erfüllen.

10. Neuere Untersuchungen legen nahe, dass sogenannte Pseudogene, die lange Zeit als funktionslos betrachtet wurden, dennoch gewisse Funktionen haben.

11. Die Hoffnung in homeotischen Genen (Steuergenen) die Schlüsselgene für makroevolutionäre Prozesse gefunden zu haben, blieb unerfüllt.

12. Rudimentäre (halbfertige oder funktionslose) Organe sind keine wertlosen Überreste einer Höherentwicklung: Die allermeisten dieser Organe haben einen konkreten Nutzen, andere belegen eine Degeneration.

13. Obschon das Biogenetische Grundgesetz von Ernst Haeckel (1834–1919) bereits zu seinen Lebzeiten als Fälschung entlarvt wurde, findet man es heute noch in vielen Schulbüchern!

14. In vielen Schulbüchern werden zahlenmäßige Veränderungen in der Birkenspannerpopulation als Beispiel für Evolution beschrieben; dabei kann noch nicht einmal von Mikroevolution gesprochen werden.

15. Alle DDT-resistenten Insekten sind genetische Varianten, die es seit jeher gegeben hat und die seit jeher gegen dieses Insektengift resistent waren.

16. Die Tatsache, dass Bakterien gegen Antibiotika resistent werden können, ist kein Beispiel für Höherentwicklung, da die Mutationen, die dazu führen, in der Regel einen Verlust von Information im Genom zur Folge haben.

17. Die Stasis (Stillstand) im Fossilbericht indiziert, dass keine neuen Formen und Organe entstehen und dass die Grundtypen im Wesentlichen über die gesamte Erdgeschichte hinweg unverändert geblieben sind.

18. Damit ein Lebewesen zu einem Fossil werden kann, muss es schnell mit Sedimenten überdeckt und von Luft abgeschlossen werden, weil es sonst verwest oder verfault.

19. Die Übergänge (Missing Links) von Fischen zu Amphibien,

von Amphibien zu Reptilien und von Reptilien zu Vögeln und Säugetieren sind auch nach 150-jähriger Fossilienforschung nicht gefunden worden.

20. Die sogenannte Kambrische Explosion (gleichzeitiges Auftreten der meisten Stämme im Kambrium) spricht gegen die Theorie, dass die Lebewesen gemeinsame Vorfahren haben.

21. Weil natürliche Erosion die Kontinente der Erde in 10 Millionen Jahren bis auf Meereshöhe abtragen würde, dürfte es keine wesentlich älteren Gesteinsschichten geben, die Fossilien enthalten.

22. Es gibt kein einziges Flussdelta, das mehr als einige Tausend Jahre alt ist, was einer Milliarden Jahre andauernden Erdgeschichte komplett widerspricht.

23. Beim Ausbruch des Vulkans Mount St. Helens im Jahre 1980 sind geologische Formationen entstanden, die weitgehend mit solchen übereinstimmen, die angeblich in einem viele Millionen Jahre dauernden Prozess entstanden sein sollen.

24. Die Merkmale der Sedimentschichten, die sichtbar und für die Forschung zugänglich sind, zeugen von kurzen und intensiven Ablagerungsprozessen.

25. Die Schichtgrenzen von geologischen Formationen weisen in der Regel keine oder nur eine geringfügige Oberflächenerosion, Bioturbation und Bodenbildung auf, was gegen ein hohes Alter der Schichten spricht.

26. Polystrate Fossilien, also Baumstämme und fossile Tiere, die sich über mehrere geologische Schichten erstrecken, widersprechen einer langsamen Entstehung dieser Schichten.

27. Die Existenz sogenannter lebender Fossilien lässt Zweifel an den gängigen Interpretationen des Fossilberichts aufkommen.

28. Funde menschlicher Artefakte in Erdschichten, die älter als 2 Millionen Jahre sind, stellen die Zuverlässigkeit der konventionellen Zeittafel infrage.

29. Die lebensfähigen Mikroben, die man oft in alten Salz- und

Kohlelagerstätten findet, können unmöglich bis zu 500 Millionen Jahre alt sein.

30. Neuere Erkenntnisse zur mikroevolutionären Artenbildung (Unterartbildung) zeigen, dass die Artenvielfalt der fossilen Meerestiere im Nusplinger Plattenkalk in wenigen Jahrzehnten entstehen konnte.

31. Neuere Beobachtungen und Berechnungen legen den Schluss nahe, dass die bekannten Granitdiapire bis zu 100 000-mal schneller entstanden sind, als bisher angenommen wurde.

32. »Vivum ex vivo« (Leben kommt nur von Leben) – diese von Louis Pasteur formulierte Aussage ist bis heute unwiderlegt.

33. Hunderte von sogenannten Miller-Experimenten (Ursuppensimulationen) konnten die zufällige Entstehung des Lebens weder erklären noch beweisen.

34. Laborexperimente zeigen, dass eine zufällige Entstehung der DNA unter Ursuppenbedingungen und ohne hilfreiche Matrix (wie sie eine lebende Zelle bietet) nicht möglich ist.

35. Da sich in einer hypothetischen Ursuppe mit Sicherheit auch Wasser befunden hätte, ist es unmöglich, dass sich darin längere Aminosäureketten oder gar komplette Eiweiße (Proteine) gebildet haben könnten.

36. Weil zum Aufbau einer lebenden Zelle nur linksdrehende Aminosäuren verwendet werden dürfen, ist eine zufällige Entstehung von Zellen undenkbar.

37. Die korrekte Faltung von Proteinen funktioniert informationsgesteuert und kann nicht zufällig zustande kommen.

38. Eine zufällige Entstehung der korrekten Adressierung der Proteine in den Zellen ist nicht vorstellbar.

39. Der Mechanismus, der die Produktion von Proteinen startet und stoppt, muss bei jeder Zelle von Anfang an richtig funktionieren.

40. Die zellinternen Kontrollmechanismen wirken jeder artübergreifenden Entwicklung entgegen, denn das Leben ist

grundsätzlich auf die Bewahrung der bestehenden Proteine (Stasis) eingerichtet.

41. Da die Resultate verschiedener radiometrischer Messmethoden beim gleichen Gestein systematisch markant differieren, muss bei den Messmethoden und/oder deren Auswertung ein systematischer Fehler vorliegen.

42. Messungen mit einem modernen Accelerator Mass Spectrometer (AMS) an kohlenstoffhaltigen Materialien wie Grafit, Marmor, Anthrazit und Diamanten zeigen ein Alter von weniger als 90 000 Jahren, trotzdem wird ihnen ein viele Millionen Jahre hohes Alter zugeschrieben.

43. In Gesteinsschichten, die angeblich Milliarden Jahre alt sind, kann man Zirkone finden, die aufgrund ihres Heliumgehalts wahrscheinlich nur 4000 bis 8000 Jahre alt sind.

44. Neben Uran-238 zerfallen 52 weitere Elemente mit einer Halbwertszeit von einigen Mikrosekunden bis einigen Tausend Jahren ebenfalls zu Blei-206, die in den Berechnungen der konventionellen Radiometrie nicht berücksichtigt sind.

45. Wenn man die radioaktiven Materialien bis auf Plasmatemperaturen erwärmt, sinkt beispielsweise die Halbwertszeit von Uran-238 von 4,5 Milliarden Jahren auf nur 2,08 Minuten; das widerspricht der Meinung, dass die Halbwertszeiten der radioaktiven Elemente konstant sind.

46. Die Häufigkeit der Uran- und Polonium-Strahlungshöfe im Granit des Paläozoikums/Mesozoikums weist auf eine oder mehrere Phasen vorübergehenden beschleunigten radioaktiven Zerfalls hin.

47. Die aus dem Erdinneren austretende Heliummenge macht nur 4 % der Menge aus, die man aufgrund der ebenfalls austretenden Wärme erwartet, was einem Erdalter von 4,5 Milliarden Jahren widerspricht.

48. Die gemessene ständige Abnahme des Erdmagnetfeldes weist auf ein Erdalter von weniger als 10 000 Jahren hin.

49. Wenn die aktuellen Prozesse der Ein- und Ausfuhr von Salz in die Weltmeere seit 3,5 Milliarden Jahren andauern

würden, müssten die Weltmeere den 56-fachen Salzgehalt haben.

50. Anhand der Nickelmenge, die jährlich durch die Flüsse in die Meere transportiert wird, und des aktuellen Nickelgehalts der Ozeane lässt sich berechnen, dass die heutigen Prozesse seit maximal 300 000 Jahren ablaufen.

51. Die Aussage, dass es lange Zeiträume braucht, damit Öl, Kohle oder versteinertes Holz entstehen kann, ist überholt.

52. Da kein Mechanismus bekannt ist, der aus der sogenannten Singularität herausführen könnte, ist das Konzept der Urknalltheorie völlig spekulativ.

53. Die Entstehung der Galaxien kann im Rahmen der Urknalltheorie nicht erklärt werden.

54. Trotz anhaltender Versicherungen vieler Kosmologen ist die Sternentstehung nach wie vor ungelöst.

55. Wie aus einer Gas- und Staubscheibe Planeten entstehen konnten, ist unklar und höchst umstritten.

56. Die unterschiedlichen Oberflächen von Planeten und Monden lassen Zweifel an der Theorie aufkommen, dass alle diese aus einer homogenen Gas- und Staubwolke entstanden sein sollen.

57. Ein 4,5 Milliarden Jahre altes Sonnensystem ist schwer denkbar, da einige Planeten »bereits« nach 10 Millionen Jahren in chaotische Bahnen geraten können.

58. Die gemessene Veränderung der Erde-Mond-Distanz ist so groß, dass der Mond bei einem postulierten Alter von 4,5 Milliarden Jahren um das 3,5-fache weiter von der Erde entfernt sein müsste.

59. Dass alle vier Gasplaneten gleichzeitig Ringe tragen, ist bemerkenswert, da diese Ringe maximal einige 10 000 Jahre alt sein können.

60. In unserem Sonnensystem gibt es viel weniger kurzperiodische Kometen, als man in einem Milliarden Jahre alten Planetensystem erwarten würde.

61. Es gibt weniger Supernova-Überreste in unserer Milch-straße, als man nach vielen Milliarden Jahren erwarten würde.

62. Der systematische Unterschied der Metallizität zwischen weit entfernten und nahen Objekten, der nach dem Modell der Urknalltheorie zu erwarten wäre, fehlt.

63. Die unglaublich genaue Feinabstimmung der verschiede-nen Naturkonstanten, die das irdische Leben erst möglich machen, kann nicht das Ergebnis eines blinden Zufalls sein.

64. Die kosmische Mikrowellen-Hintergrundstrahlung ist viel gleichmäßiger, als man anhand der Urknalltheorie erwar-tet.

65. Die heutige Wissenschaft forscht unter dem Paradigma der Evolution (Makroevolutions-, Ursuppen- und Urknall-theorie), deren Grundlagen nicht bewiesen werden kön-nen.

66. Es gelingt nicht, die Welt mit rein natürlichen Größen zu erklären, da nicht definiert werden kann, wo das Natür-liche aufhört und das Übernatürliche beginnt.

67. Die Evolutionstheorie ist philosophischen Ursprungs (Auf-klärung, Rationalismus, Naturalismus) und ihrem Wesen nach ein religiöses Dogma mit einem wissenschaftlichen Anstrich.

68. Viele Aussagen der evolutionären Psychologie erweisen sich als Zirkelschlüsse oder sind so schwammig und un-differenziert formuliert, dass man sie lediglich als plausibel klingende Geschichten betrachten kann, die sich weder be-stätigen noch widerlegen lassen.

69. Die Begründung der Makroevolution mit der Kombination der Faktoren zufällige Mutationen und notwendige Selek-tion ist aufgrund des Zufallsbegriffs im Ergebnis stets sub-stanzlos, d. h. ohne Aussage.

70. Die kausale Evolutionsforschung kann mit Erfahrungs-sätzen (Beschreibung berechenbarer und vorhersehbarer Abläufe) unmöglich eine nach eigener Theorie zufällige,

also unberechenbare und unvorhersehbare Entwicklung beweisen.

71. Ähnlichkeiten (homologe Organe) sind kein Beweis für Abstammung; sie zeigen lediglich, dass bei unterschiedlichen Lebewesen dieselben Grundprinzipien zur Anwendung kommen.

72. Die Beobachtung, dass es in der freien Natur keine unfertigen Ökosysteme gibt und die allermeisten Lebewesen einen Beitrag zum Gemeinwohl des gesamten Ökosystems leisten, widerspricht einer zufälligen Entwicklung.

73. Dem Glaubenssatz der zufälligen Entstehung der unzähligen kosmischen und biologischen Strukturen widersprechen die Zielgerichtetheit (Teleologie) und Planmäßigkeit, die in der ganzen Natur erkennbar sind.

74. Die Frage nach dem Sinn des Lebens kann aus der Evolutionslehre nicht beantwortet werden.

75. Die in der Natur vorkommende unzweckmäßige Schönheit kann mit dem naturalistischen Ansatz nicht erklärt werden.

76. Der in allen Lebensformen vorgefundene Code lässt nur den Schluss auf einen intelligenten Urheber/Sender dieser Information zu.

77. Das Konzept, womit die DNA-Moleküle codiert sind, übertrifft alle modernen menschlichen Informationstechnologien bei Weitem und kann sich nicht zufällig aus lebloser Materie entwickelt haben.

78. Das Wissen darüber, wie z. B. DNA-Moleküle programmiert werden können, reicht nicht aus, um Leben entstehen zu lassen; dazu ist zusätzlich die Fähigkeit erforderlich, alle benötigten Biomaschinen bauen zu können.

79. Weil sinnvolle Information wesensmäßig eine nicht-materielle Größe ist, kann sie nicht von einer materiellen Größe herstammen.

80. Der Mensch ist in der Lage, sinnvolle Informationen zu kreieren; da diese Informationen nicht-materieller Natur

sind, können sie nicht von unserem materiellen Teil (Körper) stammen.

81. Die Behauptung, dass das Universum allein aus einer Singularität hervorgegangen sei (wissenschaftlicher Materialismus), steht im Widerspruch zu der nicht-materiellen Größe der Information.

82. Da alle Theorien der chemischen und biologischen Evolution fordern, dass die Information allein von Materie und Energie stammen muss, können wir schließen, dass all diese Konzepte falsch sind.

83. Aus der naturgesetzlichen Information im Universum und der prophetischen Information der Bibel lassen sich Beweise für die Existenz Gottes ableiten.

84. Die Flutberichte aller alten Kulturen auf allen fünf Kontinenten zeugen davon, dass in der Vergangenheit tatsächlich eine oder mehrere gigantische Katastrophen stattgefunden haben.

85. Die Hinterlassenschaften (vor allem Steinwerkzeuge) unserer Vorfahren erlauben höchstens einige Tausend Jahre menschlicher Vorgeschichte.

86. Von dem hypothetischen gemeinsamen Vorfahren von Affe und Mensch fehlt nach wie vor jede Spur.

87. Um aus einem gemeinsamen Vorfahren einen Menschen und einen Schimpansen hervorzubringen, wären mindestens 75 Millionen »richtige« Mutationen nötig gewesen, was höchst unwahrscheinlich ist.

88. Der aufrechte Gang des Menschen bedingt eine gleichzeitige koordinierte Veränderung von mehreren Merkmalen im Skelett und den Muskeln, was einer zufälligen, ungerichteten Entwicklung widerspricht.

89. Das menschliche Auge ist ein irreduzibel komplexes System, das bereits Darwin als möglichen Beleg gegen seine Theorie anführte.

90. Aufgrund neuer Forschungsergebnisse steht fest, dass die Anordnung der lichtempfindlichen Zellen im mensch-

lichen Auge entgegen früheren Behauptungen optimal konzipiert ist.

91. Untersuchungen an alten Sprachen haben ergeben, dass diese am Anfang komplexer waren und mit der Zeit einfacher wurden, was einer evolutionären Höherentwicklung des Menschen widerspricht.

92. Untersuchungen von sogenannten Nahtoderlebnissen legen nahe, dass das Bewusstsein des Menschen unabhängig vom Körper existiert.

93. Die menschliche Fähigkeit zur technischen und künstlerischen Kreativität deutet darauf hin, dass sich der menschliche Geist nicht aus der Materie entwickelt haben kann.

94. Das Gewissen und die Ethik werden sich kaum in einem seit Millionen von Jahren dauernden gnadenlosen Überlebenskampf entwickelt haben.

95. Die Existenz des Phänomens Liebe lässt sich nicht mit den Vorstellungen der Evolutionslehre vereinbaren.

Biologie

Die Evolutionstheorie, wie sie heute an den meisten Schulen gelehrt wird, besagt, dass alle Lebewesen auf unserer Erde miteinander verwandt sind und von Einzellern und deren Vorstufen abstammen sollen. Ist das wirklich wahr? Welche naturwissenschaftlichen Belege gibt es für diese Annahme?

Entwicklungen und genetische Veränderungen im Individuum und in der Abfolge der Generationen ereignen sich tatsächlich bei Lebewesen. Um Missverständnisse zu vermeiden, ist es jedoch notwendig, zwischen Mikro- und Makroevolution zu unterscheiden:

Mikroevolution bedeutet, dass sich in Lebewesen während ihrer biologischen Geschichte (als Art und Individuum) bereits vorhandene Strukturen und Funktionen verändern, ohne dass dabei der Grundbauplan des Lebewesens verändert wird. So kann sich aus einem Wolf über viele Generationen ein Hund entwickeln, die berühmten Darwinfinken können Form und Größe ihres Schnabels verändern, etc. Solche Modifikationen erfolgen jedoch stets innerhalb einer gewissen Bandbreite, die nicht überschritten wird.

Makroevolution würde bedeuten, dass in Lebewesen durch verschiedene Ereignisse in ihrer genetischen Ausstattung vorher nicht vorhandene komplexe Organe und Funktionen gänzlich neu entstehen. So soll sich in der Vergangenheit (über viele Generationen und zahlreiche Zwischenstufen) aus einfachen Einzellern ein Fisch, daraus ein Reptil, ein Vogel, ein Hase etc. entwickelt haben. Dass solche makroevolutionäre Prozesse tatsächlich stattgefunden haben[2], muss nach 150 Jahren Evolutionsforschung deutlich infrage gestellt werden.

---

2 Erfolgreiche Neukonstruktionen müssten sich in die bestehenden Muster der räumlichen, zeitlichen und hierarchischen Genaktivitäten einfügen und dürften die vital notwendigen physiologischen, sozialen, fortpflanzungsbiologischen und ökologischen Lebensmuster in keiner Zwischenstufe stören.

01 Mikro- und Makroevolution

Es gibt kein einziges belegbares Beispiel für Makroevolution. Aneinandergereihte Mikroevolution ergibt keine Makroevolution, weil dabei keine neuartigen Organe, Strukturen und Funktionen entstehen und keine Zunahme entsprechender Information in der Erbsubstanz des Lebewesens stattfindet. Hinzu kommt, dass heute beobachtete Mikroevolution teilweise 10 000 bis 10 Millionen Mal schneller abläuft, als das im Allgemeinen von den Fossilien abgeleitet wird.

Entwicklungen, genetische Veränderungen im Individuum und in der Abfolge der Generationen gibt es tatsächlich. Gute Beispiele dafür sind Rassenbildungen innerhalb einer biologischen Art. So sind aus der Art Grauwolf (Canis lupus) Hunderte von Hunderassen – vom Pekinesen bis zum Bernhardiner – hervorgegangen. **Hund bleibt jedoch Hund. Das ist Mikroevolution.**

Beobachtet wird eine große Variabilität innerhalb einer nicht überschrittenen Bandbreite. Eine breite Rassenentwicklung erfolgte besonders bei Haustieren. Hier hat der Mensch Mutationen gesammelt, miteinander gekreuzt und nach seinen Wünschen selektiert. So wurde zum Beispiel die Art Felsentaube (Columba livia), mit der sich auch Charles Darwin intensiv beschäftigt hat, durch Züchterhand in über tausend Rassen aufgegliedert.

Während seiner Forschungsreise auf den Galapagos-Inseln hat Darwin Präparate von unterschiedlichen Finken gesammelt. Auf diesen Pazifikinseln kommen auffallend viele Finkenarten vor (insgesamt werden 13 Arten unterschieden, die sich im Wesentlichen in der Körpergröße sowie in der Schnabelform und -größe unterscheiden). Oft werden diese Darwinfinken als ein Beweis für Evolution im Allgemeinen angeführt, obschon unumstritten ist, dass sich die Veränderungen dieser Vögel im Bereich der Mikroevolution befinden. Diese verschiedenen Ausprägungen sind immer noch Finken und werden auch weiterhin Finken bleiben (1).

Makroevolutionäre Entwicklungen

Gemäß Darwins Lehre von der Abstammung der Arten sollen Lebewesen in ihrer biologischen Geschichte durch spontane Ereignisse in ihrem genetischen Apparat (Mutation, Selektion, Gentransfer, Kombination von Genabschnitten, Genduplikation und andere Faktoren) gänzlich neue, vorher nicht vorhandene komplexe Baupläne, Organe und Funktionen hervorbringen können. In diesem Sinne wird in der Regel der Begriff »Höherentwicklung« verwendet.

Im Fall einer angenommenen Höherentwicklung, wie zum Beispiel der Säugetiere aus Reptilien, müssten Strukturen wie Haare, Milchdrüsen, Einrichtungen für die Temperaturregulation und alles, was die Säugetiere sonst von den Reptilien unterscheidet, neu entstehen. **Doch:**

Diese angeblich neu entstandenen Strukturen unterscheiden sich von »alten« Strukturen nicht nur in einem Gen, sondern meistens in vielen Genen, deren räumliches und zeitliches Aktivitätsmuster sinnvoll aufeinander abgestimmt sein muss. Bei makroevolutionären Prozessen müsste dies auch bei jeder einzelnen (!) Zwischenform der Fall sein. Das Orchester der Gene muss immer stimmen.

Was ist Evolution?

In der niederländischen *Standaard Encyclopedie* ist unter dem Stichwort »Evolution« Folgendes zu lesen: »Die Makroevolution, die das ab und zu auftretende Erscheinen und Auseinandergehen neuer Gruppen umfasst, wie es sich im Laufe der geologischen Zeiten ereignet hat, und die die höheren Stufen der Systematik wie Gattungen, Familien und Ordnungen oder Klassen betrifft, lässt sich durch experimentelle Genetik nicht direkt erklären. Die vorausgesetzten Hypothesen, die sich auf drastische Veränderungen der genetischen Anlagen stützen, können in Wirklichkeit nicht bewiesen werden.«

Die Ursachen, die angeblich im Verlauf von Millionen Jahren zu einer Zunahme von Komplexität in den Lebewesen geführt haben könnten, sind unbekannt. Der Biologe Willem J. Ouweneel zieht den Schluss, dass die Genetik keine Grundlage für den Glauben an eine Makroevolution bietet. Seiner Auffassung nach betont sie ganz im Gegenteil, dass die ursprünglichen Lebensformen, meist die Arten, manchmal die Gattungen oder vielleicht sogar die Familien, wie variabel sie auch sein mögen, als Ganzes konstant und gegenseitig diskontinuierlich sind (2).

Rasche Artbildung bzw. Mikroevolution

Dass Mikroevolution stattfindet, ist unumstritten. Allerdings ist auch dokumentiert, dass sie 10 000 bis 10 Millionen Mal schneller ablaufen kann, als das von vielen Abfolgen in den Fossilien behauptet wird (3) (4).

Entgegen bisherigen Vorstellungen können sich Tiere innerhalb weniger Generationen an veränderte Umweltbedingungen anpassen (5). Somit ist klar, dass für paläontologisch belegte mikroevolutionäre Vorgänge aus biologischer Sicht keine größeren Zeitspannen notwendig waren (6).

Skeptische Naturwissenschaftler

Auf der folgenden Internetseite haben sich gut 700 Persönlichkeiten skeptisch zur Idee der Makroevolution geäußert: http://www.discovery.org/scripts/viewDB/filesDB-download. php?command=download&id=660

Referenzen

(1) Helmut Schneider, *Natura, Biologie für Gymnasien*, Band 2, Lehrerband, Teil B, 7. bis 10. Schuljahr, Ernst Klett Verlag, 2006, S. 274.

(2) Willem J. Ouweneel, *Evolution in der Zeitenwende*, Christliche Schriftenverbreitung, Hückeswagen.

(3) Virginia Morell, *Predator-free guppies take an evolutionary leap forward*, Science 275, 28. März 1997, S. 1880.

(4) Stephen Jay Gould, *Das Paradox des sichtlich Irrelevanten*, in: *Die Lügensteine von Marrakesch*, Frankfurt/M., 2003, S. 411-429.

(5) Klaus Neuhaus, *Schnelle Anpassung von Leguanen (Anolis) an neue Lebensräume*, Studium Integrale 1997/4, S. 81-83.

(6) Uwe Brüggemann, *Studium Integrale* 1998/1, S. 38-39.

02 Stammbäume und Stammbüsche

Viele Merkmale der Lebewesen sind so unsystematisch verteilt, dass es mit zunehmender Forschung nicht einfacher, sondern schwieriger wird, stimmige Stammbäume zu bilden und in widerspruchsfreier Weise Abstammungsverhältnisse zu rekonstruieren. Anstelle von Stamm-Bäumen müssen fortlaufend neue, für sich allein stehende Stamm-Büsche skizziert werden. Hinzu kommt, dass uns moderne DNA-Analysen zwingen, Stammbäume, die bisher anerkannt waren, zu revidieren und wiederum in einzelnen Büschen darzustellen. Die Bildung eines allgemein anerkannten Stammbaumes der Arten ist gescheitert.

Mit der Skizzierung eines einzigen Stammbaumes des Lebens (monophyletische Darstellung) versucht man, die Abstammung verschiedener Lebensformen (Grundtypen) auf einen einzigen gemeinsamen Vorfahren zurückzuführen. Wenn man hingegen von Stammbüschen (polyphyletische Darstellung)

spricht, so meint man damit eine Mehrzahl von einzelnen Abstammungslinien, die nicht auf einen gemeinsamen Vorfahren
zurückgeführt werden können (1).

In der Vergangenheit war man darauf angewiesen, Stammbäume aufgrund anatomischer und physiologischer Merkmale
und Eigenschaften der Fortpflanzung und des Verhaltens zu
skizzieren. Bereits so war es oft schwierig, die verschiedenartig
ausgeprägten Gattungen, Familien und Arten der Pflanzen und
Tiere in einer eindeutigen Systematik einzuordnen. Heute steht
der modernen Forschung zusätzlich die Analyse des Erbgutes
(DNA) zur Verfügung. Bis vor einigen Jahren erhoffte man sich
von diesen DNA-Analysen eine Bestätigung der damals bestehenden Stammbaumstrukturen. Diese Hoffnung hat sich jedoch eindeutig nicht erfüllt. Das Gegenteil war der Fall. Anstelle des angestrebten Stammbaumes drängt sich wiederum
– stetig zunehmend – die Skizzierung neuer Stammbüsche auf.

Stammbaumforschung in den Fossilien

Trotz intensiver Suche wurde bis heute keine einzige Abfolge von
Fossilien gefunden, die mit den Wirbellosen beginnt und über
Fische, Amphibien und Reptilien zu den Säugetieren geht (2).

Referenzen

(1) Reinhard Junker und Siegfried Scherer, *Evolution, ein kritisches Lehrbuch*, 2006, S. 247.
(2) Vij Sodera, *One Small Speck to Man, the Evolution Myth*, Vija
Sodera Productions, 2003, S. 37.

03 Irreduzibel komplexe Systeme

**Ein irreduzibel (nicht reduzierbar) komplexes System nennt
man eine Anordnung von einzelnen Bestandteilen, von denen**

jedes einzelne zwingend vorhanden sein muss, damit das Gesamtsystem funktioniert. Damit ein Auto fahren kann, benötigt es im Minimum einen Motor, eine Kupplung, vier Räder und eine Steuerung. Die Vorstellung, dass sich ein »primitives Urauto« in einer anfänglichen »Entwicklungsstufe« auch ohne Motor oder ohne Kupplung bzw. ohne Räder fortbewegt haben könnte, ist ebenso undenkbar wie die Vorstellung, dass die Biodiversität des irdischen Lebens schrittweise entstanden sein könnte.

Alle Lebewesen enthalten irreduzibel komplexe Systeme. Wird ein einziges Element eines solchen Systems entfernt, bricht das gesamte System zusammen bzw. steht die Gesamtfunktion des Systems still. Solche Systeme können nicht schrittweise aufgebaut werden, da sie ohne ein bestimmtes Minimum an Bestandteilen nicht funktionsfähig resp. lebensfähig sind.

Mit dieser Problematik hat sich bereits Charles Darwin auseinandergesetzt. In seinem Buch *Die Entstehung der Arten* schreibt er: »Wenn man demonstrieren könnte, dass es irgendein komplexes Organ gibt, das nicht durch eine Reihe von einander folgenden geringen Modifikationen gebildet werden konnte, würde meine Theorie absolut zusammenbrechen.«

Darwin war in dieser Hinsicht noch sehr nüchtern. Wenn er erfahren hätte, was wir heute wissen, dann hätte er sein Buch wahrscheinlich nicht veröffentlicht. Doch in den vergangenen 150 Jahren ist die Evolutionstheorie zu einem dermaßen mächtigen Mythos geworden, dass viele Fachleute den Wald vor lauter Bäumen nicht mehr sehen.

Bereits die einfachste Zelle benötigt eine spezielle Hülle, Mechanismen zur Kontrolle des Stoffwechsels, Mechanismen zum Lesen, Schreiben und Duplizieren der DNA etc.

Weitere Beispiele sind: Menschliche Organe wie Auge, Ohr oder Gehirn, Kniegelenke, Flugapparate der Vögel, der Fledermäuse und Insekten, zahlreiche symbiotische Lebensgemeinschaften, das Immunsystem, die Fotosynthese, der intrazelluläre Proteintransport etc. (1).

Zur »Produktion« dieser Systeme gehört auch die Bereitstellung der einzelnen Komponenten. Sie müssen zueinanderpassen und imstande sein, ihre Aufgabe **von Anfang an** richtig zu erfüllen. Der Biochemiker Michael J. Behe berichtet, dass in den vergangenen 17 Jahren **keine einzige Fachzeitschrift (!)** etwas über die notwendigen Zwischenformen während der Entwicklung komplexer biomolekularer Strukturen berichtet hat (2). Das sollte zu denken geben. Nachfolgend drei Beispiele von irreduzibel komplexen Systemen:

Der Bakterienmotor (3)

Gewisse Bakterien haben die Möglichkeit, sich mithilfe eines Motors fortzubewegen. Der Rotor dieses Motors ist mit einer Geißel verbunden, die zum Drehen gebracht wird, wodurch die Bakterie einen Vorschub bekommt. Dieser Mechanismus besteht aus mindestens neun verschiedenen Einzelteilen, die alle richtig zusammengesetzt sein müssen, damit er funktioniert. Eine schrittweise Entstehung eines solchen Mechanismus, bei der jede einzelne (!) Zwischenstufe einen praktischen Überlebensvorteil bringt, ist nicht denkbar. Den Zweck des Fortbewegens könnten die zahlreichen Vorstufen nicht einfach schlechter, sondern gar nicht erfüllen.

Metamorphosen, zum Beispiel bei Schmetterlingen

Der Schmetterling beginnt sein Leben ebenso wie Fliegen, Bienen und Käfer in einem Ei, aus dem eine Raupe ausschlüpft, die vor allem mit Fressen beschäftigt ist. Sie wird rasch größer und häutet sich mehrmals. Schließlich kommt es zu einer ersten Verwandlung von der Raupe zur Puppe. In der Puppe entsteht ein neues Lebewesen mit vollkommen neuen Organen: der Schmetterling.

Diese als Metamorphose bezeichnete Verwandlung von der Raupe zur Puppe und dann zum Schmetterling bildet ein irreduzibel komplexes System. Metamorphosen kommen in verschiedenen Ausprägungen auch in weiteren Tierstämmen vor (Amphibien, Hohltiere und andere).

Metamorphosen und Wirtswechsel, zum Beispiel beim kleinen Leberegel

Von parasitären Plattwürmern, wie z. B. Leberegeln, sind komplizierte Verwandlungsprozesse mit mehreren Zwischenstufen und Wirtswechseln bekannt. Solche Entwicklungszyklen können sich nicht in kleinen Entwicklungsschritten herausgebildet haben. Es braucht immer alle Kettenglieder der Entwicklung. Fehlt eines, stirbt das Tier.

Referenzen

(1) Michael J. Behe, *Darwin´s black box: The Biochemical Challenge to Evolution*, The Free Press, New York, 1996, deutsche Übersetzung: Resch-Verlag, 2007, S. 87-225.
(2) Michael J. Behe, *Nicht reduzierbare komplexe Systeme, factum* Juli/August 1998, S. 32-39.
(3) Michael J. Behe, *Darwins Black Box*, Resch-Verlag, 2007, S. 118-119.

04 Mutation und Informationszunahme

Gemäß Theorie soll Makroevolution durch eine zufällige Abfolge von solchen Mutationen vorangetrieben werden, die sich im jeweiligen Umfeld des Lebewesens als Selektionsvorteil erweisen. Im Jahr 2005 hat der Biologe Gerald Bergman mit seinem Team fast 19 Millionen Publikationen nach vorteilhaften Mutationen durchsucht. Von 453 732 beschriebenen Mutationen konnten nur 186 als vorteilhaft eingestuft werden. Allerdings zeigte sich bei keiner dieser Mutationen eine Zunahme von Informationen für neue funktionstüchtige Proteine.

In der konventionellen Biologie geht man davon aus, dass die Anzahl von verschiedenen Arten, die je auf der Erde lebten, etwa 2×10^{14} (200 Billionen) beträgt. Um eine neue Art hervorzubringen, sind gemäß Befürwortern der Evolution schätzungsweise tausend Zwischenformen nötig. Somit müssten nach evolutionstheoretischer Sichtweise bis heute ca. 2×10^{17} Zwischenformen auf der Erde gelebt haben. Um von einer Zwischenform zur nächsten zu gelangen, braucht es angeblich wiederum schätzungsweise tausend vorteilhafte Mutationen. Das bedeutet, dass bis heute annähernd 2×10^{20} vorteilhafte Mutationen abgelaufen sein müssten.

Das wären auf die vergangenen 500 Millionen Jahre gerechnet (in denen die Evolution angeblich stattgefunden haben soll) weltweit durchschnittlich 10 000 vorteilhafte Mutationen pro Sekunde! Trotzdem konnte in der gesamten Fachliteratur der vergangenen Jahrzehnte keine einzige Mutation dokumentiert werden, wodurch zusätzliche sinnvolle Codierungen in die DNA hineingekommen wären (1) (2).

Es muss berücksichtigt werden, dass in dieser Darstellung von **erfolgreichen** Mutationen die Rede ist. Gemäß Evolutionstheorie müsste ein gigantisches Vielfaches an zufälligen Mutationen stattfinden, damit sich 10 000 erfolgreiche pro Sekunde ereignen.

Fazit

Dass sich DNA-Stränge spontan und oft verlängern können, wäre für die Evolutionstheorie von essenzieller Bedeutung. Dass ein solcher Vorgang (mit vorteilhafter Wirkung für das Lebewesen) auch nach jahrzehntelangen Versuchen kein einziges Mal festgestellt werden konnte, mag unter anderem mit zellinternen Kontrollmechanismen zusammenhängen, die ebendies verhindern. Mutationen können diesen Kontrollvorgang nach dem Kopieren nur dann »überstehen«, wenn sie aus gleich vielen Bausteinen bestehen wie das Original. Ansonsten werden sie sogleich wieder vernichtet.

Richard Dawkins, ein führender Vertreter der Evolutionstheorie, wurde gefragt, ob er ein Beispiel für eine Veränderung eines Organismus geben könne, bei dem Information hinzugefügt wurde. Er war dazu nicht in der Lage (3). Lee Spetner meinte, dass »die Unfähigkeit, auch nur ein einziges Beispiel einer Mutation zu nennen, bei der Information hinzugefügt wurde, mehr bedeutet als nur fehlende Unterstützung der Theorie« (4).

Wir stehen vor der Tatsache, dass auch nach über 50 Jahren intensiver Forschung kein einziges Beispiel für die Zunahme von intelligenter Information im Genom gefunden werden konnte.

Referenzen

(1) Gerald R. Bergman, *Darwinism and the Deterioration of the Genome*, *CRSQ* 42/2, September 2005, S. 110-112.
(2) Barney Maddox, *Mutations: The Raw Material for Evolution?*, *Acts and Facts* 36/9, September 2007, S. 10-13.
(3) Gillian Brown, *A Response to Barry Williams*, *The Skeptic* 18/3, September 1998.
(4) Lee Spetner, *Not by Chance!*, The Judaica Press, 1997, S. 107 & 131.

05 *Evolutionsmechanismen*

Die bekannten Evolutionsmechanismen Mutation (sprunghafte Änderungen des Erbguts), Selektion, Gentransfer, Kombination von Genabschnitten, Genduplikation und andere Faktoren genügen nicht, um die Entstehung neuer Baupläne und Funktionen (Makroevolution) zu erklären. Diese Mechanismen sind praktisch ausnahmslos unwirksam oder schädlich, kaum nützlich und oft tödlich. Hinzu kommt, dass nach groben Schätzungen von John Haldane selbst eine Millionen Jahre dauernde Entwicklungszeit nicht ausreichen würde, um eine Artenvielfalt hervorzubringen, wie wir sie heute beobachten.

Der Mathematiker Lee Spetner konnte zeigen, dass die bekannten und beobachteten vorteilhaften Mutationen (z. B. Bakterien, die Resistenzen bilden) immer zu einem Verlust von Informationen im Genom führen (1). Hinzu kommt, wie Ronald Aylmer Sir Fisher gezeigt hat, dass jede einzelne Mutation, auch eine nützliche, durch Zufallseffekte leicht wieder ausgelöscht werden kann (2). Eine einzelne Mutation hat eine sehr geringe Überlebenschance und würde etwa 12 Millionen Jahre brauchen, um im Genom eingebaut zu werden (3). Die zentrale Frage der Ursachenforschung für evolutionäre Veränderungen bleibt somit ungeklärt.

Darwin glaubte noch an das Prinzip von Jean Baptiste Lamarck, wonach erworbene Eigenschaften vererbt werden könnten. Allerdings hat der Augustinermönch Gregor Mendel bereits 1866 eine Studienarbeit veröffentlicht, in der er nachweisen konnte, dass bei der Vererbung im Genom keine neue Information zustande kommt, sondern dass dabei lediglich bereits vorhandene Informationen neu kombiniert werden (Rekombination). Die Mendelschen Gesetze sind heute unumstritten.

Haldanes Dilemma (4)

In der Mitte des 20. Jahrhunderts versuchte der berühmte Evolutionist John Haldane sogenannte substitutionload-Rechnungen anzustellen. Dabei ging er davon aus, dass durch Substitutionen (Stellvertretungen, Ersetzungen) tatsächlich neue Grundtypen entstehen können. Nun versuchte er zu berechnen, wie viel Zeit dazu notwendig wäre. Er kam zu dem Resultat, dass selbst die konservativsten Schätzungen der Befürworter einer Millionen Jahre andauernden Entwicklungszeit bei Weitem nicht ausreichen würden (5) (6).

Allerdings muss man berücksichtigen, dass die mathematische Modellierung solcher populationsgenetischer Prozesse extrem komplex ist. Heute konzentriert sich die Forschung primär auf die Erhebung der Anzahl vorteilhafter Mutationen, die tatsächlich feststellbar sind. Für weiterführende Berechnungen fehlen bis heute wichtige Grundlagen.

Spetners Annäherung

Der Mathematiker Lee Spetner hat Berechnungen angestellt, wie hoch die Wahrscheinlichkeit ist, dass durch zufällige Ereignisse im Zuge der Makroevolution ein neuer Grundtyp entstehen könnte (7). Aufgrund von Angaben aus der gängigen Fachliteratur kam er auf das unfassbare Verhältnis von $1 : 3,6 \times 10^{2738}$. Zum Vergleich: Man schätzt, dass in unserem Universum etwa 10^{80} Atome existieren. Somit müsste man der Anzahl Atome im Universum 2600 Nullen anhängen, um das von Spetner geschätzte Wahrscheinlichkeitsverhältnis zu beschreiben. Der Mathematiker Emile Borel sprach bereits bei einer Wahrscheinlichkeit von $1 : 10^{50}$ von einem unmöglichen Ereignis.

Spetner steht mit seinen Vorstellungen nicht allein da. Andere Wissenschaftler sind zu ähnlichen Resultaten gekommen (8). Allerdings muss man sich im Klaren sein, dass in diesem Bereich der Forschung mit unklaren Rahmenbedingungen gearbeitet wird, beziehungsweise dass diese aufgrund der Komplexität des Lebens kaum fassbar sind. Dennoch können uns derartige Annäherungen eine Vorstellung von der Dimension der Problematik vermitteln.

Referenzen

(1) Lee Spetner, *Not by Chance!*, The Judaica Press, 1997, S. 20.

(2) R.A. Fisher, *The Genetical Theory of Natural Selection*, Oxford, 1958.

(3) J.C. Sanford, *Genetic Entropy & the Mystery of the Genome*, Elim Publishing, 2005, S. 126.

(4) John B.S. Haldane, *The cost of natural selection*, *Journal of Genetics* 55, 1957, S. 511-524.

(5) Don Batten, *Haldane´s Dilemma has not been solved*, *Technical Journal* 19/1, 2005, S. 20-21.

(6) G.C. Williams, *Natural Selection: Domains, Levels and Challenges*, Oxford University Press, NY, 1992, S. 143-144.

(7) Lee Spetner, *Not by Chance!*, The Judaica Press, 1997, S. 94-131.

(8) G.L. Stebbins, *Processes of Organic Evolution*, Englewood Cliffs: Prentice-Hall, 1966.

06 *Biodiversität*

Unter Biodiversität versteht man die Vielfalt der Pflanzen- und Tierarten, die Vielfalt innerhalb der Arten und die Vielfalt von Ökosystemen. Ebenso wie der menschliche Körper von der Arbeitsteilung einer Vielzahl von Zellen und Organen abhängig ist, ist auch ein Ökosystem von der Aufteilung der Arbeit durch Biodiversität abhängig. Aus diesem Grund ist das Szenario einer allmählichen Evolution, die mit einer einzelnen Zelle begonnen haben soll, wirklichkeitsfremd. Es ist denkbar, dass die Ökosysteme, in denen wir heute leben, in sehr kurzer Zeit – womöglich innerhalb von wenigen Tagen – zusammengestellt werden mussten.

In den vergangenen Jahren wurde auf dem Gebiet der Biodiversität viel diskutiert und geforscht. Dabei konzentrierte man sich im Allgemeinen auf die Rettung und Erhaltung der Ökosysteme. Das führte zu einem völlig neuen Verständnis und zu neuen Methoden, um gefährdete Arten zu schützen. Statt zu versuchen, einzelne Arten zu retten, schützt man die ganzen Ökosysteme, in denen sie vorkommen. Damit schützt man gleichzeitig weitere Arten, die nicht so stark bedroht sind.

Der kollektive ökologische Dienst, der durch die verschiedenen füreinander arbeitenden Arten geleistet wird, sorgt dafür, dass unser Planet sauber und für das Leben geeignet bleibt. Die Biologin Yvonne Baskin schreibt, dass »das verschwenderische Aufgebot von Organismen, das wir ›Biodiversität‹ nennen, ein kompliziert verbundenes Gewebe von lebenden Dingen ist, deren Tätigkeiten harmonisch ineinandergreifen, um die Erde zu einem einzigartigen bewohnbaren Planeten zu machen« (1).

Zweifellos ist es unmöglich, eine vollständige Liste aller ökologischen Zusammenhänge zu erstellen. Die offensichtlichsten sind die Nahrungsketten und der Haushalt von Sauerstoff und Kohlendioxid durch Pflanzen und Tiere. Viele abbauende Organismen machen den Erdboden fruchtbar. Andere Dienste der Biodiversität reinigen das Wasser, reinigen giftige Substanzen, mäßigen das Klima, bestäuben die Blumen usw.

Um Biodiversität zu erforschen, wurden verschiedene Experimente gemacht. Dabei hat sich herausgestellt, dass hoch diversifizierte Gemeinschaften stabiler, produktiver und stressresistenter sind (2) (3) (4). Sie haben eine höhere Bodenfruchtbarkeit und sind generell in einem besseren Zustand.

Redundante Systeme

Ein interessantes Phänomen der Ökosysteme ist die Redundanz, die mehrfache Absicherung, einzelner Dienste. Das bedeutet, dass ein Dienst, der von einer Art geleistet wird, auch von einer anderen Art übernommen werden kann. Aus diesem Grund hat man vermutet, dass verschiedene Redundanzen bestimmte Arten überflüssig machen (5). Weil jedoch alle Pflanzen generell sowohl zur Bodenfruchtbarkeit als auch zur Produktivität beitragen, ist es schwierig zu beurteilen, ob man allein aufgrund einzelner Studien über das Fehlen einer Art entscheiden kann. Was ist, wenn ebendiese Art auch noch andere Dienste leistet? In den vergangenen Jahren haben sich die Ökologen davon abgewandt, von der Überflüssigkeit einer Art zu sprechen, ja, sie neigen sogar dazu, auch das Wort »redundant« nicht mehr zu verwenden (6).

Soviel wir heute über Biodiversität wissen, scheint es kaum möglich zu sein, dass die Ökosysteme oder sogar das Leben selbst ohne Biodiversität mit ihren ökochemischen und ökophysikalischen Diensten existieren könnten. Es scheint, dass diverse Dienste und die Organismen, die sie bieten, schon von Anfang an beisammen sein mussten – sie bilden ein großes, »nicht ungestraft reduzibles« komplexes System.

Koevolution zur Erklärung von Ökologie

Solange Ökologie nur eine lose Sammlung von Organismen ohne bindende Beziehungen zu sein schien, konnte man sich vorstellen, dass sie durch allmähliche, richtungslose Prozesse aufgebaut wurde. Nun aber, nachdem immer mehr von der unglaublich komplex vernetzten Biodiversität bekannt wird, sehen sich die Befürworter der Evolutionstheorie in einem ähnlichen Dilemma wie damals, als die komplizierten Strukturen der Zellen entdeckt wurden. Weil die Ökologie auf so viel darunterliegender Multi-Spezies-Komplexität aufgebaut ist, stellt die Erklärung ihrer Entwicklung durch zufällige Ereignisse geradezu schmerzhafte Anforderungen an unsere Glaubensbereitschaft.

Um diesem Dilemma zu entgehen, wird heute oft von Koevolution gesprochen, wenn man erklären will, wie Ökologie zustande kam. Koevolution wird als »gemeinsame Evolution von zwei oder mehr Arten« definiert, die »nicht kreuzbar sind und die eine nahe ökologische Beziehung haben« (7). Dabei muss jedoch beachtet werden, dass die ökologische Beziehung der Koevolution **vorangeht**. Darum kann Koevolution nicht die Antwort auf die Frage nach der Entstehung der Ökologie sein!

Der Biologe Henry Zuill schreibt, dass er kein Problem damit habe, dass zwei Arten ihre bestehende ökologische Beziehung aufeinander abstimmen: »Hingegen habe ich ein Problem mit der Behauptung, dass die ökologischen Dienste durch Koevolution entstanden seien. Das ist etwas ganz anderes. Wie ist es möglich, dass mehrere Organismen früher einmal unabhängig voneinander gelebt haben, während sie heute aufeinander angewiesen sind?« Weiter schreibt Zuill: »Es scheint, dass erst das Leben auf der Erde anderes Leben auf der Erde möglich macht. Das heißt, dass das Leben auf der Erde es anderem Leben ermöglicht, auf der Erde zu bleiben. Wenn das stimmt, gibt es keine Möglichkeit für eine gradualistische Entfaltung der Ökologie« (8).

Referenzen

(1) Yvonne Baskin, *The Work of Nature: How the Diversity of Life Sustains Us*, Island Press, Washington D.C., 1997.

(2) J.J. Ewel et al., *Tropical soil fertility changes under monoculture and successional communities of different structure*, Ecological Applications 1(3), 1991, S. 289-302.

(3) Shahid Naeem, Lindsey J. Thompson, Sharon P. Lawler, John H. Lawton und Richard M. Woodfin, *Declining biodiversity can alter the performance of ecosystems*, Nature 368, 21. April 1994, S. 734-737.

(4) David Tilman, *Biodiversity: Populations and Stability*, Ecology, Bd. 77, 1996, S. 350-363.

(5) B.H. Walker, *Biodiversity and Ecological Redundancy*, Conservation Biology, 1992, S. 8-23.

(6) Ref. (1), S. 20.

(7) Robert Leo Smith, *Elements of Ecology*, 3. Auflage, Harper Collins, S. G-3.

(8) Henry Zuill hat in *Die Akte Genesis* von John F. Ashton (Hg.), Schwengeler Verlag, 1999, einen Beitrag zum Thema Biodiversität geschrieben, der dieser These zugrunde liegt.

07 Symbiose und fremddienliches Verhalten

Die bekannten Mechanismen der Evolutionstheorie versagen, wenn es darum geht, die Entstehung von Symbiose und fremddienlichem Verhalten zu erklären. Von Symbiose spricht man dann, wenn beide Parteien einen Nutzen aus der Zusammenarbeit ziehen. Von fremddienlichem Verhalten spricht man, wenn nur eine Partei der anderen dient und dadurch sogar Nachteile in Kauf nimmt.

Der größte Teil der Biomasse auf der Erde besteht aus symbiotischen Systemen. Ein großer Teil der Bäume und Sträucher sind auf Bestäubung durch andere Lebewesen, meistens Insekten, angewiesen. Hinzu kommen die Flechten, eine symbiotische Lebensgemeinschaft zwischen einem Pilz und Grünalgen oder Cyanobakterien. Peter Raven vom Missouri Botanical Garden berichtet, dass, wenn eine Pflanze ausstirbt, 10 bis 30 weitere ebenfalls aussterben (1).

Einige Beispiele von Symbiose

- Die Bestäubung von Blütenpflanzen durch Insekten, wobei die Insekten Nektar als Nahrung erhalten.
- Ameisen beschützen Blattläuse und erhalten im Gegenzug Zuckerwasser.
- Mykorrhizapilze entziehen Bäumen und Orchideen Kohlenhydrate und liefern im Gegenzug Mineralstoffe und Wasser aus dem Boden.

- Der Transport von Pflanzensamen durch Menschen und Tiere, wobei die Früchte gefressen und die Samen an einem von der Pflanze entfernten Ort wieder ausgeschieden werden.
- Viele im flachen Wasser lebende sessile, zu den Wirbellosen zählende Meerestiere wie Feuerkorallen, die meisten Blumentiere sowie die Riesenmuscheln leben mit Fotosynthese betreibenden Zooxanthellen zusammen.
- Auf Magen- und Darmbakterien (z. B. Escherichia coli) sind alle Säugetiere zwingend angewiesen.
- Die Flechten sind ein symbiotisches Gefüge aus Algen und Pilzen, wobei die Algen durch Fotosynthese Kohlenhydrate produzieren, die von den Pilzen aufgenommen werden, während die Pilze den Algen Wasser und Nährsalze liefern.

Fremddienliches Verhalten der Eiche gegenüber der Gallwespe

Die Gallwespe legt ihre Eier auf Blättern der Eiche ab, worauf das Eichenblatt ein kleines Gehäuse für das Ei bildet. Das Ei reift in diesem Gehäuse heran, bis schließlich eine kleine Raupe schlüpft. Diese Raupe kann sich daraufhin von nährstoffhaltigen Zellen im Innern des Gehäuses ernähren und ist zugleich vor Vögeln geschützt. Nachdem sie groß genug geworden ist, verlässt sie ihr Haus, verpuppt sich und wird zu einer Wespe, die wiederum Eier auf die Eichenblätter legen wird.

Diese kleinen Hüllen, die von der Eiche und anderen Baumarten gebildet werden, nennt man Gallen. Solche Gallen werden nicht nur durch Gallwespen sondern auch durch andere Insekten und Milben hervorgerufen. Davon profitieren nicht nur die galleninduzierenden Tiere, sondern auch parasitäre Pilze oder Bakterien.

Die Gallen sind knollenartige Wucherungen, die für die Pflanze selbst nutzlos sind. Erstaunlich ist, wie weitgehend sie den Lebensbedürfnissen der betreffenden Tiere und Pflanzen, deren Wirt sie sind, angepasst sind. Dabei können verschiedene Tiere an derselben Pflanze Gallenbildungen auslösen, während die Gallen selbst ganz unterschiedliche Strukturen entwickeln. Es handelt sich also keineswegs um eine allgemeine Reizwirkung als Reaktion auf eine Eiablage, einen Stich oder dergleichen (2).

Die Mechanismen der Evolutionstheorie würden die Entwicklung von Gallen kaum unterstützen, da sie ganz klar Nachteile für die Wirtspflanze mit sich bringen. Der komplizierte Prozess einer solchen Gallenbildung würde aus evolutionstheoretischer Sicht eher wegselektiert als gefördert worden sein.

Referenzen

(1) Yvonne Baskin, *The Work of Nature: How the Diversity of Life Sustains Us*, Island Press, Washington D. C., 1997, S. 36-37.
(2) Paul Lüth, *Der Mensch ist kein Zufall*, DVA, 1981, S. 188-190.

08 *Drosophila melanogaster*

Die Fruchtfliege Drosophila melanogaster ist seit 1908 als Modellorganismus der Genetik etabliert. Über 3000 Mutationen sind von ihr bis heute beschrieben worden. Allerdings ist bis heute noch nie eine Weiterentwicklung zu einem neuen, vorteilhafteren Bauplan festgestellt worden.

Seit 100 Jahren benutzen Biologen die kleine Fruchtfliege Drosophila und haben inzwischen Tausende von Experimenten mit ihr durchgeführt, um die Vererbungsgesetze zu erforschen (1). Dazu arbeiten Biologiestudenten in ihrer Praxis mit Fruchtfliegen, wobei sie versuchen, neue Varianten hervorzubringen, indem sie verschiedene Fruchtfliegetypen miteinander kreuzen.

Es gibt heute Tausende von Publikationen über die Fruchtfliege. Sie ist das bevorzugte Lebewesen, um die Evolutionsgenetik zu erforschen. Man benutzt sie, weil sie genetisch einfach aufgebaut ist und im Labor leicht gezüchtet werden kann. Zudem enthält sie vier Paare von leicht zu beobachtenden Chromosomen mit »nur« 13 000 Genen. Im März 2000 lag die vollständige Sequenz des Genoms der Fruchtfliege vor (2).

Künstlich erzeugte Mutationen

Mit Röntgenstrahlung lassen sich im Labor künstliche Mutationen erzeugen. Auf diese Weise sind beispielsweise abnormale Flügelformen, farbige Augen etc. entstanden. Aber trotz unzähliger Mutationen und intelligenter menschlicher Selektion ist nie ein neuartiges Lebewesen entstanden. Der Evolutionist Pierre-P. Grassé musste feststellen:»Die Fruchtfliege, das bevorzugte Forschungsobjekt der Genetiker, deren geografische, biotopische, urbane und rurale Typen man von vorne und hinten kennt, scheint seit Urzeiten dieselbe geblieben zu sein« (3).

Anpassung an ein trockeneres Klima

Ary Hoffmann ist Direktor des Zentrums für Umgebungsstress und Anpassungsforschung an der La Trobe University in Melbourne (Australien). Er wollte wissen, ob sich die australische Fruchtfliege (Drosophila birchii) an ein trockeneres Klima anpassen kann. In mehreren Experimenten wurde eine Gruppe von Fliegen einem sehr trockenen Klima ausgesetzt, sodass 90 % von ihnen starben. Die Überlebenden hat er weiter vermehrt und nochmals der Trockenheit ausgesetzt, bis wieder 90 % von ihnen starben.

Das hat er während mehr als 30 Generationen wiederholt. Die Erwartung, dass sich diese Fliegen einem immer trockeneren Klima anpassen könnten, wurde jedoch nicht erfüllt (4). Hoffmann und seine Mitarbeiter sind ziemlich schnell an die Grenze der Anpassung dieser Fliegenart gestoßen. Wenn das tropische Klima, in dem sich diese Fruchtfliegen aufhalten, nun tatsächlich trockener würde, so ist davon auszugehen, dass sie aussterben würden.

Referenzen

(1) Frank Sherwin, *Fruit Flies in the Face of Macroevolution*, *Acts and Facts* 35/1, Januar 2006, S. 5.
(2) Mark D. Adams et al., *The Genome Sequence of Drosophila melanogaster*, *Science* 287, 24. März 2000, S. 2185-2195.
(3) Pierre-P. Grassé, *Evolution of living Organisms*, New York: Acad. Press, 1977, S. 130.
(4) Terry Lane und Ary Hoffmann in Radio National, The International Interest, http://www.abc.net.au/rn/talks/natint/stories/s911112.htm.

09 Junk-DNA

Nur ein kleiner Teil der DNA, beim Mensch rund 5 %, codiert für Proteine. Den verbleibenden 95 % konnte man bis vor wenigen Jahren keine Funktion zuordnen, sodass man sie voreilig »Junk-DNA« (Junk = Abfall) nannte. »Evolutionärer Abfall« wie dieser wäre als Nebenprodukt einer zufallsgesteuerten Evolution durchaus zu erwarten gewesen. Nun zeigt sich jedoch, dass große Teile dieser Junk-DNA sehr wohl bestimmte Funktionen erfüllen.

In den vergangenen Jahren wurde darüber debattiert, ob Junk-DNA tatsächlich überflüssig ist. Inzwischen mehren sich die Befunde, dass nicht-codierende Sequenzen der DNA wichtige Funktionen bei der Regulation der Genaktivität und der Zellteilung spielen.

Auch hat man Anhaltspunkte dafür gefunden, dass die nicht-codierende DNA bei der antiviralen immunologischen Strategie im Organismus eine Rolle spielen könnte und trotz ihres einfachen Aufbaus einen Teil des immunologischen Abwehrsystems bildet (1). Außerdem hat man entdeckt, dass einige Abschnitte von Junk-DNA bereits während der frühen embryonalen Entwicklung Einfluss auf das Zusammenspiel der Gene nehmen (2). Dieses Beispiel ist kein Einzelfall. Nicht wenige Konstruktionen bei Lebewesen wurden zunächst als »unsinnig« oder »rudimentär« erklärt, bevor man mit zunehmender Forschung ihre eigentliche Genialität entdecken konnte. Heute herrscht unter Evolutionsforschern allgemein die Ansicht, dass die natürliche Selektion diese scheinbar überflüssige DNA schon längst beseitigt hätte, wenn sie nicht doch eine Aufgabe erfüllen würde (3).

Die heute bekannten Funktionen der Junk-DNA entkräften den oft geäußerten Einwand, dass das irdische Leben nicht von einem intelligenten Schöpfer stammen könne.

Referenzen

(1) John Woodmorappe, *The potential immunological function of pseudogenes and other »junk« DNA*, Technical Journal 17/3, 2003, S. 102-108.

(2) Gill Bejerano, *»Junk« DNA Now Looks Like Powerful Regulator*, ScienceDaily, 24. April 2007.

(3) Markus Rammerstorfer, *Nur eine Illusion?*, Tectum-Verlag, 2006, S. 82.

10 Pseudogene

»Pseudogene« (Pseudo = Lüge) sind wie Gene aufgebaut, sehen beschädigt aus und werden meistens nicht benutzt. Deswegen hat man in ihnen zufällige evolutionäre Überreste gesehen. Mit zunehmender Forschung hat sich jedoch gezeigt, dass einige Pseudogene wichtige regulatorische Funktionen bei der Genaktivität und der Embryonalentwicklung haben.

Die Entdeckung eines menschlichen Retro-Pseudogens (stillgelegtes Gen, das durch einen unvollständigen Kopiervorgang entstanden ist), war eine Überraschung (1). Es ist für ein Anti-Tumorgen (ein Gen gegen Krebs) codiert, das die Abwehrzellen des Immunsystems (T-Zellen) erkennen kann. Anti-Tumorgene helfen dem Organismus, Tumorzellen zu zerstören. Sie zeigen einen unterschiedlichen Erfolg. Ein wichtiges Forschungsziel ist es, ihre Wirksamkeit zu erhöhen, um therapeutische Impfstoffe gegen Krebs zu erhalten.

Diese Erkenntnis folgte einer früheren Entdeckung von Protein-codierenden Genen, welche die sekundäre Fähigkeit haben, kurze Segmente von Antigenpeptiden zu produzieren.

Junk-DNA und Pseudogene in der Evolutionstheorie

Heute ist die Existenz von Junk-DNA und Pseudogenen erfolgreich in die Evolutionstheorie »eingebaut« worden. Die voreilige Benennung »Junk« und »Pseudo« bleibt jedoch ungerechtfertigt.

Referenz

(1) John Woodmorappe, *The potential immunological function of pseudogenes and other »junk« DNA, Technical Journal* 17/3, 2003, S. 102-108.

11 Homeotische Gene

Homeotische Gene sind Steuergene, die ganze Entwicklungskaskaden in der Embryonalentwicklung in Gang setzen. Sie sind einander über einen breiten systematischen Bereich von der Fliege, der Maus, dem Huhn bis zum Menschen sehr ähnlich. Die große Ähnlichkeit dieser Steuergene der

Embryonalentwicklung nährte anfänglich den Gedanken, sie als Schlüsselgene der Makroevolution zu sehen. Diese Erwartung blieb jedoch unerfüllt.

Vor einigen Jahrzehnten hat ein Biologe der University of Denver während einer öffentlichen Debatte das Beispiel einer »vorteilhaften« Mutation bekannt gemacht. Es betraf das Bithorax-Gen, das bei der Fruchtfliege vier Flügel erzeugt. Allerdings verringerte sich dadurch ihre Flugfähigkeit. Möglicherweise fehlte im Gehirn das Steuerungsprogramm für vier Flügel. Solche Insekten würden durch die natürliche Selektion sehr rasch wegselektiert [1].

»Kontrollgene – wie z. B. homeotische Gene – können das Ziel von Mutationen sein, welche die äußere Erscheinungsform erheblich verändern. Aber man muss sich bewusst sein, dass, je mehr Veränderungen man in einem komplexen System macht, umso größer die Auswirkungen (auch die nachteiligen) auf die Peripherie sind. Die homeotischen Veränderungen, die man in den Genen der Drosophila gemacht hat, haben ausschließlich zu Monstrositäten geführt«, muss der Evolutionist Schwabe eingestehen [2].

Angesichts der ingeniösen Art, wie diese Hauptschaltergene die ihnen untergeordneten Gene der Morphogenese (Gestaltbildung) in einem präzisen räumlichen und zeitlichen Muster dirigieren [3], fällt es schwer, die Entstehung dieser Symphonie einer zufälligen Entwicklung über lange Zeiträume zuzuschreiben. Ein falscher Ton, z. B. eine durch eine Mutation gestörte Protein-DNA-Interaktion, kann jederzeit – oder mit zeitlicher Verzögerung beim Vorhandensein von Pufferkapazitäten – den Abbruch des Orchesters, d. h. eine Fehlentwicklung und damit eine Fitnessminderung sowohl des Individuums wie auch der Art, bedeuten.

Jeder positiven homeotischen Mutation, die zu einem »höheren« Erscheinungsbild führen soll, muss eine Vielzahl von kleinen positiven Mutationen in den Zielgenen weiter unten in der Hierarchie der Kontroll- und Zielgene folgen. Rein rechnerisch entsteht dabei eine Multiplikation der positiven Mutationswahrscheinlichkeiten. Dies reduziert drastisch die Wahrscheinlichkeit für die Realisierung eines neuen, »höheren« Gestaltungsvorganges und Phänotyps mittels zufälliger Mutationen.

Referenzen

(1) Jane B. Reece und Neil A. Campbell, *Biology*, Benjamin/Cummings, 1999, S. 460.

(2) C. Schwabe, *Theoretical limitations of molecular phylogenetics and the evolution of relaxins*, Comp. Biochem. Physiol., 107B, 1994, S. 167-177.

(3) Walter J. Gehring, *Wie Gene die Entwicklung steuern. Die Geschichte der Homeobox*, Birkhäuser Verlag, 2001.

12 Rudimentäre Organe

In den vergangenen 150 Jahren hat man bei zahlreichen Lebewesen Organe entdeckt, die vorerst als rudimentär, unvollständig und zwecklos eingestuft wurden. Allerdings zeigte sich nachträglich meistens, dass sie dem Gesamtorganismus sehr wohl einen konkreten Nutzen bringen. In anderen Fällen liegt eine Verkümmerung vor. Die Milliarden von »im Aufbau befindlichen Organen«, von denen es in der Natur nur so wimmeln müsste, sind nicht existent.

Bei einer evolutionären Entwicklung durch kleine Mutationsschritte wäre zu erwarten, dass viele Lebewesen über Generationen halbfertige, im Aufbau befindliche Organe mit sich tragen. Trotz intensiver Suche wurde nichts dergleichen gefunden (1) (2) (3).

Beim näheren Studium erwiesen sich die meisten, bisher als rudimentär angesehenen Organe als sinnvoll und nützlich (4) (5).

Einige Beispiele

- Der Wurmfortsatz (Blinddarm) des Menschen unterstützt die Darmflora. Bei Durchfall kann ein Teil der Darmflora im Wurmfortsatz überleben, was dabei hilft, die gesamte Darmflora möglichst schnell wiederherzustellen. Menschen, bei denen der Blinddarm entfernt wurde, brauchen länger, bis sie wieder voll gesund sind.
- Die Beckengürtelreste bei Walen haben Beziehungen zum Genitalapparat und dienen als Ansatzstellen für die starke Aftermuskulatur.
- Embryonale Zahnanlagen bei Bartenwalen, die niemals zu richtigen Zähnen werden, spielen wie bei allen Säugetieren eine wichtige Rolle bei der Bildung der Kieferknochen.
- Der Verlust der Sehfähigkeit bei Höhlenfischen: Ein überflüssiges Organ wird abgebaut.

Referenzen

(1) Helmut Schneider, *Natura, Biologie für Gymnasien*, Band 2, Lehrerband, Teil B, 7. bis 10. Schuljahr, Ernst Klett Verlag, 2006, S. 268.

(2) Prof. Ulrich Weber (Süßen), *Biologie Oberstufe*, Gesamtband, Cornelsen Verlag, Berlin 2001, S. 259.

(3) Horst Bayrhuber, Ulrich Kull, *Linder Biologie*, Lehrbuch für die Oberstufe, 21., neu bearbeitete Auflage (1998), Schroedel Verlag GmbH, Hannover, S. 404.

(4) Junker, *Ähnlichkeiten – Rudimente – Atavismen*, 2002, Hänssler-Verlag.

(5) Junker und Scherer, *Evolution, ein kritisches Lehrbuch*, Weyel, 2006, S. 186-190.

13 Biogenetisches Grundgesetz

Ernst Haeckel (1834-1919) hat behauptet, dass der Mensch während des Wachstums im Mutterleib die evolutionäre Entwicklung vom Fisch bis zum Menschen wiederhole. Diese These wurde schon zu Lebzeiten Haeckels widerlegt. Neue Fotos beweisen die völlige Haltlosigkeit dieser Theorie. Trotzdem findet sich Haeckels Darstellung auch heute noch in vielen Schulbüchern!

Haeckel hat mit Zeichnungen zu beweisen versucht, dass der Wirbeltierembryo während seines Wachstums eine allgemeine Stammesentwicklung durchläuft (1). Allerdings erwiesen sich diese Zeichnungen als Fälschungen. Bereits Ende der 1860er-Jahre wurde der Betrug aufgedeckt (2) (3).

1997 haben der Embryologe Richardson und seine Mitarbeiter diverse Wirbeltierembryos in verschiedenen Entwicklungsstadien fotografisch festgehalten und auf ähnliche Weise geordnet, wie sie damals von Haeckel dargestellt wurden. Anhand dieser Fotos kann jeder Laie erkennen, wie jede Wirbeltierart ihren besonderen, individuellen Entwicklungsweg durchschreitet, der auf kürzestem Weg zu einem lebensfähigen Individuum führt (4).

Es ist absolut unverständlich, wie eine so plumpe Fälschung innerhalb einer wissenschaftlichen Arbeit im Verlauf von mehr als 100 Jahren verbreitet werden konnte – und dass sie auch heute noch in gängigen Lehrmitteln angetroffen werden kann (5) (6) (7)!

Referenzen

(1) Ernst Haeckel, *Natürliche Schöpfungsgeschichte*, 1868.
(2) Rolf Höneisen, *Gefälschte Zeichnungen*, *factum* Januar 1999, S. 8-11.

(3) Lee Strobel, *Indizien für einen Schöpfer*, Gerth Medien, 2006, S. 42.

(4) M.K. Richardson, J. Hanken, M.L. Gooneratne, C. Pieau, A. Raynaud, L. Selwood und G.M. Wright, *There is no highly conserved embryonic stage in the vertebrates, Anatomy and Embryology*, 1997, S. 196.

(5) Helmut Schneider, *Natura, Biologie für Gymnasien*, Band 2, Lehrerband, Teil B, 7. bis 10. Schuljahr, Ernst Klett Verlag, 2006, S. 277.

(6) Horst Bayrhuber und Ulrich Kull, *Linder Biologie*, Lehrbuch für die Oberstufe, 21., neu bearbeitete Auflage (1998), Schroedel Verlag GmbH, Hannover, S. 402 & 406.

(7) Prof. Ulrich Weber (Süßen), *Biologie Oberstufe*, Gesamtband, Cornelsen Verlag, Berlin 2001, S. 257 & 260.

14 Birkenspanner

In vielen Schulbüchern wird eine Falterart, der Birkenspanner, als Paradebeispiel für beobachtete Evolution angeführt. Es gibt diesen Falter in heller und dunkler Ausprägung. Aufgrund der Luftverschmutzung im Zuge der Industrialisierung starben die weißen Flechten auf den Borken der Bäume ab. Die Bäume wurden dunkel. In derselben Zeit haben sich die dunklen Falter stärker vermehrt als die hellen. Dies geschah angeblich deshalb, weil die hellen Falter auf den dunklen Baumstämmen von den Vögeln, die sie fressen, besser entdeckt werden konnten. Bei diesem Vorgang kann jedoch noch nicht einmal von Mikroevolution gesprochen werden. Es handelt sich lediglich um eine Abnahme/Zunahme bestehender Populationen.

Nachdem vermutet wurde, dass man mit dem Birkenspanner ein konkret beobachtbares Beispiel für Evolution gefunden hatte, wurden eingehende Feldstudien gemacht. Und was hat sich bewahrheitet?

In Wahrheit ist es so, dass sich die Birkenspanner kaum jemals auf Baumstämmen niederlassen. Hinzu kommt, dass die hellen Formen bereits in einer Zeit wieder zugenommen haben, als sich die Flechten noch nicht regeneriert hatten. Schlussendlich konnte sogar gezeigt werden, dass diese Falter gar nicht dazu tendieren, Untergründe zu wählen, die zu ihrer eigenen Farbe passen.

Evolutionäre Entwicklung

Was die angebliche evolutionäre Entwicklung betrifft, konnte lediglich eine Verschiebung der Allelhäufigkeit und noch nicht einmal die Entstehung einer neuen Unterart beobachtet werden. Bei diesem Vorgang kann darum nicht einmal von Mikroevolution gesprochen werden. Auch die hellen Formen besitzen den dunkelbraunen Farbstoff Melanin, der für die Dunkelfärbung der dunklen Form verantwortlich ist. Bei den hellen und dunklen Formen liegt lediglich eine Änderung in der Melaninsynthese und -verteilung vor.

Fazit

Sollte es überhaupt einen Zusammenhang zwischen Umweltverschmutzung und den Häufigkeiten der dunklen oder hellen Falter geben, so ist dieser viel komplizierter als früher angenommen und bislang unverstanden (1). Dass ein solches Beispiel immer noch in modernen Schulbüchern zu finden ist (2) (3), verdeutlicht, wie unkritisch die Evolutionstheorie im Allgemeinen hingenommen wird.

Referenzen

(1) Junker und Scherer, *Evolution, ein kritisches Lehrbuch*, Weyel, 2006, S. 71.

(2) Helmut Schneider, *Natura, Biologie für Gymnasien*, Band 2, Lehrerband, Teil B, 7. bis 10. Schuljahr, Ernst Klett Verlag, 2006, S. 270.

(3) Horst Bayrhuber, *Linder Biologie*, Lehrbuch für die Oberstufe, 21. Auflage, Schroedel Verlag GmbH, Hannover, S. 388.

15 DDT-resistente Insekten

Als Fliegen und Mücken nach einer gewissen Zeit gegen das Insektengift DDT resistent wurden, hat man darin einen Beweis für Evolution gesehen. Darauffolgende Untersuchungen haben jedoch gezeigt, dass es seit jeher genetische Varianten von DDT-resistenten Insekten gegeben hat. Alle heute resistenten Insekten sind Nachkommen dieser seltenen Varianten. Es ist schlicht so, dass die nicht resistenten Varianten weitgehend ausgestorben sind, während sich die resistenten weitervermehren konnten.

Die resistenten Fliegen und Mücken, von denen hier die Rede ist, gehen auf seltene Genotypen[3] zurück, die nicht Opfer des anfänglichen Massensterbens nach dem Einsatz des Giftes geworden sind. Die DDT-resistenten Formen haben schon vor dem Einsatz des Giftes gelebt (1).

Bei diesem Beispiel kann noch nicht einmal von Mikroevolution gesprochen werden, da keine neuen Informationen in die Gene hineingekommen sind. Es sind keine neuen Eigenschaften entstanden, sondern es ist lediglich zu einer extremen

---

3 Der Genotyp oder das Erbbild eines Organismus repräsentiert seine exakte genetische Ausstattung, also den individuellen Satz von Genen, den er im Zellkern in sich trägt.

Verschiebung der Häufigkeit bestimmter Eigenschaften gekommen. Dabei ist nichts Neues entstanden (2).

Auch dieses angebliche Beispiel für Evolution findet man bis heute immer noch in verschiedenen Schulbüchern (3) (4), obwohl die erwähnten Zusammenhänge allgemein anerkannt sind.

Referenzen

(1) Junker und Scherer, *Evolution, ein kritisches Lehrbuch*, Weyel, 2006, S. 73.
(2) Lee Spetner, *Not by Chance!*, The Judaica Press, 1997, S. 143-144.
(3) Helmut Schneider, *Natura, Biologie für Gymnasien*, Band 2, Lehrerband, Teil B, 7. bis 10. Schuljahr, Ernst Klett Verlag, 2006, S. 270.
(4) Horst Bayrhuber, *Linder Biologie*, Lehrbuch für die Oberstufe, 21. Auflage, Schroedel Verlag GmbH, Hannover, S. 335, 364.

16 Antibiotikaresistenz

Die Tatsache, dass Bakterien gegen Antibiotika resistent werden können, wird oft als beobachtbares Beispiel für Evolution angesehen. Allerdings haben Mutationen, die zu einer Antibiotikaresistenz führen, in der Regel einen Verlust von Information im Genom zur Folge. In den allermeisten Fällen wird nur eine einzige Base im Genom verändert, die es einem bestimmten Bakterium unmöglich macht, sich im Körper des Wirtes festzusetzen. Dabei ist es zu keiner Zunahme von codierter Information im Genom gekommen.

In einer ausreichend großen Population können antibiotikaresistente Mutanten auf antibiotikahaltigen Nährmedien besonders leicht nachgewiesen werden. Antibiotikaresistente Zellen liegen allerdings schon vor Einwirkung des Antibiotikums vor. Das Antibiotikum selbst übt lediglich eine Selektionsfunktion aus. Der Replikatest nach Lederberg (Wachstum trotz Antibiotikum) liefert dafür einen direkten Beweis.

Ein Auszug aus »Evolution, ein kritisches Lehrbuch« (1)

»Zum Verständnis der Resistenzbildung auf molekularer Ebene sollen hier zuerst Antibiotika betrachtet werden, die durch Bindung an ribosomale Proteine die Proteinsynthese hemmen. Die Resistenz gegen das Antibiotikum Spektinomycin hängt mit der Struktur des S5-Proteins der kleinen Ribosomen-Untereinheit zusammen. Dort bindet das Antibiotikum. Eine Mutation führt zum Austausch der Aminosäure Serin gegen Prolin an einer bestimmten Stelle des S5-Proteins. Dieser Austausch hat eine Veränderung der Raumstruktur des Proteins zur Folge, von der auch die Bindungsstelle für Spektinomycin betroffen ist. Dadurch kann das Antibiotikum nicht mehr am S5-Protein ›angreifen‹, das Bakterium ist resistent geworden.

Eine weitere Möglichkeit der Ausbildung einer Resistenz, z. B. gegen Chloramphenicol, besteht in der Entgiftung durch Acetylierung (Anbindung eines Essigsäurerestes). Sie erfolgt durch das Enzym Chloramphenicol-Acetyltransferase (CAT) und ist auf Genduplikation zurückzuführen.

Es ist verständlich, dass Bakterien über Mechanismen zum Abbau von Antibiotika verfügen, denn Pilze produzieren natürlicherweise Antibiotika, um sie zur ›Verteidigung‹ gegen Bakterien einzusetzen.«

Die Penicillinsynthese (2)

Die Entdeckung der Penicillinsynthese durch den Pinselschimmel Penicillium ist ein berühmtes Beispiel. Penicillin hemmt die Zellwandsynthese der Bakterien und wird von resistenten Stämmen durch »Penicillinasen« (beta-Lactamasen) gespalten und somit unschädlich gemacht. Das Gen für dieses Enzym ist häufig auf Plasmiden lokalisiert. Eine wichtige Klasse von Antibiotikaresistenzen beruht auf dem Neuerwerb von Genen durch Plasmidaufnahme (horizontaler Gentransfer).

Es kann kein Zweifel daran bestehen, dass der Erwerb einer Antibiotikaresistenz ein **mikroevolutionärer** Vorgang mit selektionspositiver Wirkung ist, wenn die Bakterien Antibiotika als Selektionsfaktor ausgesetzt sind.

Referenzen

(1) Junker und Scherer, *Evolution, ein kritisches Lehrbuch*, Weyel Verlag, 2006, S. 142.

(2) Ref. (1), S. 143.

Geologie und Paläontologie

Das Modell einer uralten Erde ist für die Evolutionstheorie von entscheidender Bedeutung. Nur wenn die Geschichte unseres Planeten einige Milliarden Jahre beinhaltet, sollte es (gemäß Theorie) möglich sein, dass aus einem einfachen Einzeller allmählich ein Mensch werden konnte. Aber: Ist unsere Erde tatsächlich Milliarden Jahre alt?

Die sogenannten radiometrischen Messmethoden, die zur Altersbestimmung von Gesteinen und Fossilien hauptsächlich herangezogen werden, sind keineswegs gesichert. Die verfügbaren Daten können sehr unterschiedlich interpretiert werden. Mehr dazu im Kapitel Radiometrie und Geophysik.

Diverse **Beobachtungen aus geologischen Formationen** lassen massive Zweifel an den herkömmlichen Datierungsmodellen aufkommen. Wenn man die Abtragung der Kontinente, das Wachstum von Flussdeltas und die Veränderungen von Meeresküsten und Riffen analysiert, so ist es nicht denkbar, dass die aktuellen Prozesse seit vielen Millionen Jahren ablaufen.

Untersuchungen der Schichtgrenzen zwischen geologischen Formationen und Erkenntnisse der modernen Sedimentologie deuten ebenfalls auf eine kurze Erdgeschichte hin. Katastrophische Ereignisse wie der Vulkanausbruch des Mount St. Helens im Nordwesten der USA beweisen, dass die geologischen Formationen unserer Erde in sehr kurzer Zeit gebildet werden konnten.

Schließlich spricht auch der **Fossilbericht** gegen Darwins Lehre von der Abstammung der Arten. Nach evolutionstheoretischer Sichtweise müssten bis heute viele Milliarden Zwischenformen auf unserer Erde gelebt haben. Dennoch konnte bis heute kein einziges (!) unumstrittenes evolutionäres Bindeglied (Missing Link) entdeckt werden.

17 Stasis im Fossilbericht

Als Charles Darwin seine Theorie veröffentlichte, dass alle uns bekannten Lebewesen miteinander verwandt seien, erntete er vonseiten der Paläontologen mehrheitlich Kopfschütteln. Bereits damals war zu erkennen, dass die notwendigen Übergangsformen zwischen den einzelnen Grundtypen systematisch fehlen. Heute kann man beobachtungsbedingt von Stasis als einem Hauptmerkmal des Fossilberichtes sprechen. Stasis bedeutet, dass keine neuen Formen und Organe entstehen und die Grundtypen im Wesentlichen über die gesamte Erdgeschichte hinweg unverändert geblieben sind.

Aufgrund des systematischen Fehlens grundlegender gerichteter Veränderungen bei den Fossilien muss die angenommene Höherentwicklung der Lebewesen als Mythos betrachtet werden. In der Entwicklung der meisten fossilen Arten zeigen sich zwei wesentliche Merkmale, die einer langsamen und in kleinen Schritten ablaufenden Entwicklung (Gradualismus) deutlich widersprechen: Stasis und schlagartiges Auftreten neuer Arten.

Stasis

Die meisten Arten zeigen keine zielgerichteten Veränderungen in der Abfolge der geologischen Schichten, in denen sie auftauchen. Vom Zeitpunkt ihrer erstmaligen Erscheinung bis zu ihrem Verschwinden sind nur begrenzte und richtungslose Veränderungen feststellbar.

Schlagartiges Auftreten neuer Arten

Innerhalb der geologischen Zeittafel treten neue Arten in der Regel schlagartig und als »voll entwickelte« Spezies auf. Man hat noch nie Fossilien gefunden, die den Prozess einer allmäh-

lichen Umwandlung von einer Art zur anderen dokumentieren
(1). Unter den berühmten Ammoniten sind einige schrittweise
Veränderungen nachweisbar. Allerdings haben sich bei diesen
Fossilien lediglich die Größe und die Beschaffenheit der Oberfläche verändert (Mikroevolution).

Geschichtliche Hintergründe (2)

»Wir Paläontologen haben gesagt, dass die Geschichte des Lebens (die These vom allmählichen Wandel durch Anpassung)
durch die Fossilien untermauert wird, während wir die ganze
Zeit über im Grunde wussten, dass dies nicht zutrifft«, gibt der
berühmte Paläontologe Niles Eldredge zu bedenken. So hat es
sich im Laufe der Zeit zu einem eigentlichen Berufsgeheimnis
der Paläontologie entwickelt, dass es diese evolutionären Zwischenformen nicht gibt.

»Es hat den Anschein, dass jede neue Generation einige
junge Paläontologen hervorbringt, die darauf erpicht sind, Beispiele evolutionären Wandels in ihren Fossilien zu dokumentieren. Die Veränderungen, nach denen sie gesucht haben, sollen natürlich allmählicher, fortschreitender Art sein. In den
meisten Fällen sind ihre Anstrengungen nicht von Erfolg ge-
krönt – ihre Fossilien scheinen im Grunde unverändert zu bleiben, statt die zu erwartenden evolutionären Formen erkennen
zu lassen …«, gibt Eldredge weiter zu bedenken.

Diese außerordentlich hohe Konstanz in den Fossilien sieht
für den Paläontologen, der unbedingt Beweise evolutionären
Wandels finden will, so aus, als hätte keine Evolution stattgefunden. Doch weil das Grundkonzept der Evolution als
selbstverständlich gilt, wird Stasis gewöhnlich als »für die Ergebnisse irrelevant« betrachtet und die fehlenden fossilen
Zwischenformen mit »Lücken im Fossilbericht« erklärt.

Persistierende Arten (3)

Unter persistierenden Arten versteht man Pflanzen- und Tierarten, die während der gesamten geologischen Zeit fast oder völlig unverändert geblieben sind. Zum Beispiel:

- Viren, Bakterien und Schimmelpilze seit dem Präkambrium
- Schwämme, Schnecken und Quallen seit dem Kambrium
- Moose, Seesterne und Würmer seit dem Ordovizium
- Skorpione und Korallen seit dem Silur
- Haie und Lungenfische seit dem Devon
- Farne und Schaben seit dem Karbon
- Käfer und Libellen seit dem Perm
- Föhren und Palmen seit der Trias
- Krokodile und Schildkröten seit dem Jura
- Enten und Pelikane seit der Kreide
- Ratten und Igel seit dem Paläozän
- Lemuren und Nashörner seit dem Eozän
- Biber, Eichhörnchen und Ameisen seit dem Oligozän
- Kamele und Wölfe seit dem Miozän
- Pferde und Elefanten seit dem Pliozän

Aufgrund des Evolutionsmodells erwartet man, dass sich die Arten in einem ständigen Wandel befinden. Stattdessen werden sie in der Regel in allen geologischen Schichten, in denen sie auftreten, unverändert vorgefunden. Die Querverbindungen zwischen den Arten fehlen komplett.

Referenzen

(1) Stephen Jay Gould, zitiert in Phillip E. Johnson, *Darwin im Kreuzverhör*, Christliche Literatur-Verbreitung, Bielefeld, S. 66.

(2) Niles Eldredge, zitiert in Phillip E. Johnson, *Darwin im Kreuzverhör*, Christliche Literatur-Verbreitung, Bielefeld, S. 76-77.

(3) Willem J. Ouweneel, *Evolution in der Zeitenwende*, Christliche Schriftenverbreitung, Hückeswagen, S. 146.

18 Schnelle Versteinerung (Taphonomie)

Damit ein Lebewesen fossiliert werden kann, muss es innerhalb kürzester Zeit mit Sedimenten überdeckt und von Luft abgeschlossen werden. Ansonsten wird es verfaulen/verwesen. Wenn das abgeschlossene Lebewesen von geeigneten Mineralien umgeben ist, findet aufgrund chemischer Gesetze ein Austausch zwischen den Molekülen des Lebewesens und seiner mineralhaltigen Umgebung statt. Der eigentliche Prozess kann unter geeigneten Bedingungen innerhalb von fünf Tagen beginnen und nach Wochen, Monaten oder wenigen Jahren abgeschlossen sein. Wie schnell ein Lebewesen mineralisiert wird, ist vom Umfeld abhängig, worin es eingebettet wurde.

Fossilien entstehen gewöhnlich nur bei großen Katastrophen. In der Brockhausausgabe von 1988 findet man unter dem Stichwort »Fossilisation« Folgendes: »Voraussetzung (für die Bildung von Fossilien) ist die schnelle Einbettung abgestorbener Lebewesen in tonige, sandige und andere Ablagerungen oder in Harz (der spätere Bernstein), sodass sie nicht verwesen, gefressen oder durch äußere physikalische oder chemische Kräfte zerstört werden können.«

Schnelle Versteinerung

Gemäß einem Bericht von Derek Briggs und Amanda Kear in *Science* hat man in Laborversuchen beobachtet, dass eine teilweise Mineralisierung von Krevetten schon zwei Wochen nach dem Tod einsetzte (1). Die Mineralisierung von Muskeln betrug nach 8 Wochen bereits 40 %. Auch wenn dieser Prozess nicht immer so schnell abläuft, so steht dennoch fest, dass dazu keineswegs Millionen Jahre notwendig sind.

Dinosaurierknochen mit elastischem Gewebe und zellulären Strukturen

Interessanterweise wurden in den vergangenen Jahren bereits einige Dinosaurierknochen gefunden, bei denen der Prozess der Mineralisierung noch nicht abgeschlossen war. Unter anderem haben sie flexibles, elastisches Gewebe mit zellulären Strukturen (Kollagen und Blutgefäße) enthalten. Wenn diese Knochen tatsächlich 60 Millionen Jahre und älter sind, lässt sich schwer erklären, wie dieses organische Material dem Zerfallsprozess (Entropie) trotzen konnte (2) (3).

Zudem hat man Dinosaurierknochen gefunden, die Eiweißfragmente enthalten. Diese sollten nach heutiger Kenntnis deutlich weniger als 1 Million Jahre erhaltungsfähig sein (4).

Aktualismus und Katastrophismus

Einer der Grundpfeiler der Evolutionstheorie ist der Aktualismus. Diese Lehre besagt, dass in der Vergangenheit ähnliche Prozesse abgelaufen sind, wie wir sie heute noch beobachten. So misst man die Materialmenge, die heute pro Jahr an bestimmten Stellen auf dem Meeresgrund abgelagert wird, und schätzt danach die Zeit, die zum Aufbau der gesamten Schichten notwendig war. Eine Kalkschicht von 1 m Dicke abzulagern, würde unter den heutigen Umweltbedingungen ca. 40 000 Jahre dauern. Dabei muss man jedoch bedenken, dass Fossilien von Weichteilen und Pflanzen nur dann entstehen konnten, wenn die Lebewesen so schnell und vollständig verschüttet wurden, dass weder Luft und Wasser noch Bakterien und Aasfresser ihnen etwas anhaben konnten.

Die meisten Gesteinsschichten, die wir heute vorfinden, enthalten größere oder kleinere Fossilien. Alle diese Schichten müssen sehr schnell entstanden sein.

In Schweden lässt sich die Hälfte des Ordoviziums (angeblich etwa 30 Millionen Jahre oder mehr alt) in einem einzigen Steinbruch besichtigen. Das nennt man ein Kondensationslager, weil man davon ausgeht, dass die Ablagerung sehr langsam erfolgte. Dennoch findet man auch in diesen Ablagerungen jede Menge Trilobiten (5). Diese Ablagerungen müssen in Schüben stattgefunden haben, die innerhalb von Tagen, Jahren oder Jahrzehnten erfolgen konnten. Ansonsten wären die Triboliten zerfallen, bevor sie versteinern konnten.

Referenzen

(1) Derek E.G. Briggs und Amanda J. Kear, *Fossilization of Soft Tissue in the Laboratory*, Science 259, 5. März 1993, S. 1439-1442.

(2) Mary Higby Schweitzer et al., *Analyses of Soft Tissue from Tyrannosaurus rex Suggest the Presence of Protein*, Science 316, 13. April 2007, S. 277-280.

(3) H. Binder, *Elastisches Gewebe aus fossilen Dinosaurier-Knochen*, Studium Integrale, Oktober 2005, S. 72-73. http://www.wort-und-wissen.de/index2.php?artikel=sij/sij122/sij122-5.html.

(4) H. Binder, *Proteine aus einem fossilen Oberschenkelknochen von Tyrannosaurus Rex*, Studium Integrale, Oktober 2007, S. 78-81.

(5) R. Fortey, *Trilobiten!*, München, 2002, S. 203.

19 Missing Links

Die notwendigen Übergänge von Fischen zu Amphibien, von Amphibien zu Reptilien und von Reptilien zu Vögeln sind auch nach 150-jähriger intensiver Suche in den Fossilien nicht gefunden worden. Vergleiche zwischen den »amphibienähnlichsten Fischen« (Coelacanth/Periophthalmus) und den »fischähnlichsten Amphibien« (Ichthyostega) zeigen zudem, dass bei komplexen Schlüsselmerkmalen, wie z. B. dem Bau der Tetrapodenextremität (Beine der vierfüßigen Landlebewesen) oder dem Bau des Hirnschädels, evolutionäre Zwischenformen kaum denkbar sind. Für den Übergang zwischen Reptilien und Vögeln hält man sich hartnäckig daran, dass der Archaeopteryx eine Übergangsform sei; obwohl heute erwiesen ist, dass er zu hundert Prozent ein Vogel, gefiedert, warmblütig und mit einer speziellen Vogellunge ausgestattet war.

Zwischen den verschiedenen Ordnungen, Familien und Klassen der uns bekannten und in den Fossilien überlieferten Lebewesen gibt es **keine einzige (!)** unwidersprochene Übergangsform (Missing Link). Zwischen allen diesen Klassen und ihren vielen Ordnungen wären gemäß Evolutionstheorie unzählige Zwischenformen zu erwarten, die mehrere Schlüsselmerkmale beider Arten in sich vereinen. Als Übergangsformen wurden in der Vergangenheit einige Beispiele vorgeschlagen, die jedoch nach eingehender Prüfung allesamt verworfen werden mussten (1) (2) (3).

Die Quastenflosser (Crossopterygier)

Eine dieser Übergangsform zwischen Fischen und Amphibien soll der Quastenflosser sein. Dieser Fisch verfügt über Flossen mit verstärktem Muskelansatz, sodass man davon ausging, dass er mit seinen Flossen auf dem Meeresgrund gehen würde. Tag und Nacht hat man diese Tiere beobachtet und kam dabei zu dem Schluss, dass sie ihre verstärkten Flossen dazu verwenden, um sich im Wasser aufzustellen und senkrecht mit dem Kopf nach oben und der Brust nach vorne zu schwimmen. Davon ist jedoch in kaum einem Schulbuch etwas zu lesen.

Wenn man den Quastenflosser betrachtet (zum Beispiel Latimeria, ein lebendes Fossil), wird klar, dass er eindeutig ein Fisch ist. Hinzu kommt, dass er mit ca. 1 m Länge ein verhältnismäßig großer Fisch ist. Dass ausgerechnet dieser große Fisch eine Übergangsform zwischen Fisch und Amphibium sein soll, scheint nicht sehr glaubwürdig zu sein. Zudem hält er sich in großen Meerestiefen auf, und selbst von einem Ansatz zur Lungenbildung ist nichts zu entdecken.

Der Archaeopteryx

Seit der Entdeckung des Archaeopteryx in den 1860er-Jahren wurde die stammesgeschichtliche Herkunft der Vögel kontrovers diskutiert (4). Im Mittelpunkt stand dabei häufig die Frage nach seiner Flugfähigkeit, insbesondere hinsichtlich einer vermuteten Abstammung von zweibeinig laufenden Dinosauriern (Theropoden, z. B. Compsognathus; nach späterer Ansicht Thecodonten) (5).

Basierend auf den frühen anatomisch-morphologischen Studien, die der Biologe Thomas Huxley noch im 19. Jahrhundert machte, wurde diese Vorstellung bis in die jüngste Vergangenheit wiederholt von Taxonomen bzw. Paläozoologen aufgegriffen. Eine gute Flugleistung zugunsten einer theropoden Herkunft wird jedoch bezweifelt (6).

Zwar schließt auch der Paläornithologe Alan Feduccia eine Abstammung der Vögel von Sauriern (baumbewohnender, flug- bzw. gleitfähiger Typus) nicht grundsätzlich aus (7). Allerdings erschweren widersprüchliche Befunde, z. B. über die Identität morphologischer Strukturen (Vogelhandknochen), eine Interpretation stammesgeschichtlicher Zusammenhänge. Anhand des bekannten fossilen Belegmaterials ist weit und breit kein Vorläufer-Dinosaurier in Sicht, der als Stammvater aller Vögel gelten könnte.

Die Tatsache, dass man immer wieder diese eine umstrittene Form als Beispiel für Zwischenformen im Allgemeinen anführt, verdeutlicht, wie schlecht es um die Anzahl bekannter Übergangsformen bestellt ist. Dabei muss man sich bewusst sein, dass die Entwicklung flugfähiger Flügel ein ganz spezielles Problem für die Vorstellung einer über viele Generationen fortschreitenden Evolution darstellt: Gefiederte Flügel, ein Vogelherz und eine Vogellunge bieten dem Lebewesen nur dann einen Überlebensvorteil, wenn sie **allesamt** und gleichzeitig komplett ausgebildet und voll funktionstüchtig sind.

Die Schlange

Der Stammbaum der Schlangen ist in den Fossilien, wenn überhaupt, nur sehr bruchstückhaft zu erkennen. Unter Fachleuten ist die Evolution der heutigen Schlange ein Phänomen, das sich nur durch viele Spekulationen erklären lässt (8).

Der Schlammspringer (Periophthalmus)

Auf den ersten Blick könnte man den Schlammspringer für eine Übergangsform zwischen Fisch und Amphibium halten, doch kaum ein renommierter Evolutionsforscher glaubt daran. Trotz der amphibischen Lebensweise zeigen die Kiemenatmung und die Flossen, dass er zu den Fischen zählt. Die Kiemenhöhle ist beim Schlammspringer nur durch eine enge Kiemenspalte mit der Außenwelt verbunden, wodurch das Austrocknen der zarten Atmungsorgane verhindert wird. Durch Luftschnappen kann er den Sauerstoffgehalt eines Meerwasservorrats, den er im vergrößerten Kieferraum hält, in Grenzen auffrischen (9).

Referenzen

(1) Helmut Schneider, *Natura, Biologie für Gymnasien*, Band 2, Lehrerband, Teil B, 7. bis 10. Schuljahr, Ernst Klett Verlag, 2006, S. 257.

(2) Horst Bayrhuber & Ulrich Kull, *Linder Biologie*, Lehrbuch für die Oberstufe, 21., neu bearbeitete Auflage, Schroedel Verlag GmbH, Hannover, 1998, S. 418, 430, 432.

(3) Ulrich Weber, *Biologie Oberstufe*, Gesamtband, Cornelsen Verlag, 2001, S. 294-295.

(4) Helmut Schneider, *Natura, Biologie für Gymnasien*, Band 2, Lehrerband, Teil B, 7. bis 10. Schuljahr, Ernst Klett Verlag, 2006, S. 261.

(5) G. Heilmann, *The origin of birds*, London, Witherby, 1926.

(6) R.T. Bakker, *Dinosaur renaissance*, Scientific American, 232, 1975, S. 58-78.

(7) Alan Feduccia, *The problem of birds origin and avian evolution*, Journal Ornithology, 142, Sonderheft, S. 1139-1147, (*Studium Integrale*, Mai 2002, S. 37-40).

(8) Colbert et al., *Evolution of the vertebrates: A history of the backboned animals through time*, 5. Aufl., New York: Wiley-Liss, 2001.

(9) P.K.L. Ng und N. Sivasothi, *A Guide to the Mangroves of Singapore 1*, Singapore Science Centre, 1999, S. 138-139.

20 Kambrische Explosion

In den Erdschichten, die älter sind als das sogenannte Kambrium (das angeblich vor 488 bis 542 Millionen Jahren stattfand), findet man ausschließlich Mikrofossilien. Im Kambrium selbst tauchen dann plötzlich hoch differenzierte Lebewesen auf. Die Annahme, dass einzellige und mehrzellige Lebewesen oder Pflanzen und Tiere gemeinsame Vorfahren haben, wird durch den Fossilbericht nicht gestützt, sondern massiv infrage gestellt. Diese Problematik ist allgemein bekannt. Weil die höheren Lebewesen »explosionsartig« und ohne Vorläufer (!) auftreten, spricht man in Fachkreisen von der »Kambrischen Explosion«.

Die untersten Erdschichten, die eindeutig Fossilien enthalten, nennt man Kambrium. Mit der Bezeichnung *Kambrische Explosion* meint man das plötzliche Auftreten von vielen neuen Bauplänen vor angeblich etwa 530 Millionen Jahren (1).

Nun ist es so, dass 87 % aller Stämme (Pflanzen und Tiere), die in höher gelegen Schichten vorkommen, auch im Kambrium bereits vorkommen. Nur die Wirbeltiere und die Mooskorallen sowie die Insekten treten erst in höheren Erdschichten (dem Ordovizium bzw. Devon) auf. In den Erdschichten, die älter sind als das Kambrium, kommt jedoch kaum ein unbestritten höheres Fossil vor. Somit gibt es keinen einzigen fossilen Hinweis darauf, dass die Lebewesen, die in der Kambrischen Explosion erschienen sind, gemeinsame Vorfahren haben.

Innerhalb der (gemäß Evolutionstheorie) enorm kurzen Zeit von angeblich 5 bis 10 Millionen Jahren sollen mindestens 19 bis 35 neue Stämme (von total 40) zum ersten Mal auf der Erde aufgetreten sein (2) (3). Viele neue Unterstämme (total 32 bis 48 von insgesamt 56) und Klassen von Tieren sind ebenfalls in diesen Schichten neu aufgetreten. Alle Repräsentanten dieser Stämme haben wichtige morphologische Eigenheiten. Die gemäß Evolutionstheorie erwarteten morphologischen Vorfahren im früheren Vendium oder in der präkambrischen Fauna fehlen in fast allen Fällen (4).

Neuere Entdeckungen und Analysen zeigen, dass diese morphologischen Lücken nicht einfach auf eine unvollständige Fossilgeschichte zurückzuführen sind (5). Weil man voraussetzt, dass die Fossilgeschichte einigermaßen zuverlässig ist, diskutiert man, ob diese Beobachtung mit der strikt monophyletischen (einen einzigen Stammbaum umfassenden) Sicht der Evolution übereinstimmt (6).

Schneller oder langsamer »Zünder«

Diejenigen, die meinen, die **Fossilien** böten ein zuverlässigeres Bild vom Auftreten der sogenannten Metazoen, tendieren zur Auffassung, dass diese Tiere relativ schnell entstanden seien – dass also die Kambrische Explosion einen sogenannten »schnellen Zünder« gehabt habe (7). Einige (8), aber nicht alle (9), die denken, dass die **molekularen Stammesgeschichten** zuverlässigere Verzweigungszeiten der präkambrischen Vorfahren liefern, glauben, dass die kambrischen Tiere sich über eine sehr lange Zeitperiode entwickelten und die Kambrische Explosion daher einen »langsamen Zünder« hatte.

Zum Kernproblem der Kambrischen Explosion äußert sich Ernst Mayr, der 2005 verstorbene Hauptvertreter der modernen synthetischen Evolutionstheorie, folgendermaßen (10):

»Fast alle [...] Stämme tauchen am Ende des Präkambriums und zu Beginn des Kambriums, das heißt vor etwa 565 bis 530 Millionen Jahren, bereits in voll ausgeprägter Form auf. Man hat keine Fossilien gefunden, die zwischen ihnen stehen, und auch heute gibt es keine solchen Zwischenformen. Die Stämme scheinen also durch unüberbrückbare Lücken getrennt zu sein.«

Referenzen

(1) Junker und Scherer, *Evolution, ein kritisches Lehrbuch*, Weyel, 2006, S. 227.

(2) Ernst Meyer et al., *DNA and the origin of life: information, specification and explanation*, in J.A. Campbell und S.C. Meyer, *Darwinism, Design and Public Education*, Michigan State University Press, 2003, S. 223-285, http://www.discovery.org/scripts/viewDB/index.php?command=view&id=2177.

(3) S.A. Bowring, J.P. Grotzinger, C.E. Isachsen, A.H. Knoll, S.M. Pelechaty und P. Kolosov, *Calibrating rates of early Cambrian evolution*, Science 261, 3. September 1993, S. 1293-1298.

(4) G.L.G. Miklos, *Emergence of organizational complexities during metazoan evolution: perspectives from molecular biology, palaeontology and neo-Darwinism*, Mem. Ass. Australas. Palaeontols 15, 1993, S. 7-41.

(5) M. Foote, *Sampling, taxonomic description and our evolving knowledge of morphological diversity*, Paleobiology 23, 1997, S. 181-206.

(6) Simon Conway Morris, *The question of metazoan monophyly and the fossil record, Progress in Molecular and Subcellular Biology* 21, 1998, S. 1-9.

(7) Simon Conway Morris, *Cambrian »explosion« of metazoans and molecular biology: would Darwin be satisfied?*, International *Journal of Developmental Biology* 47, 2003, S. 505-515.

(8) Gregory A. Wray, Jeffrey S. Levinton und Leo H. Shapiro, *Molecular Evidence for Deep Precambrian Divergences Among Metazoan Phyla, Science* 274, 25. Oktober 1996, S. 568-573.

(9) Francisco José Ayala, Andrey Rzhetsky und Francisco J. Ayala, *Origin of the metazoan phyla: molecular clocks confirm paleontological estimates*, Proc Natl Acad Sci USA 95, 20. Januar 1998, S. 606-611.

(10) Ernst Mayr, *Das ist Evolution*, 3. A., München, 2003, S. 74.

21 *Abtragung der Kontinente*

Der renommierte Geologe Ariel A. Roth hat recherchiert, wie viel Schutt, Schlamm, Geröll etc. Jahr für Jahr durch die heutigen Flüsse in die Ozeane gespült wird. Er berechnete, dass nach 10 Millionen Jahren die Kontinente bis auf Meereshöhe abgetragen wären, wenn sie nicht zugleich durch tektonische Prozesse angehoben würden. Selbst wenn in der Vergangenheit wesentlich weniger Material eingespült worden wäre, ist klar, dass zumindest in den oberen Gesteinsschichten niemals Fossilien zu finden sein dürften, die deutlich mehr als 10 Millionen Jahre alt sind. Sie müssten längst abgetragen sein.

Die Kontinente der Erde erheben sich heute im Durchschnitt 623 m hoch über den Meeresspiegel. Sie werden vor allem durch den Regen (Erosion) ständig abgetragen und durch Flüsse und Ströme in die Weltmeere geschwemmt. Nach der heutigen Menge dieser transportierten Stoffe würde es etwa

10 Millionen Jahre dauern, um sämtliche Kontinente auf Meereshöhe abzutragen. In »lediglich« 185 Millionen Jahren würde das eingetragene Material dem Volumen der heutigen Ozeane entsprechen (1)!

Konsequenzen für die geologische Zeittafel

Da unsere Kontinente in einem so starken Wandel begriffen sind, ist es nicht vorstellbar, dass Fossilien, die wir an der Erdoberfläche finden, tatsächlich 300 bis 500 Millionen Jahre alt sein sollen. Und schon gar nicht in der Fülle (!), wie sie heute vorgefunden werden. Die konventionelle geologische Zeittafel, wie sie an den meisten staatlichen Schulen gelehrt wird, muss äußerst kritisch betrachtet werden.

Flutkatastrophen von globalem Ausmaß

Erschwerend kommt hinzu, dass in der oben angestellten Vergleichsrechnung **nicht** berücksichtigt wurde, dass in der Vergangenheit eine oder mehrere Flutkatastrophen von globalem Ausmaß stattgefunden haben. Davon muss man aufgrund zahlreicher geologischer Funde aber ausgehen. Durch eine globale Flut wäre zumindest zeitweise zusätzlich ein Vielfaches mehr an Material in die Meere geschwemmt worden, als dies durch die aktuellen Prozesse geschieht.

Referenz

(1) Ariel A. Roth, *Some Questions About Geochronology*, *Origins*, Bd. 13, Nr. 2, 1986, S. 65.

22 Flussdeltas, Meeresküsten und Riffe

Das Material, das durch die Flüsse und Ströme in Seen und Meere hineingeschwemmt wird, lässt Schlüsse darüber zu, wie lange diese Prozesse bereits gedauert haben. Erstaunlich ist, dass es auf der ganzen Erde kein einziges Flussdelta gibt, das mit Sicherheit deutlich älter als 10 000 Jahre sein kann. Auch wenn man die aktuellen Veränderungen von Seen und Meeresküsten beobachtet, wird klar, dass die Erdoberfläche, die wir heute vor uns haben, niemals Millionen und Milliarden Jahre alt sein kann.

– Der **Amazonas** transportiert jährlich gut 500 Millionen Tonnen Material in den Atlantik. Dadurch wurde der Schelf im Mündungsbereich des Amazonas gegenüber dem umliegenden Schelf um etwa 50 m angehoben. Nach heutigen Verhältnissen würde es ca. 14 000 Jahre gedauert haben, um dieses Volumen abzulagern. Wenn berücksichtigt wird, dass der Amazonas bei der Auffaltung der Anden wesentlich mehr Material ins Meer hineingeschwemmt hat, als er das heute tut, muss diese Zahl noch einmal drastisch reduziert werden. In gut 3000 Jahren kann der heutige Schelf im Mündungsgebiet des Amazonas bis zur Wasseroberfläche aufgefüllt sein.
– Der **Mississippi** transportiert jährlich ca. 300 Millionen Tonnen Material in den Golf von Mexiko. Aufgrund dieses Volumens müsste der Golf nach acht Millionen Jahren komplett ausgefüllt sein. In Wahrheit findet man aber nur ein verhältnismäßig kleines Flussdelta von etwa 50 km Länge am Ende des Stroms. Einige Befürworter einer Milliarden Jahre alten Erde meinen, dass das angeschwemmte Material fortlaufend im Meer versinke. Doch in den Bohrkernen, die man im Meeresboden gemacht hat, ist davon nichts sichtbar.

Solche Bohrungen wurden über den ganzen Golf verteilt gemacht, (nicht, um das Alter der Erde zu berechnen, versteht sich, sondern mit der Absicht, nach Erdöl zu suchen ...).

- Die **Klippen der Niagarafälle** werden vom vielen Wasser 1,5 m pro Jahr abgetragen. Der Wasserfall verschiebt sich daher allmählich gegen den Eriesee hin. Aus der Distanz zum Ontariosee (11,5 km) kann man schließen, dass die Niagarafälle allerhöchstens 10 000 Jahre alt sind (1).

- An der **Atlantikküste von England** wird durch die Wellen des Meeres ständig Material abgetragen. Daher verschiebt sich die Küstenlinie in 6 Jahren durchschnittlich um 1 m landeinwärts. Das bedeutet, dass England bereits nach wenigen Millionen Jahren komplett verschwunden wäre. Interessanterweise findet man auf der ganzen Inselgruppe unzählige Fossilien, die nach konventioneller Schätzung mehrere Hundert Millionen Jahre alt sein sollen (2). Diese Zeittafeln müssen kritisch betrachtet werden.

- In **Nordkarolina (USA)** frisst das Meer an gewissen Stellen bis zu 4,2 m Land pro Jahr. Andererseits war die antike Stadt **Ephesus** in der heutigen Türkei noch vor weniger als 2000 Jahren eine Hafenstadt, während sie heute bereits mehrere Kilometer landeinwärts liegt. Diese Verschiebungen verdeutlichen die Dynamik der geologischen Ereignisse (3).

- Aufgrund der heute eingeführten Menge an Kies und Sand würde der **Vierwaldstätter See** in der Schweiz nach spätestens 4000 Jahren komplett aufgefüllt sein. Auch der **Bodensee** wird von heute an kaum länger als 10 000 Jahre existieren.

- Auch in Bezug auf das Wachstum von **Kalkriffen** fehlen die Folgen einer Millionen Jahre dauernden Erdgeschichte komplett. Analog zur Bahamabank, wo heute durch organisches Fixieren herangespülter Kalkpartikel auf Mikrobenmatten Lamellen von ca. 1 mm pro Tag entstehen (4), kann das Hochwachsen der Zechsteinriffe erklärt werden. Es kommen ca. 50 Lamellen auf 17 mm Karbonat; das führt bei einer vereinfachten Rechnung auf lediglich rund 500 Jahre Wachstumszeit für die höchsten Riffe (etwa 60 m) in Thüringen (5).

– Bis vor einiger Zeit wurden die bis 200 m hoch gewachsenen **Karbonate des Oberjuras** (auch Weißer Jura oder Malm genannt) vorwiegend als »Schwammriffe« gedeutet. Heutzutage kennt man keine vergleichbaren Riffstrukturen aus den Meeren. Zweifel an dieser »verdächtigen« Einmaligkeit sowie neue Studien, die in den vergangenen zwei Jahrzehnten gemacht wurden, führten dazu, dass in der Massenkalkforschung neue Wege beschritten wurden. Man kann annehmen, dass künftig vermehrt Sedimentationsprozesse in die Modellvorstellungen zur Bildung der Massenkalke Eingang finden werden. Im Rahmen der Zeitfrage ist vor allem der Zusammenhang wichtig, dass Karbonatsande als Sedimente (zumal im energiereichen, stark bewegten Flachwasser) bedeutend schneller entstehen (und zu Schichtfolgen übereinander aufgebaut werden können) als gewachsene Riffstrukturen (6).

Referenzen

(1) Larry Pierce, *Niagara Falls and the Bible, Creation* 22(4), 2000, S. 8-13, http://www.creationontheweb.com/content/view/276/.

(2) A. Phillips und Tall Order, *Cape Hatteras Lighthouse makes tracks*, *National Geographic* 197(5), 2000, S. 98-105.

(3) Tas Walker, *Vanishing Coastlines, Creation Ministries Magazine*, Bd. 29, Nr. 2, März bis Mai 2007, S. 19-21.

(4) C.D. Gebelein, *Distribution, Morphology and Accretion Rate of recent subtidal Algal Stromatolites, Bermuda, Journal of Sedimentation and Petrol*, 39, S. 49-69.

(5) K. Kerkmann, *Riffe und Algenbänke im Zechstein von Thüringen, Freiberger Forschungshefte*, 1969, C 252.

(6) M. Stephan, *Neue Interpretation der Massenkalke des süddeutschen Oberjura, Studium Integrale*, Oktober 2001, S. 91-94, http://www.wort-und-wissen.de/index2.php?artikel=disk/d08/4/d08-4.html.

23 Ausbruch des Mount St. Helens

Beim gigantischen Ausbruch des Vulkans Mount St. Helens im Jahre 1980 sind innerhalb von Stunden und Tagen geologische Formationen entstanden, die sehr genau mit anderen übereinstimmen, von denen man bisher angenommen hat, dass sie in einem Tausende und Millionen Jahre dauernden Prozess geformt worden seien. Die Beobachtungen am Mount St. Helens verdeutlichen, wie die geologischen Formationen unserer Erde nicht in einem langwierigen Prozess, sondern durch eine Reihe katastrophischer Ereignisse gebildet werden konnten.

Vor dem Ausbruch im Jahr 1980 war der Mount St. Helens im Nordwesten der USA ca. 400 m höher, als er heute ist. Durch die Hitze beim Ausbruch schmolz der Schnee in der Gipfelregion des knapp 3000 m hohen Berges und vermischte sich mit den Ablagerungen und dem Gesteinsschutt. Die so entstandenen Schutt- und Schlammströme, die mit einer Geschwindigkeit von bis 150 km/h ins Tal flossen, erodierten innerhalb kurzer Zeit bis zu 200 m tiefe Canyons in den massiven Fels hinein.

Bei anderen Canyons in Amerika gehen die meisten Geologen davon aus, dass sie durch die Kraft von Flüssen über sehr lange Zeiträume allmählich eingeschnitten wurden (langsame Erosion). Der Ausbruch des Mount St. Helens beweist jedoch, dass solche geologischen Gebilde auch in sehr kurzer Zeit entstehen können.

Durch den Explosionsdruck wurden ca. eine Million Baumstämme in den nahegelegenen Spirit Lake geschleudert. Es entstanden neue Canyons, neue Flusssysteme und Seen, und der Spirit Lake wurde um insgesamt 75 m angehoben (1).

Nach dem Ausbruch war der See mit einer gewaltigen Matte aus Douglasien, Edeltannen, Hemlocktannen, pazifischen Silbertannen, Western-Red-Zedern und Alaska-Yellow-Zedern bedeckt. Sorgfältige Beobachtungen haben gezeigt, dass die Stämme dazu neigen, in aufrechter Position mit den Wurzeln nach unten zu schwimmen. Im Laufe der Zeit sanken die Bäume und wurden am Seegrund abgelagert. Ein Teil der Bäume wurde senkrecht stehend auf dem Boden des Sees eingebettet.

Würden wir diese Stämme in fossilisierter Form innerhalb von Gesteinsschichten finden, so könnten sie uns als natürlich gewachsene Wälder vorkommen. Scheinbar wäre ein Wald von Edeltannen durch einen Wald von Hemlocktannen und zuletzt von einem Wald aus Douglasien abgelöst worden. Als Beispiel aus vergangenen Zeiten können die begrabenen Wälder im Ruhrkohlebecken angeführt werden. Damals schlämmten große Tonmengen senkrechte, bis 12 m hohe Rindenbäume des Karbons komplett ein (2).

Torf und Kohlebildung

Der Wellengang im Spirit Lake erzeugte Reibung zwischen den Baumstämmen. Das hat dazu geführt, dass sich mit Wasser vollgesogene Rindenstücke von den Stämmen lösten und allmählich den Seegrund bedeckten. Innerhalb von wenigen Jahren entstand so eine mehrere Zentimeter mächtige Torfschicht, die zu 25 % aus Baumrindenstücken besteht. Untersuchungen haben gezeigt, dass dieser Torf eine enge strukturelle Verwandtschaft zur Braunkohle hat. Möglicherweise sind wir im Spirit Lake Zeugen des ersten Stadiums einer Kohlebildung.

Referenzen

(1) Wort und Wissen, *Diaserie Ausbruch des Mt. St. Helens*, zu finden unter http://www.wort-und-wissen.de/index2.php?artikel=medienstelle/diaserie.html.
(2) H. Klusemann und R. Teichmüller, *Begrabene Wälder im Ruhrkohlenbecken*, *Natur und Volk* 84, 1954, S. 373-382.

24 Moderne Sedimentologie

Die moderne Sedimentologie bestätigt, dass die Merkmale der Sedimentschichten, die sichtbar und für die Forschung zugänglich sind, kurze und intensive Ablagerungen aufweisen. Aufgrund der beobachteten Strukturen der Sedimente (Schrägschichtung/Gradierte Schichtung) können Zeiträume von Hunderten von Millionen Jahren schwerlich bestätigt werden. Auch bei der Interpretation von Feinstschichten findet ein Umdenken statt. In vielen Fällen spricht man heute von Tages- statt von Jahreslagen.

Am 24. Mai 2002 debattierte man an der International Solomon University in Kiew (Ukraine) bereits zum zweiten Mal über die Frage: »Sind Makroevolution und progressive Evolution Tatsachen?« Zehn verschiedene Referenten haben zum Thema Stellung genommen. Besonders aufgefallen ist der Geologe A.V. Lalomov, Direktor des geologischen Forschungslabors ARCTUR in Moskau, der ohne Umschweife eine »Kurzzeit-geologie« vertreten hat.

Seiner Meinung nach bestätigt die moderne Sedimentologie, dass die wirklichen Merkmale der Sedimentschichten, die sichtbar und für die Forschung zugänglich sind (im Gegensatz zu den Lücken zwischen den Schichten, die nichts Beobachtbares oder Erforschbares bieten können), kurze und intensive Ablagerungen zeigen (1).

Interessant ist, dass seit einigen Jahren speziell russische Wissenschaftler (primär auf der Suche nach Bodenschätzen) vermehrt am Modell einer Milliarden Jahre alten Erde zu zweifeln beginnen. Interessant ist es darum, weil die ehemalige Sowjetunion eine Hochburg für ein atheistisches, evolutionsgläubiges Denken war.

Schrägschichtungen

Die Strukturen von abgelagerten Sedimenten erlauben Rückschlüsse auf die Geschwindigkeit, womit sie abgelagert wurden. **Schrägschichtung entsteht unter schnell fließendem Wasser**, egal, wie groß die Flächen sind. Je mehr Wasser an diesem Prozess beteiligt ist, umso mächtiger werden die dabei entstehenden Schichten. Eine solche Schrägschichtung beobachtet man im Bereich von wenigen Zentimetern bis hin zu 20 m Mächtigkeit. **Ein Großteil der weltweiten Sedimentschichten ist schräg geschichtet.**

Gradierte Schichten

Gradierte Schichten enthalten im untersten Bereich grobes Material, das dann nach oben immer feiner wird. **Gradierte Schichten müssen innerhalb von Stunden, Tagen und Wochen entstanden sein.** Sie entstehen während des Abklingens einer Überschwemmung, in deren Verlauf die Wassergeschwindigkeit allmählich abnimmt. Grobes Material wird bei hoher Wassergeschwindigkeit transportiert und abgelagert, feines Material bei geringer Geschwindigkeit. **Ein weiterer Großteil der weltweiten Sedimente sind gradierte Schichten.**

Ablagerungen von Feinstschichten

Die kaum millimeterdünnen »Papierschiefer« im saarpfälzischen Unterperm können nach neuer Erkenntnis als helle Silte und dunkle Tone mit organischer Substanz gedeutet werden, die **im täglichen Wechsel** produziert wurden. Tägliche Gewitter verschwemmten Trübstoff und sedimentierten gradierte Silte (2).

Fehlende Ablagerungsunterbrechungen

Die Schmiedefeld-Formation (Ordovizium von Thüringen) wird beispielsweise konventionell mit 20 Millionen Jahren Entstehungsdauer angegeben (3). Allerdings sind bei dieser Formation keine längeren Ablagerungsunterbrechungen, sondern Anzeichen durchgehender, sogar relativ schneller Sedimentation erkennbar. Das führt im Langzeitverständnis zum kaum lösbaren Widerspruch zwischen einer schnellen Sedimentation (hohe Sedimentationsrate), einer geringen Gesamtmächtigkeit und einer langen Bildungszeit. Der Gesamtbefund spricht für eine Entstehungsdauer von nur Jahrhunderten statt Jahrmillionen (4).

Referenzen

(1) Alexander Lalomov et al., *Soviet scientists and academics debate Creation-evolution issue, Technical Journal* 17/1, 2003, S. 67-69.

(2) Andreas Schäfer, *Klastische Sedimente*, München, 2005, S. 171f.

(3) M. Menning & Deutsche Stratigraphische Kommission, *Stratigraphische Tabelle von Deutschland 2002*, Potsdam, 2002.

(4) J. Ellenberg, *Die Bildung oolithischer Eisenerze im thüringischen Ordovizium, Geowiss. Mitt. v. Thüringen*, Beiheft 9, 2000, S. 57-82.

25 Unversehrte Schichtgrenzen

Die Schichtgrenzen (der Übergang von einer Sedimentschicht zur nächsten) von geologischen Formationen, denen oftmals ein Altersunterschied von Tausenden und mehr Jahren zugeschrieben wird, weisen in der Regel keine oder nur geringfügige Oberflächenerosion, Bioturbation oder Bodenbildung auf. Dass die Oberfläche einer Erdschicht über Jahrtausende von Witterungseinflüssen verschont geblieben sein könnte, bevor sie von einer nächsten Schicht überdeckt wurde, ist nicht vorstellbar. **Daher muss der größte Teil der weltweiten Sedimentschichten in Tagen, Jahren und Jahrzehnten entstanden sein.**

Die allermeisten Sedimentschichten sind entweder schräg geschichtet, gradiert und/oder fossilführend. In die Entstehung der Sedimentschichten **selbst** können niemals Millionen Jahre hineininterpretiert werden. Nun gilt es zu klären, wie lange Zeiträume **zwischen** der Entstehung der einen und der darauffolgenden Schicht vergangen sein könnten.

Folgende Merkmale, die alle auf eine schnelle Abfolge der Aufschichtung schließen lassen, sind für die meisten geologischen Schichtgrenzen kennzeichnend:

a) **Ungenügend erodierte Oberflächen** (1): Wenn eine Oberfläche über längere Zeiträume der Witterung ausgesetzt ist, wird sie erodiert. Wasser und Wind bilden durch Abtragungen unebene und eingeschnittene Oberflächen. Je länger die Einwirkung des Wetters ist, umso deutlicher werden die Unebenheiten und Einschnitte. Bereits nach wenigen Jahrzehnten findet man in der Regel markante Veränderungen der Oberflächen. Wie sollen die Schichtgrenzen in geologischen Formationen, die angeblich einen Altersunterschied von mehreren 10 000 Jahren aufweisen, größtenteils völlig unversehrt geblieben sein?

b) **Wenig oder keine Bioturbation** (2): Auf einem Meeresboden oder Seegrund siedeln sich nach einiger Zeit Pflanzen und Tiere an, die dort ihre Spuren hinterlassen: Wurzelbildung der Pflanzen, Grabspuren von Bohrmuscheln und anderen grabenden Tieren, Wurmlöcher etc. Wenn eine solche Oberfläche durch Sedimente bedeckt wird, bleiben die Spuren erhalten. Fehlen solche Spuren, oder sind sie nur spärlich vorhanden, so muss man davon ausgehen, dass diese Schichten in rascher Folge abgelagert wurden.

c) **Bodenbildung:** Komplizierte chemische Prozesse führen im Laufe von wenigen Hundert Jahren zu Bodenbildung. Die Spuren einer solchen Bodenbildung sind an der unmittelbaren Erdoberfläche gut feststellbar, während sich in tieferen geologischen Schichten kaum charakteristische Merkmale von gebildeten Böden zeigen. Da sich in jedem fruchtbaren Boden Eisenoxid befindet, müsste zumindest eine schwarze oder braune Färbung feststellbar sein. Die meisten tiefer liegenden Schichten müssen so schnell abgelagert worden sein, dass zu wenig Zeit zur Humusbildung zur Verfügung stand.

d) **Fußspuren von Tieren:** Fußspuren in geologischen Schichtgrenzen findet man hauptsächlich in Ablagerungen von Vulkanasche. Vulkanasche erhärtet sehr schnell. Wenn sie feucht wird und von der Sonne wieder getrocknet wird, verfestigt sich die Oberfläche und mit ihr die Fußspuren. Auch in Lehm, Sand und anderen weichen Oberflächen bleiben Fußspuren erhalten, wenn sie mit neuem Material überdeckt werden. Selbst wenn nur sehr wenige Schichtgrenzen Fußspuren enthalten, so ist dennoch davon auszugehen, dass zumindest diejenigen Schichten, die Fußspuren enthalten, sehr schnell entstanden sind.

Referenzen

(1) Joachim Scheven, *Karbonstudien*, Hänssler-Verlag, 1986, S. 71.
(2) Eugen Seibold und Wolfgang H. Berger, *The sea floor*, Springer Berlin, 1996.

26 *Polystrate Fossilien*

Immer wieder findet man fossile Baumstämme, Pflanzen und Tiere, die sich über mehrere geologische Schichten erstrecken (polystrate Fossilien). Das Problem dabei ist, dass diesen Schichten oft ein radiometrischer Altersunterschied von mehreren Tausend oder gar 10 000 Jahren zugeschrieben wird. So wurde auf dem Hauenstein (in der Schweiz) ein fossiler Fischsaurier gefunden, der sich über drei Schichten erstreckt. Weil ein Fisch bereits nach wenigen Tagen zu verwesen beginnt, müssen Schichten, wie diejenigen vom Hauenstein, sehr schnell abgelagert worden sein. Ein Baumstamm muss innerhalb von wenigen Jahren oder Jahrzehnten eingeschlossen werden, damit er versteinern kann, bevor er zerfällt.

Der Artikel »Ichthyosaurier-Rätsel vom Hauenstein gelöst?« in der *NZZ* (Neue Zürcher Zeitung) vom 12. März 2004 verdeutlicht, wie selbstverständlich das Modell einer Milliarden Jahre alten Erde in den öffentlichen Medien vorausgesetzt wird. Etwas gar unkritisch ist der Erklärungsversuch, dass der Fischsaurier vom Hauenstein durch eine »innere Explosion« nachträglich durch mehrere Schichten getrieben worden sei (1). Wobei der Kadaver gänzlich unversehrt geblieben sein soll ...

»Ungewöhnliche Wege« in der interdisziplinären Forschung und Zusammenarbeit hätten die Antwort zur Einbettung und Fossilwerdung des »Hauensteiner Dickschädels« gegeben. Neben den klassischen Methoden der Geologie und Paläontologie seien Rechts- und Veterinärmedizin, Gynäkologie, Meeresbiologie sowie Computertomografie, U-Boot-Technik und weitere zum Einsatz gekommen (2).

Sicher verdient die Originalarbeit von Hannes Hänggi und Achim G. Reisdorf Anerkennung (3). Davon ausgehend, dass der Fischsaurer tatsächlich 190 Millionen Jahre alt ist und den Schichten, über die er sich erstreckt, tatsächlich ein Altersunterschied von mehr als nur ein paar Tagen zugeschrieben werden **muss**, haben sie ein Erklärungsmodell erarbeitet.

Doch welcher Erklärungsversuch ist plausibler?

a) Der Kadaver wurde nachträglich unversehrt durch mehrere Schichten getrieben, **oder**

b) die Kalkschichten, in denen das Fossil gefunden wurde, sind in sehr kurzer Zeit abgelagert worden.

Weil polystrate Fossilien wie dieser Fisch durchaus keine Seltenheit bilden, müssen die allgemein anerkannten Zeittafeln kritisch betrachtet werden.

Speziell in kohleführenden Schichten findet man häufig verkohlte oder versteinerte polystrate Baumstämme (4), die verdeutlichen, dass die geologischen Schichten, in denen sie gefunden werden, womöglich schneller als durch die konventionelle Geologie veranschlagt entstanden sind (5).

Referenzen

(1) Rolf Höneisen, *Den Kopf im Fels, factum* März 2004, http://www.factum-magazin.ch/wFactum_de/natur/Palaeontologie/Hauenstein_Ichthy.php.

(2) A. Niederer, *Ichthyosaurier-Rätsel vom Hauenstein gelöst? Der Weg des Schädels durch drei Gesteinsschichten*, NZZ (Neue Zürcher Zeitung), Nr. 60, 12. März 2004, S. 19.

(3) Hannes Hänggi und Achim G. Reisdorf, *Der Ichthyosaurier vom Hauensteiner Nebelmeer – Wie eine Kopflandung die Wissenschaft Kopf stehen lässt*, http://www.ngso.ch/06_Publikationen/PDF/120312_Saurier_7_22.pdf.

(4) Michael J. Oard und Hank Giesecke, *Polystrate Fossils Require Rapid Deposition*, CRSQ 43/4, März 2007, S. 232-240.

(5) Joachim Scheven, *Karbonstudien*, Hänssler-Verlag, 1986, S. 31-41.

27 Lebende Fossilien

Die meisten Grundtypen der Tier- und Pflanzenwelt findet man in den Fossilien. Diejenigen Arten, die man in tieferen Gesteinsschichten findet und die in darauffolgenden Schichten gänzlich fehlen, während sie in oberen Schichten teilweise wieder auftauchen und heute noch leben, nennt man *lebende Fossilien*. Die Existenz der lebenden Fossilien lässt Zweifel an der Zuverlässigkeit der gängigen Interpretationen des Fossilberichts aufkommen. Sind die einzelnen geologischen Schichten, worin lebende Fossilien vorkommen, tatsächlich verschiedenen Erdzeitaltern zuzuschreiben? Die zahlreichen Funde von lebenden Fossilien stellen diese Auslegung infrage.

Als im vergangenen Jahrhundert immer mehr lebende Fossilien entdeckt wurden, suchte die Fachwelt nach Erklärungsmöglichkeiten. Vertreter der Evolutionstheorie kamen zu dem Schluss, dass diese zahlreichen lebenden Fossilien für eine gewisse Zeit in »geologisch nicht überlieferten Lebensräumen« überlebt haben (1).

In diese »geologisch nicht überlieferten Lebensräume« kann sehr vieles hineininterpretiert werden. Auch sämtliche Missing Links, die die parallel verlaufenden Abstammungslinien des Fossilberichts zu einem einzigen Stammbaum vereinen sollen, könnten – ja, müssten – sich über Jahrmillionen in diesen Lebensräumen weiterentwickelt haben.

Beispiele von lebenden Fossilien im Pflanzenreich:

- die Baumfarne (Cyatheales)
- der Ginkgo (»Tempelbaum«, Ginkgo biloba)
- der Taubenbaum (Cathaya argyrophylla)
- die Welwitschie (Welwitschia mirabilis, eine nacktsamige Wüstenpflanze)

- die Wollemie (Wollemia nobilis, ein Araukariengewächs)
- der Urweltmammutbaum (Metasequoia glyptostroboides)

Beispiele von lebenden Fossilien im Tierreich:

- der Alligatorfisch (Cociella crocodila)
- die Brückenechse (»Tuatara«, Sphenodon punctatus)
- der Manjuari (Atractosteus tristoechus, ein Knochenhecht)
- Nasikabatrachus sahyadrensis (ein Frosch)
- Neopilina galatheae (ein Weichtier)
- die Perlboote (Nautilidae, ursprünglichste Form der Kopf-
  füßler)
- der Pfeilschwanzkrebs (Limulidae)
- die Quastenflosser (Latimeria)
- die Neunaugen (Petromyzontidae)
- die Kloakentiere (Monotremata: die zu den Ursäugetieren
  (Protheria) zählenden Ameisenigel (Tachyglossidae) und
  das Schnabeltier (Ornithorhynchus anatinus)
- Triops, eine Gattung der Kiemenfußkrebse (2)
- der Teufelskärpfling (Cyprinodon diabolis)
- der Schlitzrüssler (Solenodontidae, Familie kleiner Säugetiere)

Referenzen

(1) W.J. Ouweneel, *Evolution in der Zeitenwende*, Christliche
Schriftenverbreitung, Hückeswagen, S. 148.
(2) Joachim Scheven, *Null Evolution: Der Kiemenfuß*, *Leben* Nr. 6,
Januar 1995, S. 13.

28 Millionen Jahre alte Artefakte

Immer wieder werden auch in Erdschichten, die konventionell geschätzt weit über 100 Millionen Jahre alt sein sollen, Gegenstände gefunden, die mit großer Wahrscheinlichkeit von Menschen hergestellt wurden (sogenannte Artefakte). Im Zusammenhang mit diesen Funden wurden viele Spekulationen angestellt. Ist die Menschheit viel älter, als man bis jetzt dachte? Stammen einige Objekte von Außerirdischen? Haben wir es mit Zeitreisenden zu tun? Nur etwas wird kaum je infrage gestellt: die Zuverlässigkeit der gängigen geologischen Zeittafeln.

Im Juni 1934 wurde ein Kalkstein gefunden, aus dem ein Stück Holz hervorragte. Als man das Holzstück freilegen wollte, stellte man fest, dass es sich um den Holzstil eines Hammers handelte. Zum Zeitpunkt seiner Entdeckung war der Gegenstand komplett von Kalkstein eingeschlossen. Daraus folgte, dass der Hammer vor der Entstehung des Steinmaterials entstanden sein muss. Das Alter des Gesteins wird von Geologen auf 65 bis 140 Millionen Jahre geschätzt (1).

Im Jahr 1989 wurde eine Analyse des metallischen Oberteils vorgenommen. Erstaunlich ist, dass im Hammerkopf keine Spuren von Kohlenstoff oder anderen Zusätzen, dafür aber Chlor und Schwefel gefunden wurden. Heute ist kein Verfahren zur Eisenherstellung bekannt, bei dem diese Zusätze hineinkommen. Das bestätigt die Annahme, dass dieser Hammer tatsächlich vor der »modernen« Eisenzeit gefertigt wurde.

In ihrem Buch »The Hidden History of the Human Race« beschreiben M.A. Cremo und R.L. Thompson unter anderem 58 verschiedene Funde von Gegenständen (die Menschen angefertigt haben) und von menschlichen Knochen, die in geologischen Schichten gefunden wurden, deren Alter nach konventioneller Schätzung z. T. auf weit über 100 Millionen Jahre geschätzt wird.

Einige Beispiele (2):

- Ein eiserner Nagel in schottischem Sandstein eingebettet, der zwischen 360 und 408 Millionen Jahre alt sein soll. (S. 105)
- Eine schön verzierte, metallene Vase in Dorchester (Massachusetts, USA), in einer Formation eingebettet, der ein Alter von mehr als 600 Millionen Jahren zugeschrieben wird. (S. 106)
- Eine metallene Röhre in einem Kalkstein, dessen Alter mit 65 Millionen Jahren angegeben wird, der im Steinbruch von Saint-Jean-de-Livet in Frankreich vorkommt. (S. 117)
- Eine kleine goldene Kette, in Kohle eingeschlossen, die man auf 260 bis 320 Millionen Jahre datiert. Sie wurde in einem Bergwerk im Norden von Illinois (USA) gefunden. (S. 113)
- Eine Metallkugel mit Rillen um den größten Durchmesser, gefunden in einer Schicht von Pyrophyllit in Südafrika. Man datiert diese Schicht auf 2,8 Milliarden Jahre. (S. 121)
- Eine größere Zahl von verschiedenen Steinwerkzeugen, gefunden in Boncelles (Belgien) in einer Schicht, deren Alter mit 25 bis 38 Millionen Jahren angegeben wird. (S. 68-70)
- Ein Goldfaden, eingebettet im Stein eines Steinbruches von Rutherford (England), dessen Alter mit 320 bis 360 Millionen Jahren angegeben wird. (S. 106)

Solche Funde dürfen nicht überbewertet werden. Dennoch lassen sie berechtigte Zweifel an den gängigen Datierungsmethoden aufkommen.

Referenzen

(1) *Washington Post*, 2. Okt. 2005.
(2) M.A. Cremo und R.L. Thompson, *The Hidden History of the Human Race*, Govardhan Hill Publishing, Badger, USA, 1994.

29 Millionen Jahre alte Mikroben

Nicht selten kommt es vor, dass man in (angeblich) bis zu 500 Millionen Jahre alten Salz- und Kohlelagerstätten lebensfähige Mikroorganismen findet. Über die Isolierung und Reaktivierung solcher Mikroben liegt eine Vielzahl von Dokumentationen vor. Diese Mikroben können zwar einige Tausend, aber niemals Hunderte von Millionen Jahren alt sein. In dieser Zeit müssten die Nucleinsäure (DNA) und andere Zellbausteine längst zerfallen sein. Dass sich Mikroben in einem starren, »schlafenden Zustand« (Cryptobiose) über so lange Zeiträume (und ohne Nahrungszufuhr) selbstständig erneuern und »reparieren« können, ist nicht denkbar.

Mikroorganismen treten praktisch überall auf der Erde auf. Aufgrund ihrer überaus flexiblen Physiologie besiedeln sie eine unübersehbare Vielfalt von Lebensräumen. Man findet sie in Vulkanschloten, heißen Quellen an der Erdoberfläche, aber auch am Tiefseeboden, im Eis der Arktis, im Toten Meer ebenso wie als Symbionten (z. B. im Verdauungstrakt höherer Organismen).

In den vergangenen Jahren wurden jedoch nicht selten auch in alten Salz- und Kohlelagerstätten Mikroben-Funde gemacht. Viele dieser Fundstätten werden dem Perm (vor 250 bis 300 Millionen Jahren) oder dem Oberen Präkambrium (bis 500 Millionen Jahre alt) zugeschrieben.

Unter extremen Sicherheitsbedingungen (wegen Gefahr der Verunreinigung durch heutige Mikroben) gelang es verschiedenen Teams in unterschiedlichen Labors, sogenannte »Uralt-Mikroben« aus dem schlafenden Zustand zu reaktivieren und sie zu kultivieren (1).

Dass diese Mikroben tatsächlich Hunderte Millionen Jahre alt sind, ist auch unter den Befürwortern einer Milliarden Jahre alten Erde umstritten. In der Regel werden folgende Kritikpunkte genannt:

a) Das Alter der isolierten Mikroorganismen könne nicht direkt, sondern nur indirekt über eine Datierung der Matrix, worin sie eingeschlossen sind, bestimmt werden. Damit könne eine Wanderung als Fehlerquelle nicht ausgeschlossen werden.

b) Die Gefahr von Kontamination bei der Probennahme (oder -aufbereitung) durch rezente (d. h. heute lebende) Mikroorganismen sei auch durch strengste Kontrollexperimente nicht grundsätzlich auszuschließen.

Normalerweise werden jedoch in den Publikationen alle bekannten Kontaminationsquellen und -wege überprüft. Kritiker sollten konkrete, nicht kontrollierte Möglichkeiten der Kontamination benennen. Die pauschale Kontaminationskritik verliert angesichts der Fülle präsentierter Daten an Glaubwürdigkeit (2).

Referenzen

(1) Russel H. Vreeland, William D. Rosenzweig und Dennis W. Powers, *Isolation of a 250 million-year-old halotolerant bacterium from a primary salt crystal*, Nature 407, 19. Oktober 2000, S. 897-899.
(2) Harald Binder, *Dornröschenschlaf bei Mikroorganismen?*, Studium Integrale, Oktober 2001, S. 51-55, http://www.wort-und-wissen.de/index2.php?artikel=sij/sij82/sij82-1.html.

30 Nusplinger Plattenkalk

Bis vor einigen Jahren hat man die Bildungsdauer des Nusplinger Plattenkalks mit Vergleichen der Ablagerungsdauer von Kalk in heutigen Gewässern berechnet. Nun hat sich jedoch herausgestellt, dass der Nusplinger Plattenkalk überwiegend durch die kalkskeletttragende Goldalge aufgebaut wurde, die es heute noch gibt. Wenn die heute lebende Emiliania Huxleyi mit ausreichend Nährstoffen versorgt wird, so kann sie in nur zehn Tagen 0,5 bis 1 cm Kalksediment produzieren.

Neuere Erkenntnisse zur mikroevolutionären Artenbildung zeigen zudem, dass die Artenvielfalt der fossilen Meerestiere im Nusplinger Plattenkalk in wenigen Jahrzehnten entstehen konnte.

Schnelle Kalkbildung

Der Nusplinger Plattenkalk besteht überwiegend aus Gehäusen von Goldalgen (Coccolithophoriden). Diese im Meer schwebenden winzigen Algen (Nanoplankton) scheiden eine »Rüstung« in Form von ringartigen Gehäuse-Schilden (Coccolithen) aus Kalk ab.

Die Goldalgen bildeten die Nahrungsgrundlage der im Wasser schwebenden Klein-Seelilien (Saccocoma). Mehr oder weniger zerfallene Klein-Seelilien sind im Nusplinger Plattenkalk fein verteilt, während ihre Reste in den dicken Bänken eine Hauptkomponente bilden.

Die Klein-Seelilien konnten sich bei ausreichendem Nahrungsangebot massenhaft vermehren und dienten mehreren Ammoniten-Gattungen als Nahrung. Diese drei Lebensformen (Goldalgen, Klein-Seelilien und Ammoniten) bildeten eine bedeutsame Nahrungskette. Goldalgen und Klein-Seelilien traten massenhaft auf und wurden zu Gesteinsbildnern, während die Ammoniten die mit Abstand häufigsten Wirbellosen-Fossilien im Nusplinger Plattenkalk bilden (1).

Das Tempo der Sedimentation im Nusplinger Plattenkalk war so rasch, dass Belemniten schief oder sogar senkrecht eingebettet werden konnten. In verschiedenen Schieferebenen sind tote Fische eingebettet, die ebenfalls sehr schnell verschüttet wurden. So schnell, dass sie nicht verwesen konnten.

Gigantische Algenblüten

Heutige Goldalgen erzeugen im Sommer in kühleren Meeresregionen sog. Algenblüten und können dabei Meeresflächen von bis zu 100 000 km² einnehmen. Von Algenblütcn spricht man bei mehr als 1000 Zellen pro Milliliter Wasser. Unter diesen Bedingungen verdoppeln sich die Algen etwa alle 8,5 Stunden. Im Extremfall kann eine solche Algenblüte eine Fläche von der Größe Englands bedecken und gut 100 Tonnen Kalk produzieren.

Schnelle Artenbildungen

Die einzigen Lebewesen, die sich im Nusplinger Plattenkalk über verschiedene Schichtfolgen stetig verändern, sind die Ammoniten. Angeblich soll die mikroevolutionäre Entwicklung der Ammoniten von Schichtfolge zu Schichtfolge in der Vergangenheit beträchtlich langsamer abgelaufen sein, als das von heute lebenden Arten bekannt ist.

Die Studien, die der Biologe David Reznick und sein Team an Kleinfischen (Guppys – Poecilia reticulata) aus räuberreichen und räuberarmen Gewässern durchgeführt hat, zeigen bereits nach 18 Generationen selektiv bewirkte gestaltliche Veränderungen (2). Damit haben sie sich bis zu 10 Millionen Mal schneller entwickelt, als dies von den Fossilreihen behauptet wurde.

Schnelle Artenbildung wurde auch unter (enormem) Umweltstress festgestellt. Zum Beispiel bei Pflanzen, die sich auf schwermetallverseuchten Bergwerkshalden befinden (3), oder bei Mäusen, die Umweltgiften ausgesetzt waren (4).

Ein weiteres Beispiel für mikroevolutionäre Entwicklung sind die artenreichen Buntbarschfaunen im Malawisee, die in den vergangenen lediglich 200 Jahren entstanden sind. Dazu haben gestörte Umweltbedingungen wie die nachgewiesenen Austrocknungsphasen des Sees beigetragen, wobei es unter verschiedenartigen Selektionsdrücken bei Stammformen mit sehr vielseitigem Erbgut (genetische Polyvalenz) immer wieder zu neuen Gründerpopulationen gekommen ist (5).

Referenzen

(1) Manfred Stephan, *Zur Bildungsdauer des Nusplinger Platten-kalks*, *Studium Integrale*, April 2003, S. 12-20, http://www.wort-und-wissen.de/index2.php?artikel=sij/sij101/sij101-2.html.

(2) David N. Reznick, Frank H. Shaw, F. Helen Rodd und Ruth G. Shaw, *Evaluation of the rate of evolution in natural populations of guppies* (Poecilia reticulata), *Science* 275, 28. März 1997, S. 1934-1937.

(3) Reinhard Junker, *Prozesse der Artbildung*, in S. Scherer (HG)'s Buch »Typen des Lebens«, Berlin, 1993, S. 31-45.

(4) Silvia Garagna, Maurizio Zuccotti, Carlo Alberto Redi und Ernesto Capanna, *Trapping speciation*, *Nature* 390, 20. November 1997, S. 241-242.

(5) J. Fehrer, *Explosive Artbildung bei Buntbarschen der ostafrikanischen Seen*, *Studium Integrale* 1997/4, S. 51-55.

31 *Schnell aufsteigende Granitdiapire*

Bis vor Kurzem waren die meisten Geologen überzeugt, dass sich granitische Magmen nur sehr langsam in Form von aufsteigenden Diapiren von der Unterkruste zum endgültigen Platz im Granitstock (Pluton) bewegen. Neuere Beobachtungen der Gesteinszusammensetzung und -struktur, Labormessungen der Erdkruste sowie flüssigkeitsdynamische Berechnungen legen jedoch den Schluss nahe, dass die Magmen in den meisten Fällen bis zu 100 000-mal schneller nach oben fließen, als bisher angenommen wurde. Somit ist es naheliegend, dass viele Diapire, denen bislang ein Alter von mehreren Millionen Jahren zugeschrieben wurde, in Wirklichkeit sehr jung sind.

Granit ist ein fein- bis grobkörniges kristallines Gestein von meist heller Farbe mit hohem Siliziumanteil. Als **Diapir** wird allgemein eine im Grundriss runde und im Aufriss pilzartige Ansammlung aus niedrigviskosem Material bezeichnet, das aufgrund von Auftriebskräften durch eine höher viskose Umgebung aufsteigt. Neben Granitdiapiren spricht man beispielsweise auch von Salzdiapiren.

Entstehung von Granit

Heißes Magma steigt bis wenige Kilometer unter die Erdoberfläche auf und bildet dort einen meist unregelmäßig geformten Körper, einen Granitstock (auch Pluton genannt). Gewisse Minerale kristallisieren schon während des Aufstiegs aus. Aber der größte Prozentsatz der Gemengteile kristallisiert am Ort der Platznahme während der Abkühlung. Haben sich im Laufe der Zeit mehrere Granitstöcke in einem engeren Umkreis angesammelt, so spricht man von einem Batholithen.

Prozessabläufe mit »ungeologisch« hohen Geschwindigkeiten

Berechnungen zufolge kann eine durchschnittliche Schmelze in 41 Tagen durch einen 6 m weiten und 30 km langen Dike[4] transportiert werden. So kann sich ein Batholith von 6000 km³ innerhalb von nur 350 Jahren füllen. Eine »häppchenweise« Entstehung über Zehntausende von Jahren ist ausgeschlossen, weil entsprechende Spuren fehlen. Am Kontakt, der Nahtstelle zwischen zwei Granitstöcken, müsste der schon abgekühlte ältere Stock vom neu ankommenden heißen wieder erwärmt und umgewandelt werden. Dicke und Erwärmungsspuren im Nebengestein von gefundenen Feeder-Dikes[5] bestätigen diese Schlussfolgerung.

Chemische Analysen zeigen in gewissen Fällen, dass sich zwischen der Schmelze und dem Restgestein im Quellengebiet

---

4 Dikes sind plattenartige, meist weitreichende Gesteinskörper aus magmatischem Gestein, die größere Spalten ausfüllen und das umgebende Gestein schneiden oder durchkreuzen.
5 Dikes, die als Zufuhrkanäle für Plutone gelten, gab man den Namen »Feeder-Dikes«.

kein chemisches Gleichgewicht einstellen konnte, bevor das Magma entzogen wurde. Diese Befunde ergeben dann einen Sinn, wenn in kurzer Zeit in einem eng begrenzten Bereich der Unterkruste sehr viel Magma gebildet wurde und das Material entweder vor der Segregation oder bei der Platzierung eine chemische Homogenisierung erlebte.

Epidot

Ein sehr starkes Indiz für einen schnellen Transport ist das Mineral Epidot, das in einigen Batholithen gefunden wurde. Epidot ist nur in Tiefen ab ca. 20 km im Kontakt mit Magma stabil. Gemäß experimentellen Untersuchungen zersetzen sich die 0,5 mm großen Epidotkörner des Front Range bei 800 °C in 50 Jahren, wenn sie den Weg in die Oberkruste antreten. Im Falle des White-Creek-Batholiths errechnete man aus der Größe der gefundenen Körner sowie der angenommenen Temperatur und Tiefe vor dem Magmaaufstieg eine Fließgeschwindigkeit von mindestens 700 m/Jahr. **Somit ist die Entstehung eines Batholiths in Jahrzehnten bis Jahrhunderten durchaus realistisch.**

Schnelle Intrusion von Granitschmelzen durch Dikes

Die Kontroverse um den Magmatransport ist in vollem Gange (1). Trotz vieler Wissenslücken kann bemerkenswert deutlich festgestellt werden, dass im Erdinneren großräumige Prozesse ablaufen (oder zumindest über gewisse Zeiten der Erdgeschichte abgelaufen sind), die um viele Größenordnungen schneller sind als die üblicherweise veranschlagten geologischen Geschwindigkeiten, wie z. B. die Plattenverschiebungen in der Plattentektonik (gegenwärtig einige Zentimeter pro Jahr).

Referenz

(1) Franz Egli-Arm, *Studium Integrale*, April 1998, S. 6-16, http://www.wort-und-wissen.de/index2.php?artikel=sij/sij51/sij51-2.html.

Chemische Evolution

Die chemische Evolution beschäftigt sich zum einen mit der Entstehung der Grundbausteine für lebensnotwendige Moleküle (Aminosäuren) und zum anderen mit der Entstehung von biologisch aktiven Molekülen aus diesen Bausteinen (Proteine). Wie sich diese Proteine zu lebensfähigen Zellen zusammengefügt haben könnten, bleibt dabei völlig offen.

Die Ursuppentheorie

Nach konventioneller Lehrmeinung soll sich die erste Zelle (das erste Lebewesen) spontan in einer Flüssigkeit (**Ursuppe**) gebildet haben, in der alle chemischen Substanzen vorhanden waren, die zu ihrem Bau notwendig sind. In der Evolutionsbiologie will man sich nicht zu den verschiedenen Ursuppentheorien äußern. Die Entstehung der ersten Zelle habe nichts mit Evolution zu tun. Im Rahmen der Kritik am naturalistischen Weltbild muss die Ursuppentheorie jedoch sehr wohl thematisiert werden.

Reproduzierbare Resultate

Im Labor lassen sich verschiedene präbiotische Bedingungen simulieren und entsprechende Reaktionen untersuchen. Die Resultate können von jedem Chemiker reproduziert werden. Dabei stößt man hinsichtlich der Ursuppentheorie auf äußerst ernüchternde Ergebnisse. Unter anderem wird beobachtet, dass sich in einer wasserhaltigen Ursuppe und/oder einer sauerstoffhaltigen Atmosphäre niemals längere Kettenmoleküle bilden können. Das Wasser zersetzt die Moleküle sogleich, und sobald sie mit Sauerstoff in Berührung kommen, oxidieren sie.

32 *Vivum ex vivo*

Vivum ex vivo – Leben kommt nur von Leben. Diese von Louis Pasteur formulierte Aussage steht auch heute noch in voller Übereinstimmung mit allen experimentell ermittelten Daten der leblosen (präbiotischen) Natur. Noch zu Darwins Zeiten glaubte man, dass kleine Lebewesen in Abfällen oder faulenden Lumpen spontan entstehen können. Diese Entstehung nannte man »Urzeugung« (Abiogenese). Erst Louis Pasteur konnte beweisen, dass Bakterien nicht von selbst entstehen.

Am 1. April 1864 hat Louis Pasteur vor einer großen Versammlung von Wissenschaftlern an der Sorbonne in Paris mit Experimenten bewiesen, dass es keine Urzeugung gibt. Pasteur, der Darwins Lehre von der Abstammung der Arten ablehnte, folgerte daraus, dass Leben nur von Leben entstehen kann. Trotzdem glauben auch heute noch viele Wissenschaftler daran, dass eine Urzeugung vor einigen Milliarden Jahren auf der Urerde mit sogenannten »einfachen« Lebewesen möglich gewesen sein soll (1).

Dabei muss man sich vergegenwärtigen, dass bereits der einfachste Einzeller von seiner Komplexität her mit einem Personalcomputer verglichen werden kann. Damit eine Zelle leben kann, sind Hunderte von Mechanismen und Hunderttausende korrekt vorgenommener Verknüpfungen notwendig. Wenn auch nur ein einziger Mechanismus ausfällt (resp. nicht von Anfang an voll funktionstüchtig vorhanden ist), stirbt die Zelle, oder sie wird gar nie lebensfähig.

Der Nobelpreisträger Francis Crick sah die offensichtliche Unmöglichkeit einer zufälligen Entstehung des Lebens. Als Atheist und Evolutionist wollte er jedoch keinen Schöpfer als Urheber des Lebens annehmen und vertrat darum die Theorie, dass das irdische Leben von Außerirdischen stammt. Allerdings wird das Problem dadurch nicht gelöst, sondern nur in den Weltraum verlagert.

Der renommierte Evolutionist und Senior Writer des *Scientific American*, John Horgan, schreibt dazu Folgendes: »Wenn ich ein Gegner der Evolutionstheorie wäre, würde ich mich [...] auf die Entstehung des Lebens konzentrieren. Das ist bei Weitem die schwächste Stelle im Gebäude der modernen Biologie. [...] Es wimmelt nur so von exotischen Wissenschaftlern und exotischen Theorien, die nie ganz fallen gelassen oder akzeptiert werden, sondern lediglich modern oder unmodern werden« (2).

Bei einem Vortrag im CERN bei Genf (17.11.1964) bringt es der Biochemiker Ernest Kahane auf den Punkt: »Es ist absurd und absolut unsinnig zu glauben, dass eine lebendige Zelle von selbst entsteht; aber dennoch glaube ich es, denn ich kann es mir nicht anders vorstellen.«

Referenzen

(1) Bruno Vollmert, *Das Molekül und das Leben*, Rowohlt, 1985, Der Urey-Miller-Versuch: Ursuppen, S. 39-45.

(2) John Horgan, *The End of Science: Facing the Limits of Knowledge in the Twilight of the Scientific Age*, Little, Brown & Co, London, 1997, S. 138.

33 Das Miller-Experiment

Im Jahr 1953 konstruierte der Biologe und Chemiker Stanley L. Miller einen Versuchsaufbau, mit dem er die Entstehung von Aminosäuren unter Ursuppenbedingungen simulieren wollte. Dabei gelang es ihm, durch mehrtägige Funkenentladung auf ein Gasgemisch verschiedene einfache Aminosäuren zu synthetisieren. Allerdings ist sein Experiment in der gegenwärtigen Molekularbiologie aus mehreren Gründen bedeutungslos geworden: Das Wasser in Millers Ursuppe ver-

**hindert die Bildung von Kettenmolekülen. In seiner Ursuppe
entstehen auch giftige Substanzen.** Das Experiment fand unter
Ausschluss von Sauerstoff statt und stimmt auch im Übrigen
nicht mit den heutigen Erkenntnissen über die Uratmosphäre
der Erde überein.

Das Experiment von Stanley L. Miller wurde lange Zeit als ein
durchschlagender Erfolg der Evolutionstheorie gefeiert. Auch
heute noch wird in vielen Schulbüchern beschrieben, dass das
Leben mit Blitzen in einer besonderen Uratmosphäre begonnen
habe. Damals seien die ersten Grundbausteine des Lebens, die
Aminosäuren, entstanden. Angeblich soll das Miller-Experiment Beweise liefern, dass ein solches Szenario naturwissenschaftlich nachvollziehbar ist (1).

Allerdings sind die Ursuppenexperimente von Stanley Miller und anderen Forschern uninteressant geworden, da nur ein
Bruchteil der gewünschten Grundbausteine des Lebens unter
den beschriebenen Ursuppenbedingungen entstehen kann (2).

Der Biochemiker Klaus Dose zog nach der 8. internationalen Konferenz über den Ursprung des Lebens eine auch heute
noch gültige, ernüchternde Bilanz. Er musste erkennen, dass
»ein Großteil der Reaktionsprodukte der Simulationsexperimente dem Leben nicht näher steht als die Inhalte des Steinkohlenteers« (3).

Trotz – oder gerade wegen – zahlreicher Experimente zur
Entstehung des Lebens steigt die Einsicht, dass natürliche, rein
chemische Prozesse ausgeschlossen werden müssen.

Konzentration und sinnvolle Verknüpfung von Aminosäuren

Selbst wenn es in einer Ursuppe zur Bildung von Aminosäuren gekommen wäre, so müssten sie sich in einem weiteren
Schritt konzentriert und spontan zu sinnvollen, informationstragenden Kettenmolekülen zusammengefügt haben. Mindestens 500 000 Basenpaare sind notwendig, um selbst die DNA

der einfachsten Bakterie herzustellen. Zeitgleich müssten Zellgewebe, Zellwand und diverse Mechanismen gebildet werden, damit die Zelle von Anfang an lebensfähig ist.

Referenzen

(1) Stanley L. Miller, *A Production of Amino Acids Under Possible Primitive Earth Conditions, Science* 117, 15. Mai 1953, S. 528-529.
(2) Paul Lüth, *Der Mensch ist kein Zufall*, DVA, Stuttgart, 1981, S. 46-64.
(3) Bruno Vollmert, *Das Molekül und das Leben*, Rowohlt, 1985, S. 39-45.

34 DNA (Desoxyribonucleinsäure)

1953 gelang es Francis Crick und James Watson, auf der Basis der Röntgenbeugungsdaten von Rosalind Franklin und Maurice Wilkins ein Modell der dreidimensionalen Struktur der Erbsubstanz herzuleiten. Seit dieser Entdeckung ist klar, dass ohne DNA kein Leben möglich ist. Auf der anderen Seite bedeutet das aber auch Folgendes: Wenn die Proteine nicht vorher entstanden sein sollten – worüber heute größtenteils Einigkeit herrscht –, muss die DNA zufällig unter Ursuppenbedingungen ohne hilfreiche Matrix entstanden sein. Laborexperimente zeigen ernüchternde Ergebnisse: Ein solches Szenario ist unmöglich.

Chemisch betrachtet ist die DNA nichts anderes als ein sehr langes Kettenmolekül (Polymer), das aus drei verschiedenen Typen von Bausteinen besteht: Zuckerbausteine, Stickstoffbasen (Nucleobasen) und Phosphor. Nun gibt es bereits bei der Entstehung dieser Bausteine diverse Probleme. Die DNA enthält einen ganz bestimmten Zucker, den man D-Ribose nennt.

Die Hauptprobleme in der chemischen Evolution dieser Verbindung bestehen in ihrer kurzen Halbwertszeit von nur 44 Jahren (was für geologische Maßstäbe viel zu kurz ist) und ihrer einzigartigen dreidimensionalen Struktur. In Ursuppenexperimenten konnten zwei der vier notwendigen Stickstoffbasen mit sehr geringer Ausbeute (0,5 % für Adenin bzw. 0,1 % für Guanin) hergestellt werden. Cytosin und Uracil waren nicht zugänglich. Zudem wäre auch deren Lebensdauer viel zu kurz. Dass alle zum Bau einer DNA notwendigen Substanzen in gereinigter Form gleichzeitig aufeinandertreffen, wäre selbst in einer viele Milliarden Jahre dauernden Erdgeschichte nicht vorstellbar.

Ein weiterer Bestandteil des DNA-Gerüstes besteht aus Phosphorsäure. Phosphor ist zwar auf der Erde vorhanden, allerdings nur in Form von schwer löslichen Mineralien (Apatit und Phosphorit). In dieser Form könnte Phosphor unmöglich an der Reaktion zur Bildung eines DNA-Kettenmoleküls teilnehmen.

Fazit

Weder der Zuckerbaustein noch die vier Stickstoffbasen oder die Phosphorsäure konnten unter natürlichen Bedingungen in einer für die DNA-Herstellung sinnvollen Form von selbst entstehen (1). Die weitergehende Frage nach der Möglichkeit zur Synthese eines DNA-Kettenmoleküls aus diesen Bausteinen ist darum völlig überflüssig. Zudem zeigen Erkenntnisse aus der Polymerchemie, dass eine DNA ohne hilfreiche Matrix (wie sie eben eine Zelle bietet) unmöglich spontan entstehen kann, selbst wenn alle Bausteine vorhanden wären.

Referenz

(1) Junker und Scherer, *Evolution, ein kritisches Lehrbuch*, Weyel, 2006, S. 104-114.

35 Polymerchemie

Dem Chemiker von heute ist es unter großem Aufwand möglich, Aminosäuren herzustellen. Allerdings ist die Bildung langer Ketten, wie sie für den Bau von Lebewesen benötigt werden, nur unter äußerst reinen Bedingungen möglich. Selbst kleinste Verunreinigungen können zum Abbruch einer Kette führen. Zudem zersetzen sich Aminosäureketten, sobald sie mit Wasser in Berührung kommen. Da sich in einer hypothetischen Ursuppe mit Sicherheit auch Wasser befunden hätte, ist es unmöglich, dass sich darin Aminosäureketten oder gar komplette Eiweiße (Proteine) gebildet haben könnten.

Ein großes Problem für die Entstehung des Lebens ist die Tatsache, dass Eiweiße aufgrund chemischer Gesetze zerfallen, sobald sie mit Wasser in Verbindung kommen (1) (2). Erschwerend kommt hinzu, dass auch bei der Entstehung von Proteinen zwangsläufig Wasser mitentsteht, das die Polykondensation stört bzw. die entstandenen Polymere sofort wieder zerstört. **In den lebenden Zellen wird das bei der Proteinproduktion freigesetzte Wasser in einem fein abgestimmten Prozess durch spezielle Enzyme abgeführt!**

Kettenbildung mit bifunktionellen Molekülen

Damit sich Moleküle zusammenfügen können, müssen sie wenigstens bifunktionell sein, d. h., sie müssen zwei Verknüpfungsstellen besitzen. Setzt sich ein monofunktionelles Molekül (also ein Molekül mit nur einer Verknüpfungsstelle) an das Kettenende, kann sich kein weiteres Molekül mehr anlagern, und die Kettenbildung bricht ab (3). Nun stellt man sich eine Ursuppe jedoch nicht als das Labor eines Polymerchemikers vor, der über den verschiedenen Prozessen wacht und erst dann durch Zugabe monofunktioneller Moleküle die Kettenbildung gezielt abbricht, wenn die gewollte Kettenlänge erreicht wurde (4).

Das einzige Umfeld, das bekannt ist, in dem sich DNA-Stränge bilden, sind die verschiedenen lebenden Zellen. Die Voraussetzung zur Herstellung von Proteinen sind lebende Zellen, die ihrerseits wiederum aus Proteinen bestehen. **Ohne Proteine keine Zellen und ohne Zellen keine Proteine.** Vivum ex vivo – Leben kommt nur von Leben –, dieser Grundsatz wird auch in dieser Hinsicht bestätigt.

Referenzen

(1) J. Sarfati, *Origin of life: the polymerization problem, Journal of Creation* 12(3), 1998, S. 281-284.
(2) G.B. Johnson und P.H. Raven, *Biology, Principles & Explorations*, Holt, Reinhart and Winston, Florida, 1998, S. 235.
(3) Bruno Vollmert, *Das Molekül und das Leben*, Rowohlt, 1985, S. 54-58.
(4) P.H. Raven, *Biology, A current bubble hypothesis*, WCB/Mc-Graw-Hill, 1999, S. 69.

36 Chiralität

Wenn im Labor unter immensem Aufwand Aminosäuren und Zucker (die wichtigsten Bausteine des Lebens) hergestellt werden, so entstehen bei diesen Prozessen gleich viele linksdrehende wie rechtsdrehende Moleküle. Für den Bau von lebenden Zellen können jedoch fast nur linksdrehende Moleküle verwendet werden. Rechtsdrehende Moleküle wirken giftig auf die Zelle. Da bereits das Genom der einfachsten bekannten Lebensform aus etwa einer halben Million Bausteine besteht, ist das natürliche Aufeinandertreffen von ausreichend linksdrehenden Grundsubstanzen nicht vorstellbar.

Sowohl die Grundbausteine der Erbsubstanz als auch diejenigen der Proteine haben die Eigenschaft, dass sich ihr Bild und Spiegelbild wie die rechte und die linke Hand nicht zur Deckung bringen lassen. Diese Eigenschaft nennt man Chiralität.

Die Herstellung von chiralen Molekülen ist meistens sehr aufwendig und bedingt in jedem Fall das Vorhandensein von chiraler Information (z. B. von einem chiralen Katalysator). In jedem chemischen Prozess, bei dem Aminosäuren und Zucker aufgebaut werden, entstehen rechts- und linkshändige Moleküle zu gleichen Anteilen.

Vor der Entstehung des Lebens muss irgendwann die Entscheidung zugunsten von links- oder rechtsdrehenden Molekülen gefallen sein. Auf der Ebene lebender Organismen stellt man sich vor, dass die Konkurrenz von Individuen und Arten zu Selektionsprozessen geführt haben könnte. Bei einem Gemisch von Substanzen mit chemisch gleichem Energiegehalt beider Komponenten hingegen ist ein auf Konkurrenz basierender Selektionsprozess nicht denkbar (1).

Aminosäuren aus dem All?

Eine Erklärung dafür, wie es im Modell der Ursuppentheorie dazu kommen konnte, dass ausschließlich linksdrehende Aminosäuren aufeinandertrafen, fand der Chemiker Ronald Breslow von der Columbia University in New York. Anlässlich eines Treffens der American Chemical Society in New Orleans berichtete er, dass Aminosäuren, die auf einem Meteoriten zur Erde gelangten, einer Strahlung ausgesetzt waren, die eher die rechtsdrehenden Aminosäuren zerstörte. So hätte ein Überschuss von linksdrehenden Aminosäuren entstehen können.

Nun konnten Breslow und seine Kollegen im Labor simulieren, wie sich links- und rechtsdrehende Aminosäuren beim Kristallisieren miteinander verbinden, sodass nur diejenigen Aminosäuren im Wasser gelöst zurückbleiben, die keinen

Partner finden. Wenn der Komet mehr links- als rechtsdrehende Aminosäuren transportierte, konnte in einem solchen Prozess eine Lösung entstehen, die fast nur noch linksdrehende Aminosäuren enthielt (2). Allerdings kann man annehmen, dass ein geringfügiges Vorherrschen von links- oder rechtsdrehenden Aminosäuren in einer geologischen Umgebung schnell wieder aufgehoben wird (3).

Bakterien aus rechtsdrehenden Aminosäuren

Da es auf der Erde einige wenige Bakterien gibt, die aus rechtsdrehenden Aminosäuren aufgebaut sind, müssten mindestens zwei unterschiedliche Kometen auf der Erde eingeschlagen sein. Dabei müssten zweimal alle 20 (!) verschiedenen Aminosäuren, die zum Bau einer lebenden Zelle notwendig sind, in ausreichender Menge entstanden sein.

Referenzen

(1) Junker und Scherer, *Evolution, ein kritisches Lehrbuch*, Weyel, 2006, S. 108.

(2) Spiegel Online, *Chemiker simulieren Siegeszug linksdrehender Moleküle*, 7. April 2008, http://www.spiegel.de/wissenschaft/mensch/0,1518,545766,00.html.

(3) K. Dose, *Präbiotische Evolution und der Ursprung des Lebens*, *Chemie unserer Zeit* 21, 1987, S. 177-185.

37 Faltung von Proteinen

Damit ein Protein seine Funktionen in der Zelle richtig ausüben kann, muss es eine ganz spezifische dreidimensionale
Form einnehmen. Obschon es in den Zellen nur Sekunden-
bruchteile dauert, um eine einzelne Proteinfaltung durch-
zuführen, würde es Milliarden Jahre dauern, wenn man alle
Möglichkeiten einer einzelnen Faltung durchspielen wollte!
Dabei muss man wissen, dass sich ein falsch gefaltetes Protein
in der Regel nachteilig (im schlimmsten Fall sogar tödlich)
für das Lebewesen auswirkt. Für den Aufbau einer einzelnen
Zelle müssen Tausende Proteine richtig gefaltet werden. Da
bleibt, wenn man so sagen will, »herzlich wenig« Spielraum
für zufällige Prozesse.

Der erste Schritt der Proteinbildung ist die Synthese einer li-
nearen Abfolge von Aminosäuren (Primärstruktur). Die eigentliche Funktion kann ein Protein aber nur ausführen, wenn
neben dieser Abfolge auch eine wohldefinierte dreidimensionale Struktur vorhanden ist. Diese besteht aus charakteris-
tischen Strukturelementen (Sekundärstruktur), die wiederum
in eine übergeordnete räumliche Anordnung gefaltet werden
(Tertiärstruktur). Weiter sind auch noch Aggregate mehrerer
Proteine bekannt, die wiederum eine definierte Struktur (Quartärstruktur) aufweisen.

Das Problem der Proteinfaltung

Proteine steuern fast alle Zellfunktionen im menschlichen Körper. Die Faltung bestimmt die Funktion des Proteins. Jede Veränderung der Proteinfaltung hat eine Veränderung der Funktion zur Folge. Auch die geringste Änderung im Faltungs-
prozess eines sonst nützlichen Proteins kann eine Krankheit
auslösen.

Da die Anzahl möglicher Faltungen eines Proteins mit der Länge der Aminosäurekette exponentiell zunimmt, würde die benötigte Zeit zum Durchlaufen aller möglichen Faltungen (Konformationen) selbst eines kleinen Proteins mehrere Milliarden Jahre betragen. In der Praxis wird jedoch innerhalb von Sekundenbruchteilen eine genau definierte räumliche Struktur eingenommen.

Dieses als Levinthal-Paradox bekannte Phänomen veranschaulicht, dass Proteine bei der Faltung offensichtlich nicht alle Möglichkeiten durchlaufen, sondern mithilfe von sogenannten Faltungshelfern (Chaperone) Abkürzungen auf dem Weg zur finalen Struktur finden. Die Frage, die sich dabei stellt, ist, woher diese sogenannten Chaperone wissen, wie ein Protein letztlich auszusehen hat. Wie schon bei der Entstehung der Primärstruktur ist auch bei der Entstehung der Tertiär- bzw. Quartärstruktur Information notwendig, die nicht von sich aus entstanden sein kann, da das Endprodukt der Faltung im Voraus bekannt sein muss.

Virtuelle Proteinfaltung mit Blue Gene

Im Jahr 2005 hat IBM den damals leistungsfähigsten Supercomputer der Welt (Blue Gene) gebaut, um das Problem der Proteinfaltung zu lösen (1). Auf einer Internetseite von IBM wird der Grund dafür angegeben: »Die Gemeinde der Wissenschaftler betrachtet das Problem der Proteinfaltung als eine der größten Herausforderungen – als ein fundamentales Problem der Wissenschaft [...] dessen Lösung nur durch den Einsatz von sehr leistungsfähiger Computertechnik erreicht werden kann.«

Trotz der hier angewendeten gewaltigen Rechenleistung wurde geschätzt, dass Blue Gene etwa ein Jahr braucht, um die Berechnungen und das Modell der Faltung eines einfachen Proteins zu liefern. Ein Forscher von IBM bemerkte dazu: »Die Kompliziertheit des Problems und die Einfachheit, mit der es im Körper täglich gelöst wird, ist absolut erstaunlich« (2).

Referenzen

(1) IBM, *Blue Gene Research Project*, 2003, http://www.research.
ibm.com/bluegene/index.html.

(2) S. Lohr, *IBM plans supercomputer that works at the speed of life*,
New York Times, 6. Dezember. 1999, S. C-1.

38 Adressierung von Proteinen

**Ein Protein enthält durchschnittlich etwa 1000 Buchstaben
(Aminosäuren). Nachdem ein Protein in der Zelle hergestellt
wurde, muss es an den Ort transportiert werden, an dem es
zum Einsatz kommen soll. Zu diesem Zweck enthält jedes
einzelne Protein eine komplexe Adressierung. Eine zufällige
Entstehung dieser Adressierung ist nicht vorstellbar. Hinzu
kommt, dass falsch adressierte Proteine in vielen Fällen nicht
bloß unnütz, sondern auch schädlich sein können.**

Proteine werden nicht an dem Ort hergestellt, an dem sie letztlich gebraucht werden. Es gibt sehr viele falsche Orte, an die
ein neu gebildetes Protein gelangen kann, aber nur wenige
Orte (oft nur einen einzigen), wo es seinen Zweck erfüllt. Doch
wie finden die Proteine den richtigen Bestimmungsort?

Neu gebildete Ketten von Aminosäuren enthalten ein Teilstück, in dem die »Adresse« beschrieben ist, an dem sie zum
Einsatz kommen sollen. Dieses Teilstück wird normalerweise
an das Ende der längeren Kette angehängt, die das Protein darstellt. Jedes richtig gefaltete Protein wird an einer bestimmten
Stelle hineinpassen und muss dementsprechend richtig adressiert sein. Ein Protein, das an einer falschen Stelle ansetzt, ist
allerdings gefährlicher als ein falsch zugestellter Brief, weil es
dadurch Krankheiten verursachen kann (1).

Damit eine Zelle funktionieren kann, müssen nicht nur die
korrekten Proteine hergestellt werden, sondern es muss auch

das komplexe Problem der exakten Adressierung gelöst sein (2). In jeder Minute unseres menschlichen Daseins müssen Millionen (!) von richtig adressierten Proteinen in unserem Körper produziert, transportiert und korrekt eingebaut werden. Die Vorstellung, dass sich solche Abläufe in einem zufallsgesteuerten, schrittweisen Prozess eingespielt haben könnten, ist wirklichkeitsfremd.

Referenzen

(1) John Travis, *Zip Code plan for proteins wins Nobel*, *Science News* 156, 16. Oktober 1999, S. 246.
(2) *Günter Blobel*, Britannica Biography Collection.

39 *Produktion von Proteinen*

Dass alle Proteine, die in der lebenden Zelle produziert werden, richtig gefaltet und korrekt adressiert werden, genügt allein nicht. Die Zelle muss außerdem von jedem Protein die richtige Menge produzieren. Wenn eine Zelle die Produktion eines bestimmten Proteins nicht zur richtigen Zeit stoppen könnte, würde sich das in etwa so auswirken, wie wenn man anstelle des Brennholzes im Kamin allmählich das ganze Haus verfeuert. Der Mechanismus, der die Produktion von Proteinen startet und stoppt, muss bei jeder Zelle von Anfang an voll funktionstüchtig vorhanden sein.

Dass die Herstellung jedes einzelnen Proteins im richtigen Moment gestartet und wieder gestoppt wird, ist nicht selbstverständlich (1). Erst wenn sich in der Zelle die richtige Menge jedes Proteins befindet, wenn alle Proteine richtig gefaltet und an der richtigen Stelle eingebaut sind, beginnt das Leben.

Doch mit dem Leben beginnt auch die Abnutzung der Proteine. Die Zelle muss nun in der Lage sein, die abgenutzten Proteine durch neu produzierte Proteine zu ersetzen. Dieser Mechanismus muss ebenfalls von Anfang an voll funktionstüchtig vorhanden sein.

DNA-Reguliersequenz und Regulatorproteine

Die wichtigste Einrichtung zum Start und zur Beendigung einer Proteinherstellung besteht in den Regulationssequenzen auf der DNA. Diese Abschnitte der DNA haben die Aufgabe, der Zelle zu sagen, wann sie die Produktion der verschiedenen Proteine starten und stoppen soll. Allerdings kann die DNA selbst die Proteinherstellung weder starten noch stoppen. Dazu ist eine Zusammenarbeit mit speziellen Regulatorproteinen nötig, die sich genau so falten, dass sie zu einem speziellen Abschnitt der DNA passen (2).

Fazit

Die DNA-Reguliersequenz und das Regulierprotein brauchen sich gegenseitig. Wenn die Produktion des betreffenden Proteins korrekt ein- oder ausgeschaltet werden soll, müssen beide perfekt koordiniert sein. Gemeinsam bilden sie einen Schalter – ein irreduzibel komplexes System, ohne das kein Leben möglich ist.

Referenzen

(1) S. Aldridge, *The Thread of Life. The story of genes and genetic engineering*, Cambridge University Press, Cambridge, UK, 1996, S. 47-53.
(2) B. Alberts, D. Bray und A. Johnson et al., *Essential Cell Biology. An Introduction to the Molecular Biology of the Cell*, Garland Publishing Inc., New York (USA), 1998, S. 259-262.

40 Zellinterne Kontrollmechanismen

Zellinterne Kontrollmechanismen sorgen dafür, dass fehlerhafte Proteine wieder in ihre Bestandteile zerlegt und anderweitig verwertet werden. Diese Einrichtungen würden allfälliger makroevolutionärer Entwicklung entgegenwirken, weil sie auch Proteine, die dem Organismus einen Vorteil bringen könnten, eliminieren, wenn sie nicht in das bestehende Konzept hineinpassen. Auch der DNA-Strang wird während des Kopiervorgangs bei der Zellteilung fortlaufend kontrolliert und korrigiert. Das Leben scheint grundsätzlich auf die Bewahrung der bestehenden Proteine (Stasis) eingerichtet zu sein.

Da sich fehlerhafte Proteine schädlich für die lebende Zelle auswirken können und zudem unnötige Ressourcen verbrauchen, werden falsch gebildete Proteine sogleich wieder zerlegt. Dieses System eliminiert viele, wenn nicht die meisten, der zufällig mutierten Proteine (1) (2).

Konsequenzen für die Evolutionstheorie

Nach der heute verbreiteten Lehrmeinung der Evolutionstheorie gilt, dass Mutation der einzige Mechanismus ist, der neue genetische Information hervorbringen kann. Somit bilden die bekannten zellinternen Kontrollmechanismen (aus evolutionärer Sicht) ein großes Hindernis für die angenommene Entwicklung des Lebens.

Wenn man hingegen davon ausgeht, dass die verschiedenen Lebewesen unserer Erde »jedes nach seiner Art (Grundtyp)« erschaffen wurde (3), dann ergeben diese Kontrollmechanismen zur Erhaltung der individuell abgestimmten Grundstrukturen einen klaren Sinn.

Referenzen

(1) C. Lee und M.H. Yu, *Protein folding and diseases, Journal of Biochemistry and Molecular Biology* 38, 2005, S. 275-280.

(2) Walid A. Houry, Dmitrij Frishman, Christoph Eckerskorn, Friedrich Lottspeich und F. Ulrich Hartl, *Identification of in vivo substrates of the chaperonin GroEL, Nature* 402, 11. November 1999, S. 147-148.

(3) Die Bibel, 1. Mose 1,11-14.20-25.

Radiometrie und Geophysik

Um das Alter von gewissen Gesteinsschichten oder organischen Proben zu bestimmen, bedient man sich sehr oft der radiometrischen Messmethoden. Dabei wird der Umstand genutzt, dass viele Materialien, die untersucht werden sollen, instabile (radioaktive) Isotope enthalten oder enthalten haben könnten. Die meisten Isotope sind von Natur aus unstabil, das heißt, sie zerfallen früher oder später zu anderen Isotopen. Indem man das Verhältnis von Tochter- zu Mutterisotopen misst, kann man aufgrund der Halbwertszeit[6] des Mutterisotops Rückschlüsse auf das radiometrische Alter der jeweiligen Probe ziehen. Zudem hinterlässt die Strahlung, die bei solchen Zerfallsprozessen frei wird, teilweise sichtbare Strahlungsschäden (Strahlungshöfe und/oder Spaltspuren), die ebenfalls interpretiert werden können.

Damit radiometrische Messungen Sinn ergeben, müssen drei Annahmen getroffen werden:
a) Die Halbwertszeit muss während der gesamten Zerfallszeit konstant geblieben sein.
b) Es durften keine Mutter- oder Tochterisotope entweichen oder hinzukommen.
c) Die Anfangsbedingungen müssen bekannt sein.

Anhand der Anfangsbedingungen, die unter **c)** vorausgesetzt werden, kann für die meisten geologischen Schichten ein radiometrisches Alter von vielen Millionen Jahren errechnet werden. Allerdings erhält man systematische Abweichungen, wenn dasselbe Material mit unterschiedlichen Messmethoden analysiert wird. Einige Befunde deuten darauf hin, dass auf unserer

---

6 Die Halbwertszeit ist die Zeitdauer, die nötig ist, bis von einem bestimmten radioaktiven Material die Hälfte zerfallen ist.

Erde zumindest zeitweise ein beschleunigter radioaktiver Zerfall stattgefunden haben könnte, dass also **a)** nicht zutrifft.

Weil der größte Teil der nicht radiometrischen Altersbestimmungsmethoden aus Geologie, Paläontologie und Geophysik um mehrere Zehnerpotenzen geringere Altersangaben liefert (!), müssen die Ergebnisse der konventionell interpretierten Radiometrie kritisch betrachtet werden.

Wie starke Fehleinschätzungen auf diesem Gebiet der Wissenschaft möglich sind, zeigt die nachweislich 200 Jahre alte Lava auf Hawaii, die radiometrisch auf mehrere Millionen Jahre datiert wird (1) (2).

Referenzen

(1) G.B. Dalrymple, *The Age of the Earth*, Stanford University Press, 1991, S. 91.

(2) Andrew A. Snelling, *»Excess Argon«: The »Achilles´ Heel« of Potassium-Argon and Argon-Argon »Dating« of Volcanic Rocks*, *Institute for Creation Research*, 1999, http://www.icr.org/article/excess-argon-achillies-heel-potassium-argon-dating.

41 Abweichungen in der Radiometrie

Je nachdem, ob ein Gestein verschiedene instabile (radioaktive) Isotope enthält, können unterschiedliche radiometrische Methoden zur Altersbestimmung angewendet werden. In der Regel wird (aus Kostengründen) nur eine einzige Methode angewendet. Wird jedoch dasselbe Gestein mit verschiedenen Methoden gemessen, so kann man sehr oft markante und systematische Abweichungen feststellen.

Heute werden mehrere verschiedene Methoden der Altersbestimmung (die auf Radioisotopen beruhen) angewendet. Wenn die Resultate dieser Methoden glaubwürdig sein sollen, dann müssten sie zumindest innerhalb der üblich veranschlagten Toleranzgrenzen übereinstimmen. In der Regel tun sie das jedoch bei Weitem nicht. Da die Abweichungen der Messresultate systematisch und wiederholbar sind, muss bei den Messmethoden und/oder der Auswertung ein systematischer Fehler vorliegen.

Zur Bestätigung solcher Beobachtungen wurde unter anderem ein Cardenas-Basalt (ein Lavagestein im Grand Canyon), der ein konventionelles Alter von angeblich 1,1 Milliarden Jahren aufweist, mit vier verschiedenen Methoden analysiert (1). **Hier die Ergebnisse:**

Kalium-Argon: (Betazerfall)	**516 Millionen Jahre (Toleranz +/− 30 Millionen) von 14 Proben**
Rubidium-Strontium: (Betazerfall)	**892 Millionen Jahre (Toleranz +/− 82 Millionen) von 22 Proben**
Samarium-Neodym: (Alphazerfall)	**1588 Millionen Jahre (Toleranz +/− 170 Millionen) von 8 Proben**
Blei-Blei: (Alphazerfall)	**1385 Millionen Jahre (Toleranz +/− 950 Millionen) von 4 Proben**

Bei diesen Untersuchungen konnte man feststellen, dass die Proben, die einen Alphazerfall haben, meistens höhere Alterswerte zeigen als diejenigen mit einem Betazerfall. (Beim Alphazerfall entstehen Heliumkerne, während beim Betazerfall Elektronen abgestrahlt werden). Das zeigt, dass das scheinbare Alter umso höher ist, je schwerer die Atome der Mutterisotope sind.

Leider sind bis heute nur wenige Vergleichsmessungen durchgeführt worden. Daher ist die statistische Relevanz verhältnismäßig gering. Bei weiteren Proben aus zehn verschiedenen Fundorten streuten die Messresultate so stark, dass eine Auswertung nicht möglich war. Andere wieder ließen sich gut auswerten, ergaben aber markante und systematische Unterschiede (2).

Beschleunigter radioaktiver Zerfall

Eine mögliche Erklärung für die systematischen Unterschiede besteht darin, dass der radioaktive Zerfall in der Vergangenheit bei verschiedenen Materialien zwischenzeitlich unterschiedlich stark beschleunigt war. Es ist denkbar, dass unsere Erdkruste während ihrer Entstehung und/oder eines katastrophischen Ereignisses für eine begrenzte Zeit einer massiven Neutronen-Strahlung ausgesetzt war, was zu einer vermehrten Produktion von Tochterisotopen führen konnte.

Fazit

Bei den Materialien, bei denen verschiedene Methoden angewendet werden können, wäre es wünschenswert, dass an den staatlichen Hochschulen vermehrt Vergleichsmessungen gemacht würden. Weil dies bis heute kaum der Fall ist, kommt der Verdacht auf, dass man die Ergebnisse der Radiometrie nicht unbedingt infrage stellen will. Wenn ein Gestein auf sein Alter untersucht wird, so wird in der Regel nur eine der möglichen Methoden angewendet.

Referenzen

(1) Don DeYoung, *Thousands ... not Billions, Challenging an Icon of Evolution*, Master Books, 2005, S. 126.
(2) Larry Vardiman, Andrew A. Snelling, Eugene F. Chaffin, *Radioisotopes and the age of the Earth*, Bd. 2, Institute for Creation Research, El Cajon, CA, 2005, S. 422.

42 Accelerator Mass Spectrometer (AMS)

Mit einem modernen Accelerator Mass Spectrometer (AMS) sollte es möglich sein, bis zu 90 000 Jahre alten Kohlenstoff (Grafit, Marmor, Anthrazit und Diamanten) zu analysieren. Allerdings hat man bis heute kein einziges Material gefunden, das ein radiometrisches Alter von über 71 000 Jahren aufgewiesen hat. Diese für die konventionelle Lehrmeinung viel zu geringen Altersangaben werden mit Verunreinigungen (Kontaminationen) erklärt. Allerdings konnten solche trotz großem Aufwand nicht nachgewiesen werden. Außerdem ist es denkbar, dass in der Uratmosphäre der Erde weniger radioaktiver Kohlenstoff (C-14) enthalten war. Sollte das der Fall sein, wären die untersuchten Materialien noch jünger einzustufen.

Das Kohleisotop C-14 hat eine Halbwertszeit von 5730 Jahren. Dabei zerfällt es zu Stickstoff. Indem man in einem kohlenstoffhaltigen Material das Verhältnis von C-14 zu C-12 misst, können Rückschlüsse auf das Alter einer Probe gemacht werden. Proben, die älter als 90 000 Jahre sind, dürften keine messbare Menge von C-14 mehr enthalten. Trotzdem hat man bei verschiedenen Proben von Kohle, die angeblich zwischen 34 bis 311 Millionen Jahre alt sein sollen, immer noch 0,1 bis 0,46 % C-14 gemessen (1). Das entspricht einem radiometrischen Alter von höchstens 57 000 Jahren.

Wenn das Erdmagnetfeld in der Frühzeit der Erde stärker war als heute (wovon man ausgehen kann) (2), dann sind diese 57 000 Jahre sogar noch zu hoch veranschlagt. Ein stärkeres Erdmagnetfeld führt dazu, dass die Höhenstrahlung wirksamer reduziert wird und daher weniger C-14 entsteht. Somit ist davon auszugehen, dass von Anfang an weniger C-14 in den Proben enthalten war, als konventionell veranschlagt wird.

Messungen an Diamanten

Besonders interessant für solche Untersuchungen sind Diamanten. Der Astrophysiker Larry Vardiman hat mit seinem Team 12 verschiedene Diamanten gemessen, die aus 5 verschiedenen Fundorten stammen. Der durchschnittliche Gehalt an C-14 war 0,09 %, das entspricht einem Alter von höchstens 58 000 Jahren (3). Gemäß konventioneller Geologie müssten die Diamanten jedoch bis zu 3 Milliarden Jahre alt sein. Wenn sie jedoch auch nur annähernd so alt wären, dürften sie keine Spur von C-14 mehr enthalten. Der Einwand, dass die Proben im Laufe der Zeit verunreinigt wurden, greift bei Diamanten kaum. Nach heutiger Erkenntnis können Diamanten nicht kontaminiert werden (4).

Referenzen

(1) Larry Vardiman, Andrew A. Snelling, Eugene F. Chaffin, *Radioisotopes and the age of the Earth*, Bd. 2, Institute for Creation Research, El Cajon, CA, 2005, S. 605-606.
(2) D. Russel Humphreys, *The Earth´s magnetic Field is young*, impact, Nr. 242, August 1993.
(3) Don DeYoung, *Thousands … not Billions, Challenging an Icon of Evolution*, Master Books, 2005, S. 46-62.
(4) Ref. (1), S. 609.

43 Uran, Helium und Blei im Zirkon

Zirkonkristalle findet man im Granit rund um den Globus. Diese Kristalle enthalten teilweise auch ein wenig Uran, das einem radioaktiven Zerfall unterliegt, bei dem Helium und Blei (beides stabile Stoffe) zurückbleiben. Aufgrund der heute vorhandenen Heliummenge und der Geschwindigkeit, mit der es stetig entweicht (Diffusionsgeschwindigkeit), kann man das Alter der Kristalle berechnen. Interessanterweise kann man in Gesteinsschichten, die angeblich Milliarden Jahre alt sind, Zirkone finden, die aufgrund des Heliumgehalts wahrscheinlich lediglich 4000 bis 8000 Jahre alt sind.

Das Uran, das sich teilweise in den Zirkonkristallen befindet, ist ein instabiles Element, das im Laufe der Zeit zu Blei und Helium zerfällt. Während die kleinen Heliumatome den Kristall nach dem Zerfall allmählich verlassen können, bleiben die größeren Uran- und Bleiatome im Kristall gefangen. Je mehr Uran zu Blei und Helium zerfallen ist, umso älter muss auch der Kristall sein. Indem man das Verhältnis von Uran- zu Bleiatomen vergleicht, kann man Rückschlüsse auf das Alter des Kristalls ziehen. Dabei kommt man sehr oft auf Altersangaben von über einer Milliarde Jahre.

Die Heliumdiffusionsrate

Berücksichtigt man jedoch die Heliummenge, die sich noch immer im Kristall befindet, so kommt man unter Berücksichtigung der Heliummenge, die pro Zeiteinheit aus dem Kristall entweicht (Heliumdiffusionsrate), auf ein Alter von 4000 bis 8000 Jahren (1).

Wenn das Uran stets mit derselben Geschwindigkeit wie heute im Verlauf von einer Milliarde Jahre zerfallen wäre, so hätte das Helium in dieser langen Zeit fortlaufend aus dem Kristall entweichen können, und wir würden heute kaum noch Helium in den Kristallen vorfinden (2). Der hohe Heliumgehalt ist ein Indiz dafür, dass die Kristalle zeitweise einer starken Strahlung ausgesetzt waren, was zu einem beschleunigten Zerfall geführt hat (3).

Berechtigte Kritik

Leider konnten bis heute erst Proben aus einer einzigen Tiefbohrung verwendet werden, was die weltweite Signifikanz der

Ergebnisse infrage stellt. Zudem befindet sich die gewählte Bohrstelle in der Nähe von natürlichen Heliumvorkommen, was Kontamination ermöglichen könnte. In jedem Fall wäre es wünschenswert, dass sich eine oder mehrere staatliche Universitäten der Thematik annehmen würden.

Referenzen

(1) Larry Vardiman, Andrew A. Snelling, Eugene F. Chaffin, *Radioisotopes and the age of the Earth*, Bd. 2, Institute for Creation Research, El Cajon, CA, 2005, S. 56.
(2) *ICR Acts & Facts*, Bd. 31. Nr. 10, October 2002.
(3) Don DeYoung, *Thousands … not Billions, Challenging an Icon of Evolution*, Master Books, 2005.

44 Radioaktiver Zerfall zu Blei

Bei der radiometrischen Altersbestimmung von Gesteinen wird häufig der Gehalt von Uran-238 und Blei-206 gemessen. Die Halbwertszeit, innerhalb derer Uran-238 zu Blei-206 zerfällt, beträgt 4,46 Milliarden Jahre. Nach 4,5 Milliarden Jahren (dem angeblichen Alter der Erde) müsste also mindestens gleich viel Blei wie Uran auf der Erdoberfläche vorhanden sein. In Wirklichkeit findet man jedoch mehr Blei als Uran. Man kann davon ausgehen, dass bei der Entstehung der Gesteine eine unbestimmte Menge an Blei-206 direkt entstanden ist. Hinzu kommt, dass neben Uran-238 auch 52 weitere Elemente ebenfalls zu Blei-206 zerfallen. Die Halbwertszeit dieser Elemente variiert zwischen einigen Mikrosekunden und 245 500 Jahren. Somit lässt sich nicht abschätzen, wie viel von dem heute vorhandenen Blei-206 tatsächlich von Uran-238 abstammt.

Bei der radiometrischen Altersbestimmung von Gesteinen

wird von verschiedenen Methoden Gebrauch gemacht. Das Prinzip ist immer dasselbe: Ein instabiles (radioaktives) Ausgangsmaterial zerfällt im Laufe einer bestimmten Zeit zu einem stabilen anderen Element. Die nachfolgende Liste zeigt einige Messmethoden und lässt erkennen, wie viele andere (in der Regel nicht berücksichtigte) instabile Elemente ebenfalls zu demselben stabilen Element zerfallen:

Kalium – Argon	→ 3 weitere Elemente zerfallen ebenfalls zu Argon
Rubidium – Strontium	→ 4 weitere Elemente zerfallen ebenfalls zu Strontium
Samarium – Neodym	→ 13 weitere Elemente zerfallen ebenfalls zu Neodym
Lutetium – Hafnium	→ 10 weitere Elemente zerfallen ebenfalls zu Hafnium
Rhenium – Osmium	→ 9 weitere Elemente zerfallen ebenfalls zu Osmium
Thorium-232 – Blei-208	→ 26 weitere Elemente zerfallen ebenfalls zu Blei-208
Uran-235 – Blei-207	→ 45 weitere Elemente zerfallen ebenfalls zu Blei-207
Uran-238 – Blei-206	→ **52 weitere Elemente zerfallen ebenfalls zu Blei-206**

Bei der Anwendung der Uran-238–Blei-206-Methode wird im Allgemeinen nur der Zerfall von Uran-238 berücksichtigt (1). Alle übrigen Elemente, die ebenfalls zu Blei-206 zerfallen, werden ignoriert.

Die Zerfallsreihe von Uran-238 bis Blei-206:

Uran-238	zerfällt mit einer Halbwertszeit von 4,46 Milliarden Jahren zu
Thorium-234	zerfällt mit einer Halbwertszeit von 24,1 Tagen zu

Protactinium-234	zerfällt mit einer Halbwertszeit von 46,69 Stunden zu
Uran-234	zerfällt mit einer Halbwertszeit von 245 500 Jahren zu
Thorium-230	zerfällt mit einer Halbwertszeit von 75 400 Jahren zu
Radium-226	zerfällt mit einer Halbwertszeit von 1599 Jahren zu
Radon-222	zerfällt mit einer Halbwertszeit von 3,82 Tagen zu
Polonium-218	zerfällt mit einer Halbwertszeit von 3,04 Minuten zu
Blei-214	zerfällt mit einer Halbwertszeit von 27 Minuten zu
Bismut-214	zerfällt mit einer Halbwertszeit von 19,9 Minuten zu
Polonium-210	zerfällt mit einer Halbwertszeit von 0,16 Millisekunden zu Blei-206.

Blei-206 ist stabil.

Im Modell einer jungen Erde kann die Herkunft des heute vorhandenen radiogenen Bleis auf den Zerfall von kurzlebigen Elementen zurückgeführt werden. Im Modell einer 4,5 Milliarden Jahre alten Erde wird das radiogene Blei **ausschließlich** auf den Zerfall von langlebigen Elementen zurückgeführt. Beide Interpretationen sind gleichermaßen spekulativ.

Die Zerfallszeit von kurzlebigen Isotopen kann auf folgender Internetseite abgerufen werden: http://nucleardata.nuclear. lu.se/nucleardata/toi/sumframe.htm (Atommasse angeben und auf »show drawing« klicken).

Referenzen

(1) Charles W. Lucas JR, *Radiohalos – Key Evidence for Origin/Age of the Earth*, *Proceedings of the Cosmology Conference 2003*, Ohio State University, Columbus, Ohio.

45 Radioaktiver Zerfall bei Plasmatemperaturen

Wenn man die bekannten radioaktiven Materialien bis auf Plasmatemperaturen erwärmt, sinkt beispielsweise die Halbwertzeit von Uran-238 von 4,5 Milliarden Jahren auf 2,08 Minuten. Auch wenn unsere irdischen Gesteine niemals solch hohen Temperaturen ausgesetzt waren, so verdeutlicht dieser Umstand, dass radioaktive Zerfallszeiten nicht immer konstant sind.

Erwärmt man einen festen Stoff, so werden die meisten Elemente zunächst flüssig und ab einer bestimmten Temperatur gasförmig. Erwärmt man dieses Gas immer weiter, so wird es bei sehr hohen Temperaturen zu Plasma. Dieses Plasma hat nun völlig andere Eigenschaften als das Gas, aus dem es entstanden ist. Unter anderem wird die Halbwertzeit von radioaktiven Isotopen dramatisch reduziert. Je höher die Temperatur ist, desto stärker sinkt die Halbwertzeit.

Wenn man die folgenden Materialien auf 15,4 Milliarden Grad Kelvin erwärmt, verändert sich die Halbwertzeit wie folgt (1) (2):

Uran-238 sinkt von 4,5 Milliarden Jahren auf **2,08 Minuten.**

Thorium-232 sinkt von 14 Milliarden Jahren auf **15,6 Minuten.**

Samarium-147 sinkt von 106 Milliarden Jahren auf **1,56 Minuten.**

Rubidium-87 sinkt von 47 Milliarden Jahren auf **2,46 Minuten.**

Kalium-40 sinkt von 1,2 Milliarden Jahren auf **5,87 Minuten.**

Referenzen

(1) Edward Boudraux, *Attenuation of accelerated decay rates by magnetic Effects, Proceedings of the Cosmology Conference 2003,* Ohio State University, Columbus, Ohio.

(2) Edward Boudraux, *Accelerated Radioactive Decay Rates, a Mi-*

nimal Quantitative Model, Proceedings of the Cosmology Conference 2003, Ohio State University, Columbus, Ohio.

46 Uran- und Polonium- Strahlungshöfe

Die Häufigkeit der Uran- und Polonium-Strahlungshöfe im Granit des Paläozoikums/Mesozoikums (vor angeblich 251 bis 542 Millionen Jahren) weist auf eine oder mehrere Phasen des vorübergehenden beschleunigten radioaktiven Zerfalls hin. So lassen sich die Ergebnisse der radiometrischen Messmethoden (auch der Spaltspurmethode) sehr gut im Modell einer jungen Erde erklären.

Granit enthält unter anderem Biotit (Glimmer), und darin befindet sich auch ganz wenig Uran. Wenn dieses Uran punktförmig konzentriert ist, können sich durch den Zerfall des Urans mikroskopisch sichtbare Strahlungshöfe bilden (1).

Larry Vardiman und sein Team haben drei Gruppen von Granitproben untersucht (2):
- eine aus dem Präkambrium (vor angeblich 542 Millionen bis 4,5 Milliarden Jahren)
- eine aus dem Paläozoikum-Mesozoikum (vor angeblich 251 bis 542 Millionen Jahren)
- eine aus dem Känozoikum (vor angeblich bis zu 250 Millionen Jahren)

Dabei ist es aufgefallen, dass die Häufigkeit der Strahlungshöfe innerhalb des Paläozoikums teilweise markant höher liegt als in den übrigen Formationen. Das bedeutet, dass zu dieser Zeit mit großer Wahrscheinlichkeit ein beschleunigter radioaktiver Zerfall stattgefunden hat. Diese Regelwidrigkeit macht eine uniformistische (gleichförmige) Interpretation der Entstehung dieser geologischen Formationen unmöglich. Warum finden wir in den unteren Schichten und in den oberen Schichten wesentlich weniger Strahlungshöfe als in den mittleren Schichten? Speziell in dem angeblich 4 Milliarden Jahre andauernden Präkambrium wären wesentlich mehr Strahlungshöfe zu erwarten als in dem nur wenige Hundert Millionen Jahre dauernden Paläozoikum-Mesozoikum.

Ergebnisse der Spaltspurmethode

Beim radioaktiven Zerfall von Uran in Zirkonkristallen entstehen sogenannte Spaltspuren. Dabei werden einige Atome aus dem normalen Kristallgitter herausgeschlagen und verursachen dabei winzige Spuren. Mit einem geeigneten ätzenden Mittel kann man diese Spuren so weit vergrößern, dass sie unter dem Mikroskop sichtbar werden. Mithilfe der Anzahl von Spuren und der noch nicht zerfallenen schweren Atome berechnet man das Alter der Kristalle.

Das häufigste Material, das Spaltspuren erzeugt, ist Uran-238. Es kann sich in Palladium-119 spalten und erzeugt dabei eine Spaltspur, die man in transparenten Mineralien, aber auch im natürlichen Glas beobachten kann. Beim vorübergehenden Erwärmen der Probe um 50 bis 400 Grad Celsius verschwinden die Spuren. Das bedeutet, dass alle Proben, die Spaltspuren enthalten, etwas über ihre thermische Geschichte aussagen. Die Altersbestimmung mit der Spaltspurmethode gibt nicht das Alter des Gesteins an, sondern primär die Zeit seit der letzten größeren Erwärmung der Probe.

Nach dem Reinigen und Ätzen einer Probe zählt man die Spaltspuren. Dann zählt man die Anzahl der noch nicht zerfallenen Uran-238-Atome mit einer dazu geeigneten Messmethode. Die konventionelle Auswertung der Messergebnisse ergibt eine Millionen und Milliarden Jahre alte Erdgeschichte. Wenn man jedoch den vorübergehend beschleunigten Zerfall, der sich anhand der Uran- und Polonium-Strahlungshöfe aufdrängt, berücksichtigt, lassen sich die Ergebnisse der Spaltspurmethode sehr gut mit dem Modell einer jungen Erde vereinbaren (3).

Referenzen

(1) Robert V. Gentry, *Creation´s Tiny Mystery*, Earth Science Associates, Mai 1992, S. 214.
(2) Larry Vardiman, Andrew A. Snelling, Eugene F. Chaffin, *Radioisotopes and the age of the Earth*, Bd. 2, Institute for Creation Research, El Cajon, CA, 2005, S. 101-207.
(3) Don DeYoung, *Thousands ... not Billions*, Challenging an Icon of Evolution, Master Books, 2005.

47 Helium aus dem Erdinneren

Im Erdinneren finden radioaktive Zerfallsprozesse statt, die Helium und Wärme produzieren. Allerdings macht die austretende Heliummenge nur 4 % von dem aus, was man aufgrund der austretenden Wärme erwartet. Eine Erklärungsmöglichkeit für dieses Missverhältnis ist, dass der größte Teil des Heliums im Erdinneren zurückgehalten wird. Die andere Möglichkeit besteht darin, dass die Erde noch aus der Entstehungszeit einen großen Wärmevorrat in sich hat (was bedeutet, dass nicht alle Wärme durch radioaktiven Zerfall entsteht). Beide Möglichkeiten lassen sich kaum mit dem Modell einer alten Erde vereinbaren.

Aus dem Erdinneren strömt infolge radioaktiver Zerfallsprozesse Helium. Zugleich entsteht Wärme, die ebenfalls an die Erdoberfläche entweicht. Unbestritten ist der Zerfall von Uran, Thorium und Kalium, bei dem die Edelgase Helium und Argon entstehen. Die durch den Zerfallsprozess erzeugte Wärmemenge müsste mit der Heliummenge, die aus der Erdkruste austritt, korrespondieren. Zur Erzeugung von einem Joule Wärme müssen im Erdinneren 10^{12} He-Atome und 2×10^{11} Ar-Atome produziert werden.

Nun hat man den Wärme- und Heliumfluss aus dem Erdinneren gemessen:

Der Wärmefluss, der im Bereich der Meere in der Erdkruste gemessen wird, beträgt 0,1 W/m^2. Die Heliummenge, die im Bereich der Meere aus dem Erdinneren kommt, beträgt 4×10^9 Heliumatome pro Quadratmeter pro Sekunde. Das daraus berechnete Helium/Wärme-Verhältnis ist 4×10^{10} Atome pro Joule, was nur 4 % von dem ausmacht, was man aufgrund der austretenden Heliummenge erwartet (1).

Zwei Alternativen und zwei Probleme im Modell einer 4,5 Milliarden Jahre alten Erde:

a) Stellen wir uns vor, es befände sich zum jetzigen Zeitpunkt überhaupt kein Helium im Erdinneren. Wenn wir jetzt einen Zerfallsprozess starten, der so viel Wärme produziert, wie wir heute feststellen, so wäre in der Tat zu erwarten, dass zunächst nur ein kleiner Teil des Heliums den Weg bis an die Erdoberfläche schafft. Der größte Teil würde im Erdmantel zurückgehalten werden. Allmählich müsste jedoch ein Gleichgewicht entstehen. Es ist nicht vorstellbar, dass nach 4,5 Milliarden Jahren immer noch ein Missverhältnis zwischen produziertem und austretendem Helium besteht.

b) Stellen wir uns vor, dass die austretende Wärme nur zu einem kleinen Teil auf radioaktive Zerfallsprozesse zurückzuführen sei. Auch das ist im Modell einer 4,5 Milliarden Jahre alten Erde kaum denkbar. Es ist schwer vorstellbar, dass sich die Erde in dieser langen Zeit immer noch nicht abgekühlt hat.

Helium in der Erdatmosphäre

Interessant ist in diesem Zusammenhang auch die Tatsache, dass sich in der Erdatmosphäre weniger Helium befindet, als das Modell einer alten Erde voraussagt. Auch dieser Einwand hat seine Berechtigung, allerdings ist es noch ungeklärt, wie viel Helium aus der Atmosphäre ins Weltall entweichen kann und wie viele Heliumkerne durch den Sonnenwind in die Atmosphäre hineingelangen (2).

Referenzen

(1) E. Ronald Oxburgh und R. Keith O'Nions, *Helium Loss, Tectonics, and the Terrestrial Heat Budget*, Science 237, 25. Sept. 1987, S. 1583-1588.
(2) Melvin A. Cook, *Where is the Earth's Radiogenic Helium?*, *Nature* 179, 26. Januar 1957, S. 213.

48 Magnetfeld der Erde

Die meisten Planeten haben ein eigenes Magnetfeld, ebenso die Sonne. Je nach Entstehungshypothese erwartet man, dass diese Magnetfelder eine kürzere oder längere Lebensdauer haben. Bei Messungen des Erdmagnetfeldes hat man während der letzten ca. 170 Jahre eine ständige Abnahme festgestellt. Aufgrund dieser Messungen kann das Alter des Erdmagnetfeldes auf weniger als 10 000 Jahre geschätzt werden.

Die Erde besitzt einen inneren festen Kern aus Eisen, der von einem äußeren flüssigen Kern umgeben ist, der wiederum in einen festen Gesteinsmantel eingehüllt ist. Die Erdkugel rotiert, wobei der flüssige Teil des Kerns von der Corioliskraft zu einer schraubenförmigen Bewegung veranlasst wird. Man stellt sich vor, dass sich durch diese Bewegung ein Dynamo gebildet habe, der das anfänglich schwache Magnetfeld der Erde aufgebaut haben könnte (Dynamotheorie). Es ist jedoch nicht gelungen, dies mit einem mathematischen Modell befriedigend nachzuvollziehen. Vielmehr deuten die gemessenen Daten darauf hin, dass die Erde mit einem relativ starken Magnetfeld geschaffen wurde, das seither stetig abnimmt (1).

Seit 1835 wird das Erdmagnetfeld gemessen. Die Messungen zeigen, dass sich die Feldstärke zwischen 1835 und 1965 um 8 % verringert hat. Aus den verschiedenen Messungen lässt sich ableiten, dass sich die Magnetfeldstärke womöglich alle 1465 Jahre halbiert. Messungen am geophysikalischen Observatorium in München ergaben, dass das Erdmagnetfeld seit etwa 3000 Jahren abnimmt. Wenn es kontinuierlich so weitergeht, wird es in 4000 Jahren nicht mehr existieren (2).

Umpolung des Erdmagnetfeldes

Bei der Entstehung geologischer Schichten werden alle magnetisierbaren Teilchen nach dem aktuell wirkenden Magnetfeld ausgerichtet und in dieser Ausrichtung fixiert. Nun hat sich herausgestellt, dass sich das Magnetfeld der Erde in der Vergangenheit vielmals umgepolt hat. Nach gängiger Lehrmeinung findet im Mittel alle 250 000 Jahre eine Umpolung statt. Auf diese Zahl kommt man, wenn man die Umpolungsereignisse, wie sie in den geologischen Schichten dokumentiert sind, mit radiometrischen Altersbestimmungen vergleicht. Allerdings konnte in Lavaergüssen bei Steens Mountain (Oregon/USA) eine Winkeländerung von etwa 6 Grad pro Tag nachgewiesen werden (3). Das bedeutet, dass sich das lokale Magnetfeld zum Zeitpunkt, als die Lavamasse ausströmte, in ca. 30 Tagen umgepolt haben dürfte (4).

Dass die jetzige Abnahme des Erdmagnetfeldes eine Umpolung einleitet, ist eher unwahrscheinlich. Ein solches Szenario würde ziemlich sicher schneller geschehen. Es ist denkbar, dass während eines globalen Ereignisses wie der Sintflut sich das Magnetfeld mehrere Male umgepolt hat und dass es in seiner Stärke seit seiner Erschaffung stetig abnimmt.

Die gängige Dynamotheorie

Mit der gängigen Dynamotheorie können viele wichtige Fragen nicht beantwortet werden (5), insbesondere auch nicht die Frage, wie die gigantische Menge an flüssigem Eisen im Inneren der Erde die magnetische Flussrichtung hätte ändern können. Wurde das Erdmagnetfeld tatsächlich durch die Rotation des Eisens aufgebaut? Das Einzige, was mit großer Wahrscheinlichkeit angenommen werden kann, ist, dass sich die Position der Pole im Laufe der Erdgeschichte nur unwesentlich verändert hat (6).

Referenzen

(1) D. Russel Humphreys, *The Earth´s Magnetic Field is still losing energy*, CRSQ 39/1, März 2002, S. 3-13.
(2) Geophysikalisches Observatorium in München, 3sat nano, 29. August 2002, http://www.3sat.de/nano/bstuecke/36057/index.html.
(3) R.S. Coe, M. Prévot und P. Camps, *New Evidence for extraordinarily rapid change of the geomagnetic field during a reversal*, Nature 374, 20. April 2002, S. 687-692.
(4) R.S. Coe und M. Prévot, *Evidence suggesting extremely rapid field variation during a geomagnetic reversal*, Earth and Planetary, Science Letters 92/3-4, April 1989, S. 292-298.
(5) M.R.E. Proctor und A.D. Gilbert, *Lectures on Solar and Planetary Dynamos*, Cambridge University Press, 1994.
(6) *Proceedings of the NATO Advanced Study Institute*, »Theory of Solar and Planetary Dynamos«, Isaac Newton Institute, Cambridge University, 20. Sept. bis 2. Okt. 1992.

49 Salzberge und Salzgehalt der Meere

Trotz ausgedehnter Regenzeiten (Pluviale) im Quartär (das vor angeblich 2,6 Millionen Jahren begonnen hat) wurde beispielsweise der Salzdiapir Kuh-e-Namak im Zentraliran um mehr als 300 m aus der Erde herausgehoben. Wenn dieser Salzberg nur annähernd so alt wäre, wie offiziell geschätzt wird, müsste er längst weggelöst sein. Ein weiterer Umstand besteht darin, dass das Salz von derartigen Salzstöcken in die Meere geschwemmt wird und so dazu beiträgt, dass der Salzgehalt der Ozeane langsam zunimmt. Misst man die Ein- und Ausfuhr von Salz in den Weltmeeren, so kommt man zu dem Schluss, dass die aktuellen Prozesse seit maximal 62 Millionen Jahren ablaufen. Dieser Berechnung hat man die unrealistische Annahme zugrunde gelegt, dass es ursprünglich kein Salz in den Weltmeeren gegeben hat.

Der auffälligste Stoff, den das Meerwasser enthält, ist ein Gemisch von verschiedenen Salzen. Beim Verdunsten des Meerwassers bleiben die Salze zurück. Das (verdunstete) Wasser steigt empor und bildet Wolken. Wenn diese über die Kontinente ziehen und abgekühlt werden, fällt Regen. Das Regenwasser versickert in der Erde und nimmt an gewissen Orten lösliche Verwitterungsprodukte wie Kalk oder Salze auf. Als Quellwasser kommt es teilweise wieder an die Oberfläche und fließt schlussendlich durch Bäche, Flüsse und Grundwasser in die Meere zurück (1).

Der aktuelle Salzgehalt der Ozeane sowie alle Ein- und Ausfuhren von Salz können heute gemessen werden (2). Dabei zeigt sich, dass die Einfuhr von Salz (zumindest heute) wesentlich größer ist als die Ausfuhr. Wenn die aktuellen Prozesse seit 3,5 Milliarden Jahren andauern würden, so hätten die Weltmeere den 56-fachen (!) Salzgehalt von heute (3).

Aufsteigende Salzdiapire

Vieles deutet darauf hin, dass das Klima der Erde im Tertiär (vor angeblich 2,6 bis 65 Millionen Jahren) weltweit erheblich wärmer und bedeutend regenreicher war, als wir es von den heutigen Tropen kennen. Selbst wenn ein Salzstock wie der Kuh-e-Namak unter zeitweise wüstenhaftem Trockenklima als Salzberg aufgestiegen ist, hätte er kaum ein 2,6 Millionen Jahre dauerndes Quartär überstehen können, ohne dabei vollständig aufgelöst zu werden (4), zumal im Quartär erhebliche Regenperioden stattgefunden haben.

Daraus kann abgeleitet werden, dass die quartären Regenperioden wesentlich kürzer waren, als konventionell angenommen wird. Die Datierung der geologischen Formationen rund um den Kuh-e-Namak muss womöglich um einen mehrstelligen Faktor reduziert werden (5).

Referenzen

(1) E.K. Berner und R.A. Berner, *The global Water Cycle*, Prentice-Hall, Inc. Englewood Cliffs, New Jersey, 1987.

(2) Bryan Gregor et al., *Chemical Cycles in the Evolution of the Earth*, 1988.

(3) Steven Austin und D. Russel Humphreys, *The sea's missing salt*, *Proceedings of the Second International Conference on Creationism*, 1990, S. 17-33.

(4) Detlef Busche, Reza Sarvati und Ulf Siefker, *Kuh-e-Namak: Reliefgeschichte eines Salzdoms im abflusslosen zentraliranischen Hochland*, Petermanns Geographische Mitt. 146/2, 2002, S. 68-77.

(5) Manfred Stephan, *Langzeitproblem: Entstehung eines Salzbergs im Iran, Studium Integrale*, April 2007, S. 12-20.

50 Nickel im Meerwasser

Nickelerz gehört zu den Materialien, die durch das Flusswasser in die Meere transportiert werden. Anhand der Nickelmenge, die jährlich eingetragen wird, und des aktuellen Nickelgehalts der Ozeane insgesamt lassen sich Rückschlüsse auf das Alter der Meere ziehen. Dabei stellt man fest, dass es nach heutigen Prozessen maximal 300 000 Jahre gedauert hätte, um den aktuellen Nickelgehalt einzustellen. Da kein Mechanismus bekannt ist, der Nickel aus dem Meerwasser entfernt, ist es unrealistisch, davon auszugehen, dass unsere Ozeane viele Millionen Jahre alt sind.

Folgende Ausgangsdaten sind bekannt:

a) Durchschnittlich führen die Flüsse der Erde 0,3 Mikrogramm Nickel pro Liter Wasser mit sich in die Meere (1).

b) Die totale Wassermenge, welche durch die Flüsse und Ströme ins Meer fließt, beträgt im Durchschnitt 37 400 km³ pro Jahr.

c) Der mittlere Nickelgehalt des Meerwassers beträgt 1,7 Mikrogramm (millionstel Gramm) pro Liter (2).

d) Die Wassermenge im Meer wird angegeben mit $1,35 \times 10^{21}$ kg (3).

e) Man schätzt, dass es auf dem Meeresgrund des Pazifiks 2×10^{14} kg Manganknollen gibt, die einen Nickelgehalt von 0,63 % aufweisen (4).

Aus diesen Angaben lässt sich berechnen, wie lange es nach heutigen Prozessen **maximal** gedauert hätte, bis der aktuelle Nickelgehalt erreicht wurde. Um ein möglichst **hohes** Alter zu berechnen, macht man die Annahmen, dass es anfänglich **kein** Nickel im Ozeanwasser und in den Manganknollen gegeben hat. Zudem **vernachlässigt** man den interstellaren Staub aus dem All, der ebenfalls Nickel in die Meere hineinträgt.

Selbst unter diesen Voraussetzungen berechnet man ein maximales Alter von »nur« 300 000 Jahren. Da kein Mechanismus bekannt ist, der Nickel aus dem Meerwasser entfernen kann, ist an ein viele Millionen oder Milliarden Jahre altes Meer nicht zu denken. Wenn tatsächlich so etwas wie eine weltweite Flut (wodurch die Kontinente regelrecht »ausgewaschen« wurden) stattgefunden hat, reduzieren sich diese 300 000 Jahre noch einmal drastisch.

In Bezug auf die Manganknollen ist der Umstand wichtig, dass der Kalkschlamm, der auf dem Meeresboden abgelagert wird, 1000- bis 10 000-mal schneller als die Manganknollen abgesetzt wird. Das bedeutet, dass die heute sichtbaren Manganknollen bei dem oben berechneten Alter längst zugedeckt sein müssten (5). Das Argument, dass der Kalkschlamm der die Manganknollen bedeckt, fortlaufend entfernt wird, greift kaum, da man entsprechende Ablagerungen vergeblich sucht.

Referenzen

(1) W.H. Durum und J. Haffty, *Geochimica et Cosmochimica Acta*, Bd. 27, 1963, S. 2; D.A. Livingstone, *Chemical composition of rivers and lakes, Geological Survey Professional Paper*, 1963, S. G 48.
(2) *Chemical Oceanography*, Hg. von J.P. Riley & G. Skirrow, New York, Academic Press, Bd. 1, 1975, 2. Auflage, S. 418.
(3) Ref. (2), S. 2.
(4) Eugen Seibold und Wolfgang H. Berger, *The sea floor*, Springer Berlin, 1996, S. 289 & 293.
(5) Ref. (4), S. 291.

51 Erdöl, Kohle und versteinertes Holz

Die Aussage, dass es lange Zeiträume braucht, damit Öl, Kohle oder versteinertes Holz entstehen kann, ist überholt. Eine schnelle Entstehung von Öl wird bereits seit einiger Zeit experimentell erprobt, und im Jahr 2006 wurde bekannt, dass Kohle unter günstigen Umständen über Nacht entstehen kann. Zur Versteinerung von Holz sind bereits vor einigen Jahren Patente angemeldet worden. Versteinertes Holz wird beispielsweise für Tisch- und Kaminplatten produziert.

Entstehung von Kohle

Aus einer Verlautbarung des Max-Planck-Instituts geht hervor, dass man Stroh, Holz, feuchtes Gras oder Laub über Nacht in Kohle umwandeln kann (1). Es wurde ein Verfahren vorgestellt, mit dem sich pflanzliche Biomasse ohne Umwege und komplizierte Zwischenschritte weitgehend vollständig in Kohlenstoff und Wasser umwandeln lässt. Das Verfahren nennt sich »hydrothermale Karbonisierung«. Es funktioniert ähnlich wie ein Dampfkochtopf, nur bei höheren Temperaturen.

Das Kochrezept für Kohle ist verblüffend einfach: Ein Druckgefäß wird mit beliebigen pflanzlichen Produkten gefüllt, also etwa mit Laub, Stroh, Gras, Holzstückchen oder Pinienzapfen. Dazu kommen noch Wasser und etwas Zitronensäure. Dann wird der Topf geschlossen und das Ganze unter Druck für zwölf Stunden auf 180 Grad Celsius erhitzt. Nachdem die Mischung abgekühlt ist, wird der Topf geöffnet: Er enthält eine wässrige schwarze Brühe mit fein verteilten kugelförmigen Kohlepartikeln (Kolloiden). Sämtlicher Kohlenstoff, der in dem Pflanzenmaterial gebunden war, liegt nun in Form dieser Partikel vor – als kleine, poröse Braunkohle-Kügelchen.

Schnelle Entstehung von Kohle in der Natur

Im Trias bzw. Jura sind Kohleschichten innerhalb von nur 25 bis 30 Jahren entstanden. Das ergibt sich aus den ovalen und kreisförmigen konzentrischen Polonium-Strahlungshöfen, die man darin gefunden hat. Polonium-210 hat eine Halbwertszeit von 138,4 Tagen. Wären die Strahlungshöfe **vor** der Komprimierung der Kohleschicht entstanden, so müssten sie ausschließlich ovalförmig sein (2).

Entstehung von Erdöl

Bei der Bildung von Sedimentbecken und darin liegenden Erdölvorkommen gehen Geowissenschaftler von langwierigen, bis zu Millionen Jahre währenden Prozessen aus. Dagegen zeigen Hydro-Pyrolyse-Laborexperimente an Erdölmuttergesteinen aus Sedimentbecken, dass bei entsprechend hohen Temperaturen oder geeigneten katalytischen Bedingungen sehr schnell Erdöl gebildet und ausgetrieben werden kann (3).

Wie die Geologen Borys M. Didyk und Bernd R.T. Simoneit berichten, besteht im Guaymas-Becken (im Golf von Kalifornien) eine 500 m starke Ablagerung von Phytoplankton (frei schwebende Meerespflanzen), aus der Erdöl entweicht (4). An der Oberfläche dieser Sedimente gibt es hydrothermale Kamine von 8 bis 12 cm Durchmesser, aus denen klares, heißes Wasser von 200 °C austritt. Dieses Wasser führt Ölkugeln mit sich, die einen Durchmesser von 1 bis 2 cm haben. Eingehende Untersuchungen ergaben, dass die Zusammensetzung dieses Öles gewöhnlichem Erdöl sehr ähnlich ist. Altersmessungen mit der Radiokarbonmethode ergaben 4200–4900 Jahre. Das Öl entsteht bei einer Temperatur von über 315 °C und einem Druck von 200 bar. Die Abschätzung der entstehenden Ölmengen ergab, dass sich die Verwertung des Öles lohnen würde, falls man es sammeln könnte.

Versteinerung von Holz

Wenn Holz in Flüssen, Seen oder auch im Meer abgelagert und ausreichend schnell mit Sediment bedeckt wird, so kann ein entsprechendes Milieu zur Versteinerung entstehen. Ähnliches kann die Einbettung in vulkanischen Aschen und Tuffen nach einem Vulkanausbruch bewirken. Ohne Kontakt zum Luftsauerstoff laugen die Holzbestandteile im Lauf der Zeit aus und werden durch Mineralien aus der sie umgebenden Erde ersetzt.

Amerikanischen Wissenschaftlern ist es gelungen, innerhalb von wenigen Tagen Holz versteinern zu lassen (5). Bei diesem Prozess wird das organische Material des Holzes nach und nach durch Mineralien – wie zum Beispiel kristallisierte Kieselsäure – ersetzt, sodass die ursprüngliche Struktur vollständig erhalten bleibt (6).

Referenzen

(1) Wissenschaftsmagazin MaxPlanckForschung, Ausgabe 2/2006.

(2) Larry Vardiman, Andrew A. Snelling, Eugene F. Chaffin, *Radioisotope und das Alter der Erde*, Hänssler-Verlag, Holzgerlingen, 2004, S. 189-227.

(3) Thomas Herzog, *Schnelle Erdölbildung durch hydrothermale Prozesse – Naturnahe Modellierung der Hydro-Pyrolyse und Beispiele aus der Lagerstättenkunde, Studium Integrale*, April 2003, S. 20-27, http://www.wort-und-wissen.de/index2.php?artikel=sij/sij101/sij101-3.html.

(4) Borys M. Didyk und Bernd R.T. Simoneit, *Hydrothermal oil of Guaymas Basin and implications for petroleum formation mechanisms, Nature*, Bd. 342, 2. November 1989, S. 65-69.

(5) Yongsoon Shin et al., *Pacific Northwest National Labors, Richland, Advanced Materials*, Bd. 17, S. 73.

(6) Hamilton Hicks, *Mineralized sodium silicate solutions for artificial petrification of wood*, US Patent Number 4,612,050, 16. Sept. 1986, S. 1-3.

Kosmologie und Urknalltheorie

Die Erforschung der Materie und des Kosmos ist eng miteinander verknüpft. Im Standardmodell der konventionellen Physik geht man davon aus, dass das Universum, in dem wir leben, und die Materie, aus der wir bestehen, in einem Urknall entstanden sind. Allerdings sind wir weit davon entfernt, zu verstehen, was Materie eigentlich ist, und die Urknalltheorie muss mit nur 4 % sichtbarer Materie auskommen (!), während für den Rest mit Dunkler Materie, Dunkler Energie und Dunklem Flow argumentiert werden muss.

Ein offener Brief an die Scientific Community (wissenschaftliche Gemeinschaft)

Die Urknalltheorie beruht auf einer wachsenden Anzahl von hypothetischen Annahmen, die noch nie beobachtet wurden. Viele Aussagen im Standardmodell der Urknalltheorie sind widersprüchlich. Aus diesem Grund haben sich mehr als 500 Naturwissenschaftler in einem offenen Brief an die wissenschaftliche Gemeinschaft gewandt und sich kritisch zu offenen Fragen rund um die Urknalltheorie geäußert. Dabei tauchen Namen von Spitzenwissenschaftlern wie Halton Arp, Hermann Bondi, Thomas Gold, Jayant Narlikar und vielen weiteren auf (1).

Das Standardmodell ist nicht die einzige Theorie zum Universum. Mit der Plasmakosmologie und dem Quasi-Steady-State-Modell (beide Modelle sagen ein Universum ohne bestimmten Anfang und ohne bestimmtes Ende voraus) können die grundlegenden Phänomene des Universums ebenso erklärt werden. Einige Verfechter der Urknalltheorie meinen, dass diese Theorien nicht jede kosmologische Beobachtung erklären können (wozu die Urknalltheorie ja ebenfalls außerstande ist). Aber das überrascht wenig, da ihre Entwicklung durch das Fehlen von Forschungsgeldern gehemmt ist. Diese Alternativen können schlecht mit dem ausgefeilten Standardmodell der Urknalltheorie verglichen werden.

Referenz

(1) *New Scientist*, 22. Mai 2004, http://www.cosmologystate ment.org/.

52 *Singularität und Inflation*

Im Kontext der Kosmologie hat die Existenz des Universums mit einem Urknall begonnen. Alle Materie und Energie, aller Raum und alle Zeit sollen in einem Punkt unendlicher Temperatur und Dichte (der sogenannten Singularität) vereinigt gewesen sein. Allerdings ist bis heute kein Mechanismus bekannt, der aus einer solchen Singularität herausführen könnte. Zudem bleibt offen, ob die heute bekannten Naturgesetze vor, während oder nach der auf die Singularität folgenden Inflation entstanden sein sollen. Generell bringt der grenzwissenschaftliche Charakter von Ursprungsfragen jedweder Gattung viele Unsicherheiten mit sich.

Der Urknall-Spezialist Joseph Silk meint, »dass aufgrund von vernünftigen Annahmen eine Singularität in der Vergangenheit unvermeidbar ist« (1). Unter dieser Singularität versteht er eine punktförmige Vereinigung von Materie, Energie, Raum und Zeit, also etwas, das sich jeder naturwissenschaftlichen Prüfung und jeder mathematischen Modellierung entzieht.

In der Geschichte der Philosophie wird in Bezug auf Gott seit vielen Jahrhunderten eine einfache Frage behandelt: »Wenn Gott alles erschaffen haben soll – wer hat dann Gott erschaffen?« Diese Frage muss in derselben Weise auch hinsichtlich der Singularität gestellt werden. Es liegt auf der Hand, dass weder die eine noch die andere Frage naturwissenschaftlich beantwortet werden kann.

Der berühmte Physiker Stephen Hawking schreibt: »Bei der Singularität (am Anfang) sind die allgemeine Relativität und die anderen physikalischen Gesetze außer Kraft gewesen: Man kann nicht voraussagen, was aus dieser Singularität herauskommt ...« (2).

Die Inflation

Neben der Ungewissheit, **was** aus dieser Singularität herauskommt, bleibt auch die Frage nach einem **Mechanismus**, der aus dieser Singularität herausgeführt haben könnte, völlig offen (3). Während der Inflation, die gemäß Standardmodell auf die Singularität folgte, soll sich das Universum im ersten Bruchteil einer Sekunde mit mehr als Lichtgeschwindigkeit ausgedehnt haben. Dieser Prozess kann mit den heute bekannten Naturgesetzen nicht nachvollzogen werden (4). Wie die Inflation wieder gestoppt worden sein könnte, ist ebenfalls unbekannt.

Der Energieerhaltungssatz (erster Hauptsatz der Thermodynamik)

Eines der am besten belegten Naturgesetze überhaupt ist der Energieerhaltungssatz. Dieser besagt, dass Materie oder Energie nie verloren geht oder neu entstehen kann. Materie, Wärme, Elektrizität, Licht, Schall etc. sind verschiedene Formen von Energie, die zwar von einer Form in eine andere umgewandelt werden, aber nie neu entstehen noch vergehen können.

Innerhalb der heute bekannten Naturgesetze ist diese Regel ohne Ausnahme. Ob es nun Gott oder die Singularität und die Inflation waren, der/die das Universum hervorgebracht hat/haben: Die Entstehung der Materie/Energie im Universum widerspricht den heute gültigen Naturgesetzen.

Alternativen zur Singularität

Im Rahmen der allgemeinen Relativitätstheorie ist eine Anfangssingularität unter gewissen Annahmen unvermeidlich. Jedoch wird die allgemeine Relativitätstheorie selber ungültig, wenn man sich dieser Singularität genügend nähert, sodass eine Singularität möglicherweise doch vermieden werden kann, wenn man die unter diesen Bedingungen korrekte Physik anwendet. Das Wissenschaftsgebiet, das hier zur Anwendung kommt, ist die Quantengravitation. Sie ist bisher noch zu wenig verstanden, als dass man mit Sicherheit sagen könnte, was im sehr frühen Universum geschehen sein könnte.

Referenzen

(1) Joseph Silk, *The Big Bang*, W.H. Freeman & Co, New York, 2001, S. 397.

(2) Stephen Hawking, *A Brief History of Time*, Bantam Press London, 1988, S. 122.

(3) Alex Williams, John Hartnett, *Dismantling the Big Bang*, Master Books, 2006, S. 13.

(4) Ref (3), S. 117.

53 Entstehung von Galaxien

Nach der Inflationsphase sollen geringe Ungleichmäßigkeiten in der Gasdichte dazu geführt haben, dass Zusammenballungen entstanden sind und daraus Galaxien gebildet wurden. Allerdings sind bezüglich der Entstehung von Galaxien viele Fragen offen. Der Glaube an den Urknall kommt nicht über den Status eine Hypothese hinaus.

Etwa eine Sekunde nach dem Urknall sollen sich stabile Atomkerne gebildet haben. In den nächsten 100 000 Jahren soll sich die Ausdehnung des Universums fortgesetzt haben, die Temperatur soll sich gesenkt und die Elektronen sollen sich mit den Protonen vereinigt haben, sodass normale Atomstrukturen entstehen konnten.

Die dabei entstandenen Gase sollen sich ungleichmäßig verteilt haben, was zu Zusammenballungen geführt haben soll. Allerdings hätte die Trägheit der sich ausdehnenden Materie verhindert, dass sich dabei Galaxien bilden konnten.

Der bekannte Urknall-Spezialist Joseph Silk schreibt dazu (1): »Die Urknalltheorie hat bisher drei grundlegende Probleme nicht gelöst:

1) was geschah vor dem Anfang,
2) die Natur der Singularität selbst
3) und den Ursprung der Galaxien.«

In den vergangenen Jahrzehnten sind mehrere Theorien aufgestellt worden, mit denen man versuchte, die Entstehung von Galaxien anhand der Urknalltheorie zu erklären. Allerdings vermochte in Fachkreisen keine davon zu überzeugen. Die Entstehung der Galaxien kann im Rahmen der Urknalltheorie nicht eindeutig erklärt werden (2).

Referenz

(1) Joseph Silk, *The Big Bang*, W.H. Freeman & Co, New York, 2001, 3. Auflage, S. 385.
(2) Alex Williams, John Hartnett, *Dismantling the Big Bang*, Master Books, Green Forest, 2006, S. 128.

54 Entstehung von Sternen

Die Sternentstehung ist das Herz der Kosmologie. Sterne sind die Energielieferanten der Sonnensysteme und gemäß Urknalltheorie die einzigen Quellen, in denen die schweren Elemente im Universum (Metalle) entstehen konnten. Doch trotz anhaltender Versicherungen vieler Kosmologen ist die Sternentstehung nach wie vor ungelöst.

Sterne sind glühende Gasbälle, die zur Hauptsache aus Wasserstoff bestehen und durch die eigene Schwerkraft zusammengehalten werden. Angeblich sollen sie nach dem Urknall durch kleine Ungleichmäßigkeiten im expandierenden Wasserstoff entstanden sein. Das Problem dabei ist, dass jede Zusammenballung von Gasen eine Erwärmung bewirkt. Die Erwärmung bewirkt einen erhöhten Druck – und dieser bringt die Zusammenballung zum Stillstand.

Nachdem die Zusammenballung also zum Stillstand gekommen wäre, würden sich Schwerkraft und Druck zunächst in einem Gleichgewicht halten. Erst nachdem die Wasserstoffwolke sich abgekühlt hätte, könnte die Zusammenballung weitergehen. Allerdings würde eine einzige Abkühlungsphase je nachdem bis zu 40 Milliarden Jahren dauern, während das gesamte Universum angeblich »nur« 15 bis 20 Milliarden Jahre alt sein soll.

Ausnahmen

Für Gaswolken, die bis etwa 10-mal schwerer sind als die Sonne, könnte die Entwicklung viel schneller verlaufen. Da ihre Schwerkraft wesentlich größer ist, würden die hohen Temperaturen viel rascher entstehen. Schon nach einer Million Jahre hätten sie den Wasserstoff aufgebraucht und würden zu »roten Riesen«. Nachdem alle weiteren möglichen Kernreaktionen abgelaufen wären, würde sich eine gigantische

Explosion, eine Supernova, ereignen. Der äußere Teil des Sternes würde in den Weltraum hinausgeblasen, der innere Teil würde zu einem Neutronenstern (1).

Wenn die Gaswolke noch schwerer ist als das 10-fache der Sonne, könnte bereits nach etwa einer Million Jahre die Roter-Riese-Phase erreicht und eine noch größere Katastrophe ausgelöst werden: Wenn der Kern zusammenbricht, wird das Schwerefeld so stark, dass sogar die Neutronen der einzelnen Atome zusammenbrechen. Man nimmt an, dass der Stern dann zu einem sogenannten schwarzen Loch wird (2).

Referenzen

(1) Alex Williams, John Hartnett, *Dismantling the Big Bang*, Master Books, 2006, S. 140-142.
(2) A.K. Kembhavi und J.V. Narlikar, *Quasars and active Galactic Nuclei*, Cambridge NY: Cambridge University Press, 1999, S. 101-103.

55 Entstehung von Planeten

Anhand von Computersimulationen versucht man zu erklären, wie Gasplaneten, Steinplaneten und Eisplaneten entstanden sein könnten. Völlig rätselhaft ist, wie sich der Staub in einer Staubscheibe (die beispielsweise unsere Sonne umgeben haben soll) zu Planeten zusammengeballt haben könnte. Die bekannten Kräfte der Schwerkraft reichen dazu bei Weitem nicht aus. Hinzu kommt, dass die Planeten- und Mondumlaufbahnen in unserem Sonnensystem nicht einfach willkürlich aufgebaut sind, sondern mathematischen Gesetzmäßigkeiten folgen.

Der Vorgang nach einer Supernova-Explosion, bei der ein Stern wie die Sonne entsteht und schwere Elemente wie Eisen, Nickel,

Blei etc. gebildet werden, kann simuliert werden. Man kann ebenfalls nachvollziehen, wie sich anschließend eine Gas- und Staubscheibe gebildet haben könnte. Doch ob und wie aus dieser Gas- und Staubscheibe Planeten entstanden sein könnten, ist nach wie vor unklar und höchst umstritten (1).

Gasplaneten

Computersimulationen von der Entstehung unseres Sonnensystems zeigen, dass bei einer Scheibe, die einen Stern umgibt, keine Gasplaneten entstehen, da man sich weit unter der Grenze für eine Zusammenballung durch Schwerkraft befindet. Der Jupiter hat etwa 1000-mal weniger Masse, als die Sonne. Wenn nicht einmal die Sonne durch Schwerkraft zusammengeballt werden konnte (dazu wären gemäß Theorie mehrere Supernova-Explosionen notwendig), wie viel weniger ist es dann vorstellbar, dass sich die Masse des Jupiters von selbst zusammenballen konnte?

Steinplaneten

Um die Entstehung von Steinplaneten zu erklären, hat man unter anderem vorgeschlagen, dass sich mehrere Meteoriten zusammengeballt haben könnten. Aber Meteoriten bestehen nicht aus Staub, sondern aus solidem Fels oder Eisen. Hinzu kommt, dass auch die Meteoriten selbst zu wenig Schwerkraft ausüben, um sich zusammenzuballen.

Eisplaneten

Die Entstehung von Eisplaneten ist noch schwieriger zu erklären. Sie müssten mit sehr wenig Material auskommen, sodass eine Zusammenballung extrem viel Zeit brauchen würde.

Edelmetalle auf unserer Erde

Nach der gängigen Theorie zur Bildung der Erdkruste dürfte es auf unserer Erde keine Edelmetalle geben. Metalle wie Gold, Platin und Iridium verbinden sich unter bestimmten Bedingungen sehr gern mit Eisen. Deswegen wären sie auf einer angeblich Millionen Jahre existierenden »heißen Ur-Erde« im geschmolzenen Zustand allmählich in den eisenreichen Kern gewandert.

Um das konventionelle Entstehungsmodell unseres Planeten zu stützen, wird vorgeschlagen, dass das gesamte oberflächennahe Vorkommen unserer Edelmetalle von den Einschlägen metallischer Meteoriten stammt (2). Das konventionelle Entstehungsmodell unseres Planetensystems an sich wird indessen selten infrage gestellt.

Referenzen

(1) Alex Williams, John Hartnett, *Dismantling the Big Bang*, Master Books, 2006, S. 151-155.

(2) Gerhard Schmidt, auf dem *European Planetary Science Congress* 2008 in Münster, 22. Sept. 2008.

56 Planeten- und Mondoberflächen

Wenn sich die Planeten und Monde unseres Sonnensystems aus einer mehr oder weniger homogenen Gas- und Staubscheibe entwickelt haben sollen, so stellt sich die Frage, warum ihre Oberflächen aus so unterschiedlichen Materialien zusammengesetzt sind. Es sind keine zwei identischen Planeten oder Monde bekannt. Diese Tatsache lässt Zweifel an der gängigen Entstehungstheorie aufkommen.

Die enorme Vielfalt der Oberflächen der Planeten und Monde in unserem Sonnensystem zeigt eindrucksvoll, dass das Szenario, wonach diese Himmelskörper alle aus einer mehr oder weniger homogenen Gas- und Staubwolke entstanden sein sollen, unrealistisch ist (1). Je besser die Daten werden, anhand derer man Rückschlüsse auf die Eigenschaften der einzelnen Himmelskörper ziehen kann, umso deutlicher werden die teilweise frappanten Unterschiede (2).

Einige Beispiele

Die Oberflächen von Jupiter und Saturn bestehen zur Hauptsache aus flüssigem Wasserstoff und Helium, jedoch in einer jeweils anderen Zusammensetzung. Die Oberfläche der Venus ist eingehüllt in eine dichte Atmosphäre von Kohlensäure und Schwefelsäure. Die Oberfläche des Mars gleicht einer trockenen Steinwüste auf der Erde.

Die Oberfläche des Mondes Europa ist auffallend gleichmäßig und hat fast keine Meteoritenkrater. Anhand neuer Daten scheint es sich um eine Welt voller aggressiver, korrosiver Substanzen zu handeln. Die Oberfläche des Erdmondes ist eine Staubwüste. Der Jupitermond Io hat eine Oberfläche aus Schwefel und Schwefelhydroxid. Die Saturnmonde Enceladus und Tethys sind mit Wassereis bedeckt. Der Saturnmond Titan ist mit flüssigem Äthan und Methan bedeckt.

Fazit

Die Himmelskörper in unserem Sonnensystem erscheinen wohlgeformt und sehr individuell ausgeprägt. Die Frage, ob und wie sie aus einer homogenen Gas- und Staubwolke hervorgegangen sein könnten, lässt sich nicht beantworten.

Es ist absehbar, dass auch die Planeten und Monde, die in den kommenden Jahrzehnten erforscht werden, die beeindruckende Unterschiedlichkeit der Himmelskörper unterstreichen werden. Sind unser Sonnensystem, die Milchstraße und der ganze übrige Kosmos womöglich ebenso funktional zusammengestellt wie beispielsweise der menschliche Körper? Könnte es sein, dass jeder Himmelskörper einen ganz bestimmten Zweck erfüllt?

Referenzen

(1) Kendrick Frazier, *Das Sonnensystem*, Time-Life Books, 1985, S. 128-145.

(2) Norbert Pailer und Alfred Krabbe, *Der vermessene Kosmos*, Hänssler, 2006, S. 99-116.

57 *Präzises Planetensystem*

Das Planetensystem, das unsere Sonne umgibt, ist sehr präzise gestaltet. Allerdings führen selbst geringste Veränderungen (wie sie unweigerlich stattfinden) dazu, dass einige Planeten »bereits« nach 10 Millionen Jahren in chaotische Bahnen geraten können. Das bedeutet, dass sie früher oder später in den Weiten des Universums verloren gehen oder auf die Sonne abstürzen. Dass unser heutiges Sonnensystem seit 4,5 Milliarden Jahren existiert, ist keineswegs gesichert.

Seit Newton 1683 die Gesetzmässigkeiten der Gravitation entdeckt hat, weiss man, dass die Planeten im Sonnensystem sehr stabil in ihren Bahnen laufen. Sie verhalten sich so stabil wie ein Uhrwerk. Hinzu kommt, dass die unterschiedlichen Abstände zur Sonne einer mathematischen Regel folgen (1). Bemerkenswert ist auch, dass sich die Venus in einer retrograden (entgegengesetzten) Eigenrotation befindet, was im Widerspruch zur Staubscheiben-Theorie steht. Dass die retrograde Eigenrotation durch eine Kollision mit einem Asteroiden oder Meteor entstanden sei, ist sehr unwahrscheinlich, da bei einer solchen Kollision auch die Bahn der Venus beeinflusst worden wäre. Die

Tatsache, dass die Bahn der Venus beinahe exakt kreisförmig ist (kleinste Exzentrität aller Planetenbahnen), spricht dagegen.

Längerfristige Stabilität

Zweifel an der längerfristigen Stabilität unseres Sonnensystems sind erst entstanden, als der Computerfachmann Gerald Jay Sussman und der Astrophysiker Jack Wisdom mithilfe eines speziell für solche Berechnungen gebauten Computers nachweisen konnten, dass der Himmelskörper Pluto wegen Störungen durch die Planeten unseres Sonnensystems bereits heute auf einer chaotischen Bahn läuft.

Sussman und Wisdom haben die Bewegungen aller Planeten simuliert und festgestellt, dass sich die kleinen Planeten nach etwa 50 Millionen Jahren in chaotischen Bahnen befinden müssten (2). Diese Berechnungen hat der französische Theoretiker Jacques Laskar bestätigt, der unabhängig von Sussman und Wisdom 1990 zum fast gleichen Resultat gekommen ist (3) (4).

Die Annahme, dass sich die Planeten unseres Sonnensystems bereits seit 4,5 Milliarden Jahren (dem vermuteten Alter des Sonnensystems) in stabilen Umlaufbahnen befinden, muss daher kritisch betrachtet werden (5).

Referenzen

(1) Henry M. Morris, *Men of Science, Men of God*, Creation-Life Publishers, San Diego, California, 1982, S. 44-46.

(2) Gerald Jay Sussman und Jack Wisdom, *Chaotic Evolution of the Solar System*, Science 257, 3. Juli 1992, S. 56-62.

(3) Jacques Laskar, *A numerical experiment on the chaotic behaviour of the Solar System*, Nature 338, 16. März 1989, S. 237-238.

(4) Jacques Laskar, *The chaotic motion of the Solar System: A numerical estimate of the size of the chaotic zones*, Icarus 88, Dezember 1990, S. 266-291.

(5) Hansruedi Stutz, *Chaos im Sonnensystem, factum* Januar 1993, S. 43.

58 Erde-Mond-Distanz

Der Mond umkreist die Erde und verursacht mit seiner An-
ziehungskraft Ebbe und Flut in den Weltmeeren. Dabei werden gewaltige Wassermassen hin- und hergeschoben, und
dazu braucht es Energie. Der Mond liefert Energie, indem er
sich jedes Jahr um 3,8 cm von der Erde entfernt. Die Erde liefert Energie, indem sie sich nach 100 Jahren um 0,0016 Sekunden pro Tag langsamer dreht. Selbst wenn sich die Erde und
der Mond anfänglich berührt hätten, könnte dieser Prozess
dennoch erst seit maximal 1,3 Milliarden Jahren ablaufen. Zu
kurz für ein angeblich 4,6 Milliarden Jahre altes Erde-Mond-
System.

Vor mehr als einem Jahrhundert entdeckte der Astronom George
Darwin, Sohn von Charles Darwin, dass sich der Mond in einer
Spirale langsam von der Erde entfernt. Der Grund dafür liegt in
der gegenseitigen Gezeitenwirkung von Erde und Mond: Der
Erdentag wird um 0,0016 Sekunden pro Jahrhundert länger,
und der Mond entfernt sich jedes Jahr um 3,8 cm von der Erde.

Diese an sich geringen Werte können über lange Zeiträume
nicht vernachlässigt werden. Interessant dabei ist, dass die
Gezeitenwirkung eine sehr steile Funktion der Erde-Mond-
Distanz aufweist. Daher müssten in der Vergangenheit, als der
Mond noch näher bei der Erde war, die Veränderungen we-
sentlich größer gewesen sein als heute (1).

Berechnet man die Zeit, die der Mond gebraucht hätte, um
den heutigen Abstand zur zu erreichen, könnte es maximal 1,3
Milliarden Jahre her sein, seit der Mond die Erde umkreist (2).
Vor 1,3 Milliarden Jahren hätte er theoretisch Kontakt mit der
Erde gehabt. Und vor einer Milliarde Jahren wäre er der Erde
immer noch so nahe gewesen, dass er ungeheuer hohe Gezeiten ausgelöst hätte. Die Wirkung dieser Gezeiten müsste in den
geologischen Formationen sichtbar sein, ist es aber nicht.

Stabilisierung der Erdachse

Der Mond nimmt mit seiner Gezeitenwirkung Einfluss auf die Weltmeere, trägt aber auch zur Stabilisierung der Erdachse bei. Jacques Laskar fand heraus, dass die Erdachse um bis zu 80 Grad schwanken könnte, wenn nicht der Mond durch seine verhältnismäßig große Masse bei seinem Umlauf um die Erde deren Rotationsachse stabilisieren würde. Die Schräglage der Erdachse scheint mit 23,3 Grad recht stabil zu sein. Sehr wahrscheinlich hat es hiervon in der Vergangenheit kaum größere Abweichungen als 1,3 Grad gegeben.

Referenzen

(1) Danny R. Faulkner, *The current state of creation Astronomy*, *Proceedings of the Fourth International Conference on Creationism*, 1998, S. 208.
(2) Don B. DeYoung, *The Earth-Moon System*, Proceedings of the Second International Conference on Creationism, 1990, Pittsburgh, USA, S. 81.

59 Planetare Ringe

Die planetaren Ringe aller vier Gasplaneten sind nachweislich Kurzzeitphänomene. Sie können maximal einige 10 000 Jahre alt sein. Da sie aber nicht von Anfang an zusammen mit den Planeten existieren mussten, kann es sein, dass die Planeten selbst dennoch älter sind. Es ist jedoch bemerkenswert, dass diese planetaren Ringe bei allen vier Gasplaneten unseres Sonnensystems gleichzeitig zu beobachten sind. Erstaunlich ist auch die ungewöhnlich scharfe Begrenzung der Ringe. Da es ständig zu Kollisionen zwischen den Ringteilchen kommt, sollten die Kanten im Laufe der Zeit eher verwaschen sein.

Einer dieser vier Gasplaneten ist der Saturn. Er ist von mehreren Tausend Ringen umgeben, die sich in sieben Hauptringe einordnen lassen. Die Gesamtausdehnung des Ringsystems übersteigt die Entfernung zwischen Erde und Mond. Wie diese Ringe durch natürliche Prozesse entstanden sein könnten, ist völlig rätselhaft (1). Sehr alt können sie indessen nicht sein, da erkennbar ist, dass sie wegen ständigen Materialverlusts bereits in wenigen Jahrtausenden zerfallen sein werden (2).

Unterschiedliche Beschaffenheit

Die Saturnringe bestehen aus Objekten, die bis zu mehreren Metern groß sind. Allerdings gibt es deutliche Unterschiede zwischen den einzelnen Ringen. So finden sich im B-Ring und den inneren Bereichen des A-Rings nur wenige Teilchen, die kleiner als 5 cm sind, während sie im C- und dem äußeren A-Ring häufiger vorkommen.

In den inneren und äußeren Bereichen des B-Rings wurden weitere Ringe gefunden, die mehrere Hundert Kilometer breit sind und sehr unterschiedliche Mengen an Material enthalten. In einem dicken, 5000 km breiten Kern befinden sich mehrere Bänder, in denen die Dichte viermal so hoch wie im A-Ring und fast 20-mal so hoch wie im C-Ring ist.

Die chemischen Fingerabdrücke des A-Rings deuten auf unerwartet reine Eiskörner hin, die Richtung Zentrum gewisse silikatische Beimischungen enthalten. Gegenüber dem relativ strukturlosen A-Ring und der im C-Ring enthaltenen Wellenstruktur zeigt der B-Ring zahlreiche Struktureigenschaften (3).

Fazit

Die Vorstellung, dass diese Ringe durch natürliche Prozesse entstanden sind, ist wenig plausibel. Sie mögen den Eindruck erwecken, dass sie aus irgendeinem Grund genau so geformt und abgestimmt wurden, wie wir sie heute sehen.

Referenzen

(1) Stephen Battersby, *First images of Saturn's rings bring surprises*, *New Scientist* Nr. 2455, 10 Juli 2004.

(2) Norbert Pailer und Alfred Krabbe, *Der vermessene Kosmos*, Hänssler, 2006, S. 136.

(3) Hans Zekl, *Cassini: Der Stoff, aus dem die Saturnringe sind*, astronews.com, 30. Mai 2005, http://www.astronews.com/news/artikel/2005/05/0505-020.shtml.

60 Kurzperiodische Kometen

In unserem Sonnensystem gibt es viel weniger kurzperiodische Kometen mit einer Umlaufzeit von 20 bis 200 Jahren (Halley-Typ-Kometen) als solche mit einer Umlaufzeit von weniger als 20 Jahren (Jupiter-Kometen). Nur 1 % der aufgrund von Berechnungen erwarteten Halley-Typ-Kometen können tatsächlich beobachtet werden. Das sind viel zu wenig für das Konzept eines Milliarden Jahre alten Sonnensystems, in das fortlaufend neue Kometen eintreten, die dann (ausgehend von langen Perioden) in immer kürzer werdenden Umlaufbahnen die Sonne umkreisen.

Kometen (auch Schweifsterne genannt) sind kleine und unregelmäßig geformte Himmelskörper, die aus gasförmigen und festen Teilchen bestehen. Der eigentliche Körper, der sogenannte Kern, besteht aus Eis (gefrorenes Kohlenmonoxid, Kohlendioxid, Methan, Wassereis) und Staub und wird oft treffend mit einem schmutzigen Schneeball verglichen. Kometen können einen Durchmesser von etwa 1 bis 100 km besitzen. Sie laufen in sehr exzentrischen Bahnen, die sie sehr nahe an die Sonne heranführen, aber auch wieder weit in den Raum hinausschleudern können.

Während sich ein Komet der Sonne nähert, erhitzt er sich und das Eis an der Oberfläche des Kerns geht in den gasförmigen Zustand über. Daraus entwickelt sich der auffällige Schweif. Bei jedem Umlauf um die Sonne verliert der Komet das Material des Schweifes. Schließlich löst er sich ganz auf.

Die kurzperiodischen Kometen haben eine Lebensdauer von 50 000 bis 500 000 Jahren. Somit drängt sich die Frage auf, warum wir in unserem Planetensystem (das angeblich Milliarden Jahre alt sein soll) immer noch so viele kurzperiodische Kometen vorfinden? Um dieses Problem zu lösen, wird im Allgemeinen eine theoretisch vorhandene Oortsche Wolke vorgeschlagen, aus der angeblich immer wieder neue Kometen nachgeliefert werden sollen.

Die Oortsche Wolke

1950 postulierte der Astronom Jan Hendrik Oort, dass unser Sonnensystem von einer Wolke mit vielen Milliarden kleiner Kometen umgeben sei. Damit hat er einen Vorschlag des Astronomen Ernst Öpik aus dem Jahr 1932 aufgegriffen. Oort stellt sich vor, dass hin und wieder ein Stern, der an unserem Sonnensystem vorbeifliegt, einen dieser Kometen aus seiner Umlaufbahn wirft und in das Innere unseres Sonnensystems hineinkatapultiert. **Allerdings gibt es**

a) keinen einzigen direkten Nachweis der Oortschen Wolke. Ihre Existenz ist reine Theorie. Und wenn es

b) dennoch eine solche Wolke gäbe und von dort tatsächlich hin und wieder ein Komet in das Innere unseres Sonnensystems abgelenkt würde, so ist es dennoch höchst unwahrscheinlich, dass dieser direkt in eine kurzperiodische Umlaufbahn eintreten kann.

Das Fadingproblem (1)

Die Gravitation der grossen Planeten sorgt dafür, dass die Bahnen von neu eintretenden langperiodischen Kometen (mit einer

Umlaufzeit von mehr als 200 Jahren) so stark verändert werden, dass sie nach dem ersten Durchgang entweder für immer aus dem Sonnensystem geschleudert oder auf wesentlich engere Bahnen gebracht werden.

Wenn nun seit Hunderttausenden von Jahren fortlaufend neue langperiodische Kometen erscheinen würden, so wäre zu erwarten, dass es sehr viele Halley-Typ-Kometen gäbe. Doch es werden nur sehr wenig Halley-Typ-Kometen beobachtet.

Prograde und retrograde Kometen (2)

Auch der große Unterschied in der Häufigkeit verschiedener Kometentypen kann nicht befriedigend erklärt werden. Zum Beispiel stimmt die Häufigkeit von prograden (rechtläufigen) und retrograden (rückläufigen) Kometen nicht mit naheliegenden Berechnungen überein. Prograde Kometen bewegen sich auf Bahnen im Uhrzeigersinn um die Sonne, retrograde Kometen gegen den Uhrzeigersinn. Das Verhältnis bei den beobachteten langperiodischen Kometen liegt ziemlich genau bei 50 : 50.

Dynamische Berechnungen zeigen, dass prograde Kometen eine wesentlich höhere Chance haben, durch die großen Planeten aus dem Sonnensystem geschleudert zu werden. Daher wäre zu erwarten, dass es ungefähr doppelt so viele retrograde wie prograde Kometen gibt. Dennoch findet man ein Verhältnis von 50 : 50 vor. Das deutet darauf hin, dass die prograden Kometen erst wenige Tausend Jahre der »Gefahr« ausgesetzt sind, aus unserem Sonnensystem geworfen zu werden.

Referenzen

(1) Peter Korevaar, *Die rätselhafte Oortsche Wolke, Studium Integrale* 2002/9, S. 79-82.
(2) Paul A. Wiegert, *The evolution of long-period comets*, Dissertation, University of Toronto, 1996.

61 Supernova-Überreste

Nach einer Supernova-Explosion dehnt sich eine Gas- und Staubwolke, der sogenannte Supernova-Überrest (SNR), aus. Ein solcher SNR müsste mehr als eine Million Jahre wahrnehmbar sein, bevor er sich auflöst. Allerdings findet man in unserer Milchstraße sehr viel weniger SNR vor, als konventionell erwartet werden. Ihre Anzahl stimmt mit einer Milchstraße überein, die ca. 7000 Jahre alt ist. SNR außerhalb der Milchstraße können gegenwärtig nicht wahrgenommen werden, da sie zu lichtschwach sind.

Wenn ein Stern in etwa die 25-fache Masse unserer Sonne besitzt und genügend Wasserstoff zu Helium verbrannt hat, explodiert er. Diese vorübergehende gewaltige Energiefreisetzung führt im Verlauf einiger Tage oder Wochen zu einem außerordentlich hellen Leuchten, das alle übrigen Sterne in derselben Galaxie überstrahlen kann. Ein solches Ereignis nennt man eine Supernova.

Eine Supernova kann so viel Energie freisetzen, wie 1000 Sonnen während 8 Millionen Jahren ausstrahlen würden (1). Es bleiben eine gigantische Gaswolke, der Supernova-Überrest (SNR) und ein kleiner Zentralstern zurück. Der SNR dehnt sich nach der Explosion mit über 7000 km/sec aus und kann im Laufe der Zeit einen Durchmesser von vielen Lichtjahren erreichen.

Der Ausdehnungsprozess eines SNR wird in drei Stufen beschrieben:

1. In den ersten 300 Jahren dehnt sich der SNR auf einen Durchmesser von ca. 23 Lichtjahren aus. Dann verwandelt sich der gasförmige SNR allmählich in einen flüssigen Zustand.
2. In den nachfolgenden 120 000 Jahren müsste sich der SNR auf einen Durchmesser von ca. 350 Lichtjahren ausdehnen.

Dabei sollten die nunmehr flüssigen Tröpfchen allmählich zu festem Staub werden.

3. Innerhalb der nächsten 6 Millionen Jahre würde sich der SNR infolge der Ausdehnung so stark verdünnen, dass er allmählich nicht mehr von der Umgebung zu unterscheiden wäre.

In unserer Milchstraße kann man etwa alle 25 Jahre eine Supernova beobachten. Je nach deren Lage innerhalb der Galaxie wird das Licht des SNR durch interstellaren Staub abgeschwächt, sodass ein Teil von der Erde aus nicht mehr sichtbar ist.

Berechnungen und Beobachtungen (1)

SNR der ersten Stufe:
Berechnungen zufolge müssten 19 % von 12 SNR der ersten Stufe sichtbar sein. Beobachtet werden 2.

SNR der zweiten Stufe:
Berechnungen zufolge müssten 47 % von 4800 SNR der zweiten Stufe sichtbar sein. Beobachtet werden jedoch bloß 200. Das sind so viele, wie man nach ca. 7000 Jahren erwartet.

SNR der dritten Stufe:
Berechnungen zufolge müssten 14 % von 40 000 SNR der dritten Stufe sichtbar sein. Beobachtet wird jedoch keiner einziger.

Der Krebsnebel

Als man Anfang des 20. Jahrhunderts die ersten Fotografien des Krebsnebels machte, stellte sich heraus, dass der Nebel expandiert. Durch Zurückrechnung dieser Expansion schloss man auf eine Supernova-Explosion vor rund 900 Jahren. Tatsächlich fand im Jahr 1054 eine Supernova statt, die beobach-

tet wurde und in 13 unabhängigen historischen Quellen dokumentiert ist (2).

Der Schwanennebel (Cygnus)

Das Alter des Schwanennebels wurde bis vor einiger Zeit auf
100 000 Jahre berechnet. Aufgrund von neuen Daten musste
sein Alter jedoch auf weniger als 3000 Jahre herabgesetzt werden. Eine der Größen, von denen die Ausbreitungsgeschwin-
digkeit eines Nebels stark abhängig ist, ist die Dichte des interstellaren Mediums. In der Nähe des Schwanennebels ist diese
Dichte etwa 10-mal geringer als die Standarddichte des Welt-
raums. Daher wurde neu berechnet, dass sich der Schwanen-
nebel in weniger als 3000 Jahren bis zur heute beobachteten
Größe ausgedehnt hat (3).

Referenzen

(1) Keith Davies, *Distribution of Supernova Remnants in the Gal-
axy*, *Proceedings of the Third International Conference on Creationism*, Pittsburgh 2, Penn., USA, 1994, S. 177.
(2) Jonathan Sarfati, *Exploding stars point to a young universe*,
Creation ex nihilo, Bd. 19, Nr. 3, Juni-August 1997, S. 46-48.
(3) Keith Davies, *The Cygnus Loop – a case study*, *Journal of Creation*, 20(3) 2006, S. 92-94.

62 Metallizität weit entfernter Objekte

Gemäß Urknalltheorie bestanden anfänglich alle Objekte im Universum aus Wasserstoff und Helium. Erst durch Supernova-Explosionen sollen sich über Milliarden Jahre allmählich schwerere Elemente gebildet haben. Dennoch ist kein systematischer Unterschied der Metallizität (Metallhäufigkeit) zwischen weit entfernten Objekten und nahen Objekten feststellbar. Das widerspricht dem Modell der Urknalltheorie. Das Licht, das wir heute von weit entfernten Himmelskörpern sehen, müsste gemäß Urknalltheorie Milliarden Jahre unterwegs gewesen sein, bevor es zu uns gelangte, und so einen Blick in die ferne Vergangenheit bieten.

Oft wird davon gesprochen, dass das Licht, das wir von weit entfernten Objekten erhalten, einen Blick in die Vergangenheit des Universums erlaubt. Dieses Licht soll angeblich viele Milliarden Jahre unterwegs gewesen sein, bevor es zu uns gelangte. Die systematischen Unterschiede der Metallizität, die man gemäß Urknalltheorie zwischen weit entfernten und nahen Objekten erwarten würde, sind jedoch nicht eindeutig feststellbar (1) (2).

Metallizität

Wenn man das Licht (d. h. das Spektrum) von Himmelskörpern analysiert, kann man ziemlich genau abschätzen, wie viel von welchen Elementen sich im jeweiligen Himmelskörper befindet. Dabei ist der Begriff Metallizität eine gebräuchliche Bezeichnung für das Vorhandensein von Elementen, die schwerer sind als Wasserstoff und Helium. Gemäß Urknalltheorie entwickeln sich Wasserstoff und Helium in den Sternen erst in einem Milliarden Jahre dauernden Prozess zu immer schwerer werdenden Isotopen. Davon ausgehend, dass am Anfang nur Wasserstoff und Helium vorhanden waren, zieht man Rückschlüsse über das Alter eines Objekts.

Aufgrund der Rotverschiebung des Lichtes der Galaxien bestimmt man ihre Entfernung. Diejenigen Galaxien, die am weitesten entfernt sind, müssten gemäß Urknalltheorie noch in der Anfangsphase ihrer Entwicklung zu sehen sein. Neue Messungen haben jedoch ergeben, dass bezüglich der Metallizität kein eindeutiger Unterschied zwischen nahen (d. h. alten) und weit entfernten (d. h. jungen) Galaxien besteht (3).

Rotierendes Universum

Gemäß Relativitätstheorie ergibt sich auch dann eine Rotverschiebung des Lichtes, wenn sich ein Objekt quer zum Beobachter (transversal) bewegt (4). Somit könnte es sein, dass das Universum wesentlich kleiner ist, als man gemäß Urknalltheorie annimmt, und dass es sich um eine Achse dreht, die womöglich durch unsere Milchstraße geht. Wenn das zutrifft, so müsste das geschätzte Alter des Universums drastisch reduziert werden.

Referenzen

(1) Anna Frebel, *Auf der Spur der Sterngreise*, Spektrum der Wissenschaft, Sept. 2008, S. 24-32.

(2) Peter Bond, *First stars seen in distant galaxies*, Royal Astronomical Society Meeting, 5. April 2005.

(3) Norbert Pailer und Alfred Krabbe, *Der vermessene Kosmos*, Hänssler, 2006, S. 64-66.

(4) Andreas Müller, wissenschaft-online.de, August 2007, http://www.wissenschaft-online.de/astrowissen/lexdt_d02.html.

63 *Anthropisches Prinzip*

Unter dem Anthropischen Prinzip versteht man die unglaubliche Feinabstimmung der verschiedenen Naturkonstanten, die menschliches Leben erst möglich machen. Wenn auch nur einzelne der gut 40 bekannten Naturkonstanten minimal von ihrem jetzigen Wert abweichen würden, so wäre kein irdisches Leben möglich. Einige Wissenschaftler, die nicht an einen intelligenten Schöpfer des Universums glauben, helfen sich mit der sogenannten Multiversum-Theorie, der zufolge es unendlich viele Universen gibt und wir uns in genau demjenigen befinden, in dem Leben möglich ist. Mit dieser Theorie kann selbstverständlich alles und nichts bewiesen werden.

Die Wahrscheinlichkeit, dass unser Universum genau seiner tatsächlichen Erscheinungsform entspricht, liegt nach Ansicht einiger Physiker in etwa bei $1:10^{62}$. Das entspricht

0,000 000 000 000 000 000 000 000 000 000 000 000 000 000 000 000 000 001 % (1).

Ein Physiker hat die Präzision der Feinabstimmung der Naturkonstanten folgendermaßen veranschaulicht: Man stelle sich eine 2-Euro-Münze vor, die mit einer Gewehrkugel getroffen werden muss. Dazu sollen das Gewehr am einen und die Münze am anderen Ende des sichtbaren Universums positioniert werden!

Einige Beispiele

Wäre die Schwerkraftkonstante nur etwas niedriger, hätte dies zur Folge, dass Sterne wie die Sonne nicht in der Lage wären, einen Kernfusionsprozess in Gang zu setzen. Wäre sie nur etwas höher, würde dies den Energievorrat der Sterne in sehr kurzer Zeit verbrauchen.

Wären die Kernkräfte, die die Atome zusammenhalten, nur etwas stärker, würden die Elektronen wie in einem schwarzen Loch auf den Kern stürzen. Wären sie nur etwas schwächer, könnte es keine chemischen Reaktionen geben. Wenn beispielsweise das Wasser nicht so sonderbar auffällige Anomalien (Gefrierverhalten, Siedepunkt, Dichteverlauf etc.) hätte, wäre kein Leben auf Wasserbasis möglich (2).

Der Astronom Martin Rees hat aus den vielen Naturkonstanten sechs ausgewählt und beschrieben, dass keine von ihnen auch nur geringfügig vom bestehenden Wert abweichen darf. Andernfalls wäre kein irdisches Leben möglich (3).

Multiversum oder ewiger Schöpfergott?

Rees geht davon aus, dass es unendlich viele Universen geben muss und dass eines davon zufällig exakt die richtigen Naturkonstanten enthält. Man kann somit an eine Theorie glauben, nach der es unendlich viele Universen gibt, oder man glaubt an einen einzigen, unendlich intelligenten und allmächtigen Schöpfer des einen Universums, in dem wir leben (4).

Referenzen

(1) Peter C. Hägele, *Das kosmologische anthropische Prinzip*, Kolloquium für Physiklehrer, Universität Ulm, 11. Nov. 2003, http://www.uni-ulm.de/~phaegele/Feinabstimmung_Physik.pdf.

(2) Hansruedi Stutz, *Das anthropozentrische Prinzip: Der Mensch im Mittelpunkt des Universums, factum* Juli/August 1991, S. 39.

(3) Martin Rees, *Just six numbers*, HarperCollins Publishers, 1999.

(4) David Tyler, *Parallel Universes: Has God anything to say?*, *Origins* 34, März 2003, S. 14-15.

64 Mikrowellen-Hintergrundstrahlung

Die kosmische Mikrowellen-Hintergrundstrahlung, die aus allen Himmelsrichtungen zu uns kommt, ist viel gleichmäßiger, als man anhand der Urknalltheorie ursprünglich erwartete. Erst mit der Einführung von Dunkler Materie konnte die Stärke der erwarteten Unregelmäßigkeiten mit den Messungen in Übereinstimmung gebracht werden. Die Existenz von Dunkler Materie bleibt jedoch reine Spekulation.

1926 argumentierte Sir Arthur Eddington, dass alle Himmelskörper im Sternenlicht gebadet werden und daher der interstellare Raum eine Temperatur von etwa 3 °K (−270 °C) haben müsse (1). Nach ihm interpretierte George Gamow diese kosmische Hintergrundstrahlung als ein Nachleuchten des Urknalls. Dabei kam er auf 5 °K (−268 °C). 1961 revidierte er seine Angaben und sagte 50 °K voraus (2). Im Jahr 1964 haben die beiden Astronomen Arno Penzias und Robert Wilson schließlich 2,7 °K gemessen.

Später hat die NASA einen speziellen Satelliten gebaut, mit dem die Mikrowellen-Hintergrundstrahlung des ganzen Weltraumes kartiert werden sollte. Gemäß Urknalltheorie sollen durch die Ungleichmäßigkeiten in der Expansion von Wasserstoff und Helium die großen Strukturen im Universum entstanden sein. Allerdings erwiesen sich die Instrumente des Satelliten als zu wenig sensibel, um überhaupt Unterschiede festzustellen.

Daraufhin baute man einen neuen Satelliten, der mit 30-mal empfindlicheren Instrumenten ausgerüstet war. Nun waren tatsächlich feine Unterschiede feststellbar. Allerdings zeigten sich auch unangenehme Überraschungen. So zeichnete sich beispielsweise ab, dass der Kosmos einen Nord- und einen

Südpol und einen Äquator hat (3). Das wiederum könnte bedeuten, dass das Universum ein Zentrum hat und wir uns in der Nähe dieses Zentrums befinden. Im Urknallmodell bleiben diese Ergebnisse unverstanden, da man annimmt, dass das Universum kein Zentrum hat.

Weiter meinte der Astronom Tom Van Flandern, dass die Absorption von Mikrowellen im intergalaktischen Medium und die fehlenden Effekte von Schwerkraftlinsen dem Urknallmodell widersprechen (4).

Dunkle Materie

Aufgrund neuer Beobachtungen scheint zwischen der Verteilung Dunkler Materie und sichtbarer Materie in Galaxien ein unerwarteter Zusammenhang zu bestehen. Demnach ist es denkbar, dass die bisherigen Annahmen über die Natur der Dunklen Materie in einem wichtigen Punkt falsch sind – oder es die Dunkle Materie gar nicht gibt (5).

Referenzen

(1) Arthur S. Eddington, *The Internal Constitution of the Stars*, New York: Dover Publications, 1926, Nachdruck 1959, S. 371.

(2) Tom Van Flandern, *The Top 30 Problems with the Big Bang*, Apeiron, 9(2) 2002, S. 72-90.

(3) David Whitehouse, *Map Reveals Strange Cosmos*, BBC News, 3. März 2003, http://news.bbc.co.uk/go/pr/fr/-/1/hi/sci/tech/2814947.stm.

(4) Tom Van Flandern, *Dark Matter, Missing Planets and New Comets: Paradoxes Resolved, Origins Illuminated*, Berkeley, CA: North Atlantic Books, 1993, S. 100-107.

(5) Benoit Famaey, Argelander-Institut für Astronomie der Universität Bonn, http://www.astro.uni-bonn.de/english/show_news.php?number=37

Philosophie

In der modernen Wissenschaft ist der Naturalismus zum führenden Paradigma geworden. Als »naturalistisch« kann jede Lehre bezeichnet werden, die allein die Natur zum Grund und zur Norm aller Erscheinungen erklärt. Der naturalistische Ansatz ist vor allem aus der Motivation heraus entstanden, sich von übernatürlichen Phänomenen im religiösen Sinne abzugrenzen. Dabei wird etwa die Existenz von Wundern, übernatürlichen Wesen oder spirituellen Erkenntnissen abgelehnt.

Für das naturalistische Weltbild ist die Evolutions-, Ursuppen- und Urknalltheorie von großer Bedeutung. Allerdings muss die naturalistische Weltanschauung aus manchen philosophischen Überlegungen heraus infrage gestellt werden. So ist zum Beispiel der in der Evolutionstheorie oft verwendete Begriff »Zufall« im Sinne von Plan-, Ziel- und Sinnlosigkeit eine unpräzise Behauptung ohne jede Substanz.

Warum findet man überall im Universum Zeichen von Teleologie (Zielgerichtetheit) und Planung? Wie kommt der Mensch dazu, nach dem Sinn des Lebens zu fragen? Wie lassen sich unzweckmäßige Schönheit und natürliche Vollkommenheit erklären? Diese und weitere Fragen bleiben im Dogma der Evolutionstheorie unbeantwortet.

65 *Paradigma der Evolution*

Umfragen zufolge sind viele Menschen der Meinung, dass die Evolutionstheorie eine wissenschaftlich bewiesene Tatsache ist. Wenige wissen, dass man in der Wissenschaft mit vorläufigen Modellen (Verifikation) und Widerlegungen (Falsifikation) arbeitet. Das vorherrschende Denkmuster (Paradigma) von Evolutions-, Ursuppen- und Urknalltheorie ist philosophischen Ursprungs (Aufklärung, Rationalismus/Naturalismus) und kann mit naturwissenschaftlichen Mitteln nicht nachvollzogen werden.

In populärwissenschaftlichen Darstellungen wird oft behauptet, dass die Evolutionstheorie eine bewiesene Tatsache sei. Diese Aussage ist naturwissenschaftlich nicht haltbar. Wenn man das übernatürliche Eingreifen eines intelligenten Urhebers von Anfang an ausklammert und das Modell von Evolutions-, Ursuppen- und Urknalltheorie zum Paradigma macht, dann darf man nicht im Nachhinein folgern, dass es keinen Urheber gibt, weil in den verschiedenen Abhandlungen kein Urheber vorkommt!

Empirische und historische Wissenschaften

In der Wissenschaftstheorie wird zwischen empirischen (experimentellen) und historischen Wissenschaften unterschieden. In beiden Bereichen versucht man, zuerst allgemeine Erklärungen (Hypothesen) aufzustellen. Daraufhin wird überprüft, ob die Vorhersagen (Prognosen), die sich daraus ableiten lassen, tatsächlich zutreffen.

Bei den **empirischen Wissenschaften** kann diese Überprüfung (Verifikation) durch Experimente und Beobachtungen gemacht werden. Der Erkenntnis- und Wissenschaftstheoretiker Karl R. Popper drückt das so aus: »Die Tätigkeit des wissenschaftlichen Forschers besteht darin, Sätze oder Systeme von Sätzen aufzustellen und systematisch zu überprüfen; in den empirischen Wissenschaften sind es insbesondere Hypothesen und Theoriensysteme, die aufgestellt und an der Erfahrung durch Beobachtung und Experiment überprüft werden« (1).

Bei den **historischen Wissenschaften** (zu denen auch die Erforschung der Evolutions-, Ursuppen- und Urknalltheorie gehört) ist das nicht möglich. Die verschiedenen Interpretationen müssen vorwiegend nach den Kriterien der Plausibilität vertreten werden.

Fazit

Das Modell von Evolution, Ursuppe und Urknall kommt nicht über den Status einer Hypothese hinaus. Selbst wenn es uns gelingen sollte, Leben im Labor zu erzeugen (was früher oder später möglich sein könnte), so bedeutet das nicht, dass dasselbe in der Vergangenheit auch ohne Intelligenz und modernste menschliche Technologie möglich war.

Referenz

(1) Karl R. Popper, *Logik der Forschung*, Wien, 1934, 1. Kapitel, http://www.ploecher.de/2006/11-PA-G1-06/Popper-Logik-der-Forschung-kurz.pdf.

66 Naturalistisches Weltbild

Mithilfe der Evolutions-, Ursuppen- und Urknalltheorie versucht man, die Welt auf rein natürliche Weise zu erklären. Allerdings sind *Natur* und *natürlich* sehr flexible Wörter. Bei einer genaueren Untersuchung versagt die Unterscheidung zwischen dem »Natürlichen« und dem »Übernatürlichen«.

Viele Wissenschaftler meinen mit dem Begriff »natürlich« zunächst nur eine einzige Bedeutung, die jedoch in der Praxis unterschiedlich angewendet wird. Die Natur wird zunächst auf ein Universum der Partikel und Kräfte begrenzt. Davon ausgeschlossen sind Götter, Engel und alle anderen »abergläubischen« Objekte. Dann macht man aber eine Kehrtwendung und gebraucht Begriffe für Rationalität und Moral, die nicht auf Partikel und Kräfte reduziert werden können.

Betrachten wir die folgenden nicht-physischen Größen, die in der wissenschaftlichen Literatur angewendet werden: Kräfte, die auf Distanz wirken, Singularität, Unendlichkeit, Bewusstsein, Verstand, außerirdische Intelligenz, Placebo-Effekt, unbeobachtbare Phänomene wie das Innere der Sterne, Dunkle Materie, Dunkle Energie, Quarks, Superstrings, der Urknall und die Entstehung des Lebens. Einige Wissenschaftler postulieren sogar parallele Universen oder ein unendliches Multiversum. Wie natürlich ist das alles (1)?

Und dann arbeiten wir mit zahlreichen Konzepten wie den folgenden: Information, Mathematik, die Gesetze der Logik, Philosophie, Geschichte, Vernunft, die wissenschaftliche Methode, Rationalität, Klassifikation, Kausalität, Induktion, Objektivität. Die Wissenschaft selbst ist ein Konzept.

Weitere nicht-physische Konzepte sind: Die moralischen Kategorien der Wahrheit, Ehrlichkeit, Ethik, Integrität und Gerechtigkeit, die zeitlos und universal sind und sich auf absolute Werte beziehen. Die Wissenschaft ist von einer Menge von Dingen abhängig, die sich nicht mit Partikeln und Kräften erklären lassen.

Das Wissenschaftsjournal *Nature* schreibt, dass die Wissenschaft an der Wahrheit festhalte, auch dann, wenn sie unbequem oder schmerzhaft ist. »Der Glaube der meisten Leute tendiert dazu, die Eigeninteressen zu verstärken. In dieser Unnatürlichkeit liegt die große Stärke der Wissenschaft« (2).

Der Mathematiker und Logiker Kurt Gödel konnte nachweisen, dass sich die Mathematik nicht selbst bestätigen kann. Der Physiker David Wolpert hat dies kürzlich für jede wissenschaftliche Argumentation erweitert. Nach den Worten des Physikers Philippe M. Binder konnte Wolpert beweisen, dass »das ganze physische Universum nicht vollständig durch ein einziges Folgerungssystem, das innerhalb von diesem existiert, verstanden werden kann« (3). Somit kann sich auch das naturalistische Weltbild, entgegen dem Wunsch vieler seiner Vertreter, nicht aus sich selbst und in sich selbst begründen.

Referenzen

(1) David F. Coppedge, *Acts and Facts* 38/4, April 2009, S. 19.
(2) *Nature*, Editorial, *Humanity and Evolution: Charles Darwin's thinking about the natural world was profoundly influenced by his revulsion for slavery*, Nature 457, 12. Februar 2009, S. 763-764.
(3) Philippe M. Binder, *Philosophy of science: Theories of almost everything*, Nature 455, 16. Oktober 2008, S. 884-885.

67 *Dogma der Evolutionstheorie*

Im Denken vieler Wissenschaftler ist Wissenschaft nichts anderes als angewandter Naturalismus, oder mit den Worten Steven Weinbergs: »Die Wissenschaft – ganz gleich welcher Art – kann nur dann vorankommen, wenn sie annimmt, dass es keinen göttlichen Eingriff gibt, und erkennt, wie weit man mit dieser Annahme kommen kann.« Aber: Die Existenz Gottes kann naturwissenschaftlich nicht ausgeschlossen werden. Und: Wenn Gott dennoch existiert, so wird die Wissenschaft – ganz gleich welcher Art – nur dann vorankommen, wenn sie ihn in ihre Überlegungen mit einbezieht.

Wie wir aus dem einleitenden Zitat von Steven Weinberg (1) ersehen, arbeiten viele Wissenschaftler unter der nicht beweisbaren Grundannahme, dass es in der Natur keinen göttlichen Eingriff gibt. Jedoch dürften in der Wissenschaft prinzipiell keine dogmatischen Voraussetzungen gemacht werden. Wissenschaft muss bedeuten, die Wahrheit zu finden, egal, mit welchen Mitteln, und unabhängig davon, was sie beinhaltet.

Trotz vieler entsprechender Versuche muss klar festgestellt werden, dass die Existenz Gottes nicht widerlegt werden kann. Im Weiteren gilt der Grundsatz, dass es kein voraussetzungsloses Wissen gibt und unserer Erkenntnismöglichkeit Grenzen gesetzt sind (siehe z. B. Gödelsche Unvollständigkeitssätze, Heisenbergsche Unschärferelation).

Karl Popper beschreibt diesen Umstand folgendermaßen: »Sicheres Wissen ist uns versagt. Unser Wissen ist ein kritisches Raten, ein Netz von Hypothesen, ein Gewebe von Vermutungen ... Und unser Raten ist geleitet von dem unwissenschaftlichen, metaphysischen (!) Glauben, dass es Gesetzmäßigkeiten gibt, die wir entschleiern und entdecken können« (2).

Zur Geschichte der Evolutionstheorie

Der Evolutionsgedanke ist nichts Neues. Bereits Jahrhunderte vor Christus gab es Vorstellungen, dass sich das Leben entwickelt hätte und die Lebewesen voneinander abstammen würden. So vertrat z. B. Anaximander von Milet (610–547 v. Chr.) die Vorstellung, dass fischähnliche Wesen aus den Gewässern sich in Tiere und Menschen verwandelt hätten. Den Durchbruch des Evolutionsgedankens und seine Akzeptanz sowie gesellschaftliche Etablierung haben philosophische Strömungen im 18. Jahrhundert ermöglicht.

Als der Rationalismus am Ende des 17. Jahrhunderts die menschliche Vernunft zur letzten Instanz erhob und der Materialismus die Materie als das einzig Reale verabsolutierte, konnte sich die philosophische Denkrichtung des Naturalismus bestens entfalten. Der Naturalismus anerkennt keine Existenz außerhalb der sichtbaren Welt. Der DUDEN beschreibt den Naturalismus als »eine philosophische, religiöse Weltanschauung, nach der alles aus der Natur und diese allein aus sich selbst erklärbar ist« (3).

Der Philosoph Wilfrid Sellars schreibt: »Wenn es um die Beschreibung und Erklärung der Welt geht, sind die Naturwissenschaften das Maß aller Dinge« (4). Die logische Folgerung dieser Weltanschauung ist unweigerlich eine Art Entwicklungslehre, denn alle übernatürlichen Begebenheiten werden geleugnet. **Doch:**

Letztlich haben nicht die Erkenntnisse der Naturwissenschaft dazu geführt, eine übernatürliche Instanz auszuschließen. Vielmehr wurden sie durch die Philosophie des Naturalismus von vornherein ausgeklammert.

Der Jesuit und Paläontologe Pierre Teilhard de Chardin schreibt, dass die Evolution ein »allgemeingültiges Postulat ist, vor dem sich alle Theorien, alle Hypothesen und alle Systeme künftig beugen und dem sie genügen müssen, um als vorstellbar und wahr gelten zu können. Die Evolution ist ein Licht, das alle Tatsachen erhellt, eine Bahn, der alle Gedankengänge folgen müssen ...« (5).

Der Evolutionist und Nobelpreisträger Konrad Lorenz glaubt, dass es »ausschließlich an nichtrationalen, affektbesetzten Widerständen liegt, wenn es heute noch gebildete Leute gibt, die nicht an die Abstammungslehre glauben« (6).

Der Zoologe D.M.S. Watson bringt es auf den Punkt, wenn er sagt, dass die Evolution akzeptiert würde, »nicht weil man etwas Derartiges beobachtet hätte, oder weil man sie durch eine logisch zusammenhängende Beweiskette als richtig beweisen konnte, sondern weil die einzige Alternative dazu, der Schöpfungsakt Gottes, einfach undenkbar ist« (7).

Referenzen

(1) Steven Weinberg, *Dreams of a final Theory*, Vintage, 1994.

(2) Karl R. Popper, *Logik der Forschung*, zitiert in Volker Kessler, »Ist die Existenz Gottes beweisbar?«, S. 84.

(3) *Das Fremdwörterbuch*, DUDEN, 2005.

(4) Wilfrid Sellars, *Science, Perception and Reality*, Routledge and Kegan Paul, London, 1963, S. 173.

(5) Marie-Joseph Pierre Teilhard de Chardin, *The Phenomenon of Man*, 1959, deutsche Ausgabe: *Der Mensch im Kosmos*, C.H. Beck, München, 1959.

(6) Konrad Lorenz, zitiert aus Hoimar v. Ditfurth, *Evolution*, Hoffmann und Campe, 1975, S. 13.

(7) D.M.S. Watson, *Nature* 123, 29. Juni 1929, S. 233.

68 Evolutionäre Psychologie

Seit einigen Jahren erscheinen in den öffentlichen Medien viele populärwissenschaftliche Beiträge, in denen menschliche und tierische Verhaltensweisen im Kontext der Evolutionstheorie erklärt werden. Sehr häufig handelt es sich dabei um Untersuchungen zum menschlichen Sexualverhalten. Allerdings erweisen sich viele Folgerungen über die evolutionäre Bildung kognitiver Mechanismen als Zirkelschlüsse. Andere sind so schwammig und undifferenziert formuliert, dass man sie lediglich als plausibel klingende Geschichten betrachten kann, die sich weder bestätigen noch widerlegen lassen.

Wozu ist der weibliche Orgasmus gut? Ist die Orgasmus-Häufigkeit bei Frauen, die einen einkommensstarken Partner haben, höher? Wie haben sich geistige Phänomene wie »Zuneigung« und »Sorge um die eigenen Kinder« entwickelt? Ist unser Gehirn das Produkt eines langen Adaptionsprozesses?

Fragen wie diese werden **im** Modell der Evolutionstheorie **anhand** der Evolutionstheorie abgehandelt und können verschiedentlich sehr plausibel beantwortet werden. Ähnlich gehen gottgläubige Philosophen und Theologen vor, wenn sie **im** Modell einer von Gott geschaffenen Welt **anhand** der Bibel oder anderer Schriften ihre glaubensmäßigen Ansichten vertreten. In beiden Fällen kann kaum von einer Beweisführung im eigentlichen Sinn gesprochen werden.

Definition und Geschichte der evolutionären Psychologie

Die evolutionäre Psychologie ist ein Forschungszweig, in dem die Herkunft des menschlichen Geistes anhand der Evolution erklärt werden soll. Die evolutionäre Psychologie ist inhaltlich nicht begrenzt. Vielmehr soll sie der gesamten Psychologie einen neuen methodischen Ansatz zur Verfügung stellen. Sie soll auf jedes Teilgebiet der Psychologie anwendbar sein (1).

In der evolutionären Psychologie spielen klassische psychologische Daten weiterhin eine große Rolle. Sie werden jedoch beispielsweise durch Annahmen über die menschliche Evolution, »Jäger-und-Sammler«-Studien oder ökonomische Modelle ergänzt. Einige Überlegungen gehen bis auf Charles Darwin zurück, aber erst durch die Zusammenarbeit der Psychologin Leda Cosmides mit dem Anthropologen John Tooby wurde die evolutionäre Psychologie in den frühen 1990er-Jahren zu einem eigenständigen und einflussreichen Ansatz (2).

Ein Beispiel für »Schöpfungspsychologie«

Wenn man einige Hundert Frauengesichter dreidimensional erfasst und anschließend ein typisches Durchschnittsgesicht errechnet, so sieht man eine Frau, die Man(n) im Allgemeinen als makellose Schönheit bezeichnet. Die Tendenz, einen »schönen« Lebenspartner zu wählen, könnte »schöpfungspsychologisch« so interpretiert werden, dass jedes Lebewesen nach seiner Art erschaffen wurde und die Individuen bestrebt sind, ihre Art im Durchschnitt zu erhalten.

Demgegenüber wäre von einer evolutionären Verhaltensweise zu erwarten, dass entweder gar keine Tendenz oder ein »experimentierfreudiger« Wunsch, sich in neue, »außergewöhnliche« Richtungen zu entwickeln, erkennbar ist.

Referenzen

(1) Aaron Sell, Edward H. Hagen, Leda Cosmides und John Tooby, *Evolutionary Psychology: Applications and Criticisms*, in *Lynn Nadel´s Encyclopedia of Cognitive Science*, John Wiley & Sons, Hoboken, 2006, S. 54.

(2) Jerome H. Barkow, John Tooby, Leda Cosmides, *The Adapted Mind: Evolutionary Psychology and The Generation of Culture*, Oxford University Press, Oxford, 1992.

69 Zufällige Prozesse

In der Evolutionstheorie ist der allgemein verwendete Begriff »Zufall« im Sinne von plan-, ziel- und sinnlos eine negative Behauptung, während die Verwendung des Ausdrucks »Zufall« im Sinne eines stochastischen (*Definition siehe weiter unten*) **Prozesses eine unpräzise Behauptung und ohne jede Substanz ist. Die theoretische Ablehnung einer lenkenden Kraft (bzw. eines Gottes) oder überhaupt einer Kausalität bzw. die pauschale Behauptung stochastischer Vorgänge haben keinen Aussagegehalt. Das bleibt auch so, wenn dem Zufall ein Faktor (angeblicher) Notwendigkeit beigefügt wird.**

Der Faktor Zufall durchzieht die Evolutionstheorie wie ein roter Faden. Zufall spielt sowohl bei der Mutation als auch bei der Selektion sowie bei den übrigen Evolutionsfaktoren (Rekombinationen, Genverluste, Genvervielfachungen, hüpfende Gene, horizontaler Gentransfer, Abtrennung einer Population etc.) eine entscheidende oder zumindest teilentscheidende Rolle (1). **Von Zufall spricht man,** wenn ein Ereignis nicht kausal notwendig auftritt. Umgangssprachlich wird der Begriff jedoch auch dann verwendet, wenn ein Ereignis in der Praxis nicht absehbar, vorhersagbar oder berechenbar ist. Zufälligkeit darf jedoch nicht mit Unberechenbarkeit oder Unvorhersehbarkeit verwechselt werden.

Definition von Zufall und Stochastik gemäß Brockhaus

Zufall: »Das, was ohne erkennbaren Grund und ohne Absicht geschieht, das Mögliche, das eintreten kann, aber nicht eintreten muss (Gegensatz: Notwendigkeit).«

Stochastik: »Zum Erraten gehörend(e Kunst) […] Oberbegriff für Wahrscheinlichkeitstheorie […] Die Stochastik umfasst […] alle quantifizierbaren Aspekte zufälliger Erscheinungen« (2).

Ernst Mayr zu Zufall und Notwendigkeit:

»Leider übersehen […] manche […], dass die natürliche Selektion ein Zweistufenprozess ist. Im zweiten Schritt ist die Selektion für Anpassung tatsächlich entscheidend. Davor liegt aber der erste Schritt, die Entstehung der Variation, die der natürlichen Selektion das Material liefert, und hier herrschen stochastische Prozesse (das heißt Zufälle) vor. […] Außerdem darf man nicht vergessen, dass der Zufall sogar im zweiten Schritt der Evolution, dem des Überlebens und der Fortpflanzung, eine beträchtliche Rolle spielt« (3). Nach Ernst Mayr ist »Zufälligkeit« ein »nicht vorhersehbares Ereignis« (4).

Der Begriff Zufall wird von den Evolutionisten zum einen im Sinne des stochastischen Prozesses, zum anderen (zumindest implizit) mehr umgangssprachlich im Sinne von (so Mayr explizit) plan- und ziellos verwendet (5).

Charles Darwin schrieb dazu:

»Ich habe bis jetzt das Wort ›Zufall‹ gebraucht, wenn von Veränderungen die Rede war, die bei organischen Wesen im Zustand der Domestikation häufiger und bei solchen im Naturzustand seltener auftreten. Das Wort Zufall ist natürlich keine richtige Bezeichnung, aber sie lässt wenigstens unsere Unkenntnis der Ursachen besonderer Veränderungen durchblicken« (6).

Zufall als negativer Begriff

Die Verwendung des Begriffs Zufall in der Evolutionstheorie im Sinne von plan-, ziel- und sinn**los** ist eine **negative** Behauptung ohne jede Substanz. Die theoretische Ablehnung einer lenkenden Kraft bzw. eines Gottes oder überhaupt einer Kausalität hat wie jede negative Behauptung keinen eigenen Aussagegehalt. Der in der Evolutionslehre so verwendete Begriff bleibt auch dann **gehaltlos**, wenn er mit dem Faktor (angeblicher) Notwendigkeit kombiniert wird, denn Gehaltloses mal Gehaltvolles ergibt stets Gehaltloses.

Zufall im Sinne des stochastischen Prozesses

Die Verwendung des Begriffs Zufall als Evolutionsfaktor im Sinne stochastischer Prozesse ist nichts weiter als das Bekenntnis, dass man **keine oder keine genaue Kenntnis** davon hat, wie Evolution ablaufen soll. Würde man Kausalitäten vermuten und hätte man sie theoretisch bereits erklärt oder gar empirisch erforscht, müsste man den Begriff Zufall oder stochastische Prozesse als Ausdruck der Unkenntnis nicht mehr bemühen.

Tatsächlich kann weder die Ausgangslage vor den unzähligen Mutationen zur angeblichen Höherentwicklung von Organismen konkret umgrenzt werden, noch können auf genetischer Ebene irgendwelche statistischen Aussagen über einzelne, geschweige denn über mehrere zusammenhängende, angeblich makroevolutive Prozesse gemacht werden. Pauschal behauptete stochastische Prozesse sind und bleiben ohne Ausgangslage und Wahrscheinlichkeitsberechnungen absolut gehaltlos. Hinzu kommt, dass vor dem Ablauf eines stochastischen Prozesses erst das entstehen muss, woraus ausgewählt wird. Der Würfel mit sechs Augen muss zuerst erdacht und erschaffen sein, bevor er geworfen werden kann. Die zufällige Entstehung von etwas kann solange nicht als stochastischer Prozess bezeichnet werden, wie noch keine Auswahlmöglichkeiten bestehen. Hier ist genau zu unterscheiden zwischen der Entstehung von Neuem und der Entwicklung von Bestehendem. Für die Entstehung des Neuen hat die Evolutionstheorie keine Erklärung. Für die Entwicklung aus dem Bestehenden hat sie mit der pauschalen Aussage des stochastischen Prozesses keine substanziierte (= gehaltvoll begründete) Erklärung.

Fazit (7)

Die Aussage Zufall und jede mit dem Faktor Zufall verbundene Aussage ist gehaltlos. Die Faktoren Zufall x Gesetz ergeben stets Zufall: 0 x 1 = 0. Sobald eine Behauptung den Teil-Faktor Zufall enthält, wird die ganze Behauptung substanzlos, nicht nachvollziehbar, nicht beweisbar.

Wer eine Theorie aufstellt, deren zentrale Erklärung es ist, eine außernatürliche Kraft oder jede andere Kausalität abzulehnen und ansonsten nicht zu wissen, was abläuft, stellt im Grunde gar keine Theorie auf.

Referenzen

(1) Ernst Mayr, *Das ist Evolution*, 3. A., München 2003, S. 177.
(2) Der Brockhaus, *Naturwissenschaft und Technik*, Heidelberg, 2003.
(3) Ernst Mayr, *Das ist Evolution*, S. 279f., vgl. auch S. 281, 338, 343.
(4) Ref. (3), S. 354.

(5) Ref. (3), S. 154 & 263.

(6) Charles Darwin, *Die Entstehung der Arten*, übersetzt von Carl W. Neumann, Nikol Verlag Hamburg, 2004, S. 188.

(7) Dieter Aebi, *Prozessakte Evolution, Evolution contra Kreation aus juristischer Sicht*, Dillenburg 2006.

70 Kausale Evolutionsforschung

Die kausale Evolutionsforschung hat ein unüberbrückbares Beweisproblem: Sie muss mit Erfahrungssätzen (Beschreibung berechenbarer und vorhersehbarer Abläufe) eine nach eigener Theorie zufällige Entwicklung beweisen. Die behaupteten langen Zeiträume (in denen makroevolutionäre Entwicklungen stattgefunden haben sollen) und unsubstanziierte Aussagen (wie etwa, dass die Evolution »gerichtet«, aber nicht »zielgerichtet« erfolge), schützen die Theorie vor einer Falsifizierung.

Befürwortern und Gegnern der Evolutionstheorie stehen genau dieselben Daten zur Verfügung. Die Grundlagen für die jeweilige Interpretation der verfügbaren Daten reichen bei beiden genau gleich weit – nämlich nicht über die aktuelle Beobachtung oder das aktuelle Experiment sowie den aktuellen Nachweis von Erfahrungssätzen (Kausalitäten, Gesetzmäßigkeiten) hinaus. Die Vergangenheit lässt sich dagegen nur sehr eingeschränkt beobachten oder experimentell nachvollziehen.

Historische und kausale Evolutionsforschung

Der sogenannten **historischen Evolutionsforschung** mit den Fächern vergleichende Biologie und Fossilforschung stehen als Daten nur die heute existierenden und die heute vorhandenen Überreste toter Lebewesen inklusive Fossilien zur Verfügung.

Die **kausale Evolutionsforschung** mit den Gebieten der Artenbildung durch sogenannte Evolutionsfaktoren (Mutation und Selektion) sowie der molekularen Evolutionsforschung versucht aufgrund aktueller Daten aktuelle Erfahrungssätze oder Gesetzmäßigkeiten der Entwicklung nachzuweisen.

So sind bei der historischen Evolutionsforschung Fakten der Gegenwart in die Vergangenheit hineinzuinterpretieren, während bei der kausalen Evolutionsforschung heute gewonnene Erfahrungssätze in die Vergangenheit extrapoliert werden!

Bei der Umlegung der Erfahrungssätze auf die Vergangenheit wie auch bei der rückwärts gerichteten Interpretation von Fossilien spielt das Weltbild die entscheidende Rolle! Beobachtung und Glaube vermischen sich unweigerlich. Da einzelne Daten (z. B. das Aussehen eines einzelnen Fossils) und einzelne Erfahrungssätze noch kein Bild der Vergangenheit ergeben, müssen viele Daten und mehrere Erfahrungssätze zu einem Ganzen (zu einer Theorie über die Vergangenheit) kombiniert werden.

Weil die Daten aktuell sowie zahllos und die Erfahrungssätze aktuell sowie sehr komplex sind, ist deren Vereinigung zu einer auch nur annähernd konsistenten (in sich widerspruchsfreien und schlüssigen) Theorie ohne die Leitlinien eines vorgegebenen Weltbildes gar nicht möglich. Das Bild der Vergangenheit entsteht somit zwangsläufig aus der Kombination von Beobachtung und Glaube bzw. aus der Kombination der Methoden der Induktion und Deduktion (Ableitung des Allgemeinen vom Einzelnen und umgekehrt).

Das Beweisproblem

Mittels Empirie können nur aktuelle bzw. nicht veränderte Tatsachen und Erfahrungssätze bewiesen werden. Da der aktuelle Tatsachenbeweis für den Ursprung und eine in der Vergangenheit liegende Entwicklung von Materie und Leben jedoch total wegfallen, bleibt dafür nur der indirekte Beweis durch einen aktuellen Erfahrungssatz mit der Annahme gleicher Bedingungen in der Vergangenheit. **Erfahrungssätze** zeichnen sich – wie alle **Gesetzmäßigkeiten** – als **berechenbare, vorhersehbare, genau definierte tatsächliche Abläufe** aus.

Die kausalen Evolutionsforscher haben deshalb ein unüberbrückbares Beweisproblem: Sie müssen mit berechenbaren und vorhersehbaren Abläufen eine nach eigener Theorie zufällige, d. h. nicht berechenbare und vorhersehbare Entwicklung beweisen. Das ist unmöglich!

Der Faktor Zufall macht die empirische Erforschung der Makroevolution, d. h. der gemeinsamen Abstammung und Höherentwicklung der Lebewesen, von vornherein unmöglich!

Fazit (1)

Da mit den von der kausalen Evolutionsforschung gesuchten Erfahrungssätzen zufällige Entwicklungen nicht nachgewiesen werden können, taugt zur Beweisführung für die behauptete Makroevolution an sich nur die historische Evolutionsforschung der Paläontologie, wobei ihr die Geologie und in beschränktem Maße die Archäologie für die zeitliche In-Bezug-Setzung mit der Datierung der Gesteine, worin die Fossilien gefunden werden, zu Hilfe kommt. Dabei besteht die Gefahr der gegenseitigen Beeinflussung bei der Fakteninterpretation. Historische Evolutionsforschung ist keine empirische Wissenschaft.

Referenz

(1) Dieter Aebi, *Prozessakte Evolution, Evolution contra Kreation aus juristischer Sicht*, Dillenburg 2006, S. 9.

71 Homologe Organe

Die ähnlich konstruierten Körperteile vieler Lebewesen werden homologe (ähnliche) Organe genannt. Beispiele: die Brustflossen der Fische, die Vorderextremitäten der Landwirbeltiere sowie die Flügel der Vögel und Fledermäuse. Zudem sind alle uns bekannten Lebewesen aus denselben Grundbausteinen (Proteinen) gebaut. Auch der Informationsspeicher (DNA) ist bei allen Lebewesen derselbe. Diese Ähnlichkeiten können auf eine gemeinsame Abstammung oder aber auf einen gemeinsamen Schöpfer hinweisen.

Jede kreative Intelligenz hat ihre individuelle Handschrift. Wenn wir zum Beispiel die Bilder und Skulpturen von Pablo Picasso betrachten, so stellen wir ebenfalls Ähnlichkeiten und eine Entwicklung fest. Allerdings käme niemand auf den Gedanken, dass seine Werke voneinander abstammen. Ähnlichkeiten an sich sind kein Beweis für Abstammung. Sie zeigen lediglich, dass bei unterschiedlichen Lebewesen dieselben Grundprinzipien zur Anwendung kommen.

Dasselbe gilt auch für den DNA-Strang: Dass die Baupläne sämtlicher Lebewesen mit demselben genetischen Code geschrieben sind, ist naheliegend, da dieser Code für jede Form von Leben optimal angewendet wird.

Probleme bei der Deutung von Ähnlichkeiten

Die Deutung von Homologien (Ähnlichkeiten) als Indizien für gemeinsame Abstammung ist nur durch einen Analogieschluss möglich, der jedoch nicht zwingend ist. Viele Ähnlichkeiten sind durch die Funktion erklärbar, sodass ein Bezug auf Evolution keine zusätzliche Erklärung bringt, sondern einen Zirkelschluss darstellt (1).

Ähnlichkeiten als Hinweise für gemeinsame Abstammung können anhand der empirischen Daten nicht eindeutig bestimmt werden. In der Regel werden sie erst unter Vorgabe evolutionärer Hypothesen bei der Anwendung des Sparsamkeitsprinzips als solche erkannt. Evolution kann nicht durch Ähnlichkeiten bewiesen werden.

Widersprüchliche Stammbäume

Viele homologe Organe trifft man bei Lebewesen an, die gemäß ihrer (angeblichen) Abstammungsverhältnisse nur sehr entfernt miteinander verwandt sein könnten. Daher müsste ein Großteil von Merkmalsübereinstimmungen evolutionstheoretisch als Parallelentwicklungen eingestuft werden, was erhebliche Erklärungsprobleme bereitet. Eine generelle objektive Unterscheidungsmöglichkeit zwischen Ähnlichkeit und Parallelentwicklung gibt es nicht. Häufig erscheinen die Merkmale bei verschiedenen Arten und höheren Gruppen (Taxa) baukastenartig verteilt.

Ausgewachsene Organe, Organanlagen, individuelle Entwicklungswege von der Eizelle bis zum geschlechtsreifen Zustand und Gene unterstützen häufig widersprechende Ähnlichkeitsfeststellungen. Dies führte zu einer Krise des Ähnlichkeitskonzepts, da mehr und mehr unklar geworden ist, woran Ähnlichkeiten als Hinweise für stammesgeschichtliche Verwandtschaften überhaupt festgemacht werden können (2).

Referenzen

(1) Reinhard Junker, *Ähnlichkeiten – Rudimente – Atavismen*, Hänssler-Verlag, 2002, S. 18.
(2) Junker und Scherer, *Evolution, ein kritisches Lehrbuch*, Weyel, 2006, S. 167-190 und 301.

72 Natürliche Vollkommenheit

Wenn wir die Natur beobachten, sehen wir, dass alles nicht irgendwie halb im Aufbau befindlich, sondern perfekt abgestimmt ist. Jedes noch so kleine Tier erfüllt irgendeinen Zweck; jedes Kraut ist für irgendetwas gut; es gibt keine unfertigen Ökosysteme; die allermeisten Lebewesen erfüllen einen Beitrag zum Gemeinwohl des gesamten Ökosystems (ausgenommen der moderne Mensch). Das alles spricht dafür, dass das irdische Leben von einem intelligenten Schöpfer stammt.

Im Inneren empfinden viele Menschen, dass es keine Zufälle gibt. Irgendwie ahnen wir, dass über der sichtbaren Welt eine höhere Ordnung herrscht, die uns und alles Irdische durchdringt (1). Dass da ein Gott ist, der zwischen Gut und Böse, zwischen Recht und Unrecht unterscheidet (2).

Der amerikanische Physiker Arthur H. Compton (1892–1962) sagte: »Für mich beginnt der Glaube mit der Erkenntnis, dass eine höchste Intelligenz das Universum ins Dasein rief und den Menschen schuf. Es fällt mir nicht schwer, dies zu glauben, denn es ist unbestreitbar, dass, wo ein Plan ist, auch Intelligenz ist. Ein geordnetes, sich entfaltendes Universum legt Zeugnis ab für die Wahrheit der gewaltigsten Aussage, die je ausgesprochen wurde: Am Anfang schuf Gott« (3).

Leonardo da Vincis Proportionsstudie nach Vitruv

Leonardos weltbekannte Federzeichnung eines reifen Mannes als Doppelfigur mit ausgestreckten Gliedmaßen, die in ein Quadrat und einen Kreis einbeschrieben sind (siehe Titelbild), verdeutlicht die natürliche Vollkommenheit des menschlichen Körperbaus. Bereits die Tatsache, dass viele Menschen in ein Quadrat und einen Kreis eingemittet werden können, ist höchst erstaunlich. **Doch es steckt noch mehr in diesem Bild ...**

... Die Quadratur des Kreises

Erst ganz am Ende des 20. Jahrhunderts konnte der Mathematiker Klaus Schröer nachweisen, dass in diesem Bild die Quadratur des Kreises enthalten ist. Die Proportionsstudie nach Vitruv signalisiert durch zwei Punkte – die Mittelfinger auf den senkrechten Quadratseiten, durch die ein gedachter Kreisbogen führt – einen zum Quadrat flächengleichen Kreis. Die bisherige kunsthistorische und mathematische Forschung hat diesen nur angedeuteten Kreis schlicht übersehen.

Die Proportionsstudie nach Vitruv verbildlicht ein Regelwerk für eine effektive wie schöne Konstruktion zur annähernden Quadratur des Kreises mit Zirkel und Lineal. Dieses Regelwerk war Jahrhunderte lang unbekannt geblieben, also durch die Maschen der Mathematikgeschichte gefallen, was insbesondere deshalb geschehen konnte, weil Leonardo das Verfahren auf dem Blatt mit der Doppelfigur nicht offen erklärt, sondern stattdessen sinnbildlich angedeutet hat (4).

Die natürliche Vollkommenheit des menschlichen Organismus in Form und Funktionalität ist überwältigend. Sind wir womöglich im Ebenbild des ewigen, allmächtigen Gottes geschaffen worden, der selbst Anfang und Ursprung aller Dinge ist?

Referenzen

(1) Paulus von Tarsus, die Bibel, Römer 1,19-23.

(2) Die Bibel, 1. Mose 3,22.

(3) Arthur H. Compton, Rede vom 12. April 1936, *Chicago Daily News*.

(4) Klaus Schröer und Klaus Irle, *Ich aber quadriere den Kreis ...*, Waxmann, 1998, S. 105-111.

73 Teleologie und Planmäßigkeit

Die unzähligen kosmischen und biologischen Strukturen, die wir heute beobachten, sollen nach Auffassung vieler Wissenschaftler rein zufällig entstanden sein. Diesem Glaubenssatz widersprechen die Zielgerichtetheit (Teleologie) und Planmäßigkeit, die in der gesamten Natur erkennbar sind. Wenn die Natur tatsächlich durch rein zufällige Prozesse entstanden wäre, dürfte keine Teleologie erkennbar sein.

Die meisten Evolutionsbefürworter wollen die Entstehung des Lebens allein aus der Materie und den Naturgesetzen erklären. Nach dieser Auffassung dürfte es in der Natur keine Teleologie geben. In diesem Zusammenhang erkennt der Politologe und Biologe Robert Wesson: »Die einzige Frage, in der die modernen Autoren eine einhellige Meinung haben, ist die, dass Anpassung (durch Mutation/Selektion) nicht teleologisch ist« (1).

Diese Einhelligkeit kann aus dem gemeinsamen materialistischen Ansatz der Wissenschaftler erklärt werden. Doch wie kann der Evolutionist Aldous Huxley die Evolution als einen »zielstrebigen (!), zeitlich nicht umkehrbaren Vorgang« beschreiben (2), wenn gerade die Zielstrebigkeit verneint wird?

Der Nobelpreisträger Jacques Monod musste gestehen, dass »der Eckstein der wissenschaftlichen Methode das Postulat der Objektivität der Natur ist […] Das Postulat der Objektivität ist wesensnotwendig für die Wissenschaft […] Gerade die Objektivität verpflichtet uns zur Anerkennung des teleonomischen Charakters der Lebewesen, zum Eingeständnis, dass sie in ihren Strukturen und Leistungen einen Plan verfolgen. Das zentrale Problem der Biologie besteht in diesem Widerspruch selbst« (3).

In einer materialistischen Weltanschauung ist dieser Widerspruch nicht zu vermeiden. Das Postulat einer völligen Ziellosigkeit lässt sich bei konsequentem Denken in der konkreten Wirklichkeit der Natur kaum aufrechterhalten (4).

Spuren Gottes in der Schöpfung? *(5)*

Mit seinem Buch *Spuren Gottes in der Schöpfung?* liefert Reinhard Junker eine profunde Darstellung und eine detaillierte Analyse der Kritik der Grundideen der Intelligent-Design-Bewegung. Wissenschaftstheoretisch, wissenschaftlich und theologisch nähert er sich dem Thema der Teleologie in der Biologie, wobei er die Unfähigkeit bisheriger evolutionärer Modellierungen zur Erklärung dieses Phänomens prägnant herausarbeitet.

Referenzen

(1) Robert Wesson, *Beyond Natural Selection*, Cambrige/Mass. 1991, deutschsprachige Ausgabe: *Die unberechenbare Ordnung*, Artemis & Winkler, München, 1993, S. 31.

(2) Johannes Grün, *Die Schöpfung, ein göttlicher Plan*, S. 509.

(3) Jacques Monod, *Le Hasard et la Nécessité*, Paris, 1970, S. 37f. (deutsche Ausgabe: *Zufall und Notwendigkeit*, München, 1971).

(4) Phillip E. Johnson, *Darwin im Kreuzverhör*, Christliche Literatur-Verbreitung Bielefeld, 2003, S. 145.

(5) Reinhard Junker, *Spuren Gottes in der Schöpfung? Eine kritische Analyse von Design-Argumenten in der Biologie*, Holzgerlingen, 2009.

74 Sinn des Lebens

Die Frage nach dem Sinn des Lebens kann anhand der Evolutionstheorie nicht beantwortet werden. Im Gegenteil: Aus naturalistischen Überlegungen darf diese Frage gar nicht gestellt werden. Der Evolutionist Richard Dawkins schreibt, dass »das Universum, das wir sehen, [...] keine Ordnung, keinen Sinn, kein Gut und kein Böse besitzt, sondern nichts als nutzlose Gleichgültigkeit«.

Die Worte von Richard Dawkins, wonach das Universum nichts als nutzlose Gleichgültigkeit zeigt (1), sind keineswegs böswillig oder Ausdruck von Verbitterung, sondern die unausweichliche Schlussfolgerung, wenn man die Evolutionstheorie konsequent zu Ende denkt. Wenden wir uns jedoch vom Zufall ab und hin zu Plan und Sinn, so können wir uns als Teil eines großen kosmischen Vorhabens erkennen, in dem wir uns zu Recht fragen dürfen, was der Sinn unseres Lebens ist.

Die wissenschaftliche Forschungsmethode ist der Sinnfrage gegenüber neutral. Sie ermöglicht es, subjektive Meinungen und weltanschauliche Einflüsse weitmöglichst auszuklammern. Da viele Evolutionisten einen Sinn hinter der Entstehung des Lebens verneinen und gegen einen Wunder wirkenden Zufall austauschen, beziehen sie jedoch indirekt Stellung. Aus diesem Grund dürften sie – streng genommen – nicht von einer naturwissenschaftlichen Theorie sprechen.

Gemäß dem Evolutionsbiologen William B. Provine folgt aus dem modernen Verständnis der Evolution, dass es keinen letzten Sinn des Lebens gibt (2).

Auch der Nobelpreisträger Jacques Monod gebraucht deutliche Worte, indem er schreibt, dass der Mensch aus seinem Traum aufwachen und seine totale Verlassenheit und radikale Fremdheit erkennen soll, um zu wissen, dass er seinen Platz wie ein Zigeuner am Rande des Universums hat (3). Andererseits ist es ebenso gut möglich, dass Jacques Monod eines Tages aufwachen und erkennen wird, dass das Leben sehr wohl Sinn macht, weil es von einem Sinn gebenden Schöpfer stammt.

Referenzen

(1) Richard Dawkins, *A Scientist´s Case Against God*, *Science*, Aug. 1997, S. 892.
(2) *Spektrum der Wissenschaft*, Naturwissenschaftler und Religion in Amerika, Larson/Witham, November 1999, S. 74.
(3) J. Monod, *Zufall und Notwendigkeit*, 1977, S. 151.

75 Unzweckmäßige Schönheit

Die in der Natur vorkommende unzweckmäßige Schönheit ist ein wesentliches Merkmal von intelligenter Schöpfung. Der naturalistische Ansatz versagt, wenn es darum geht, die Entstehung von unzweckmäßiger Schönheit zu erklären. Die natürliche Selektion würde ausschließlich zweckmäßige Mutationen begünstigen, die in irgendeiner Weise einen Überlebensvorteil mit sich bringen. Unzweckmäßige Schönheit würde evolutionstheoretisch weder begünstigt noch selektiert werden.

Es gibt Tiere und Pflanzen, die (nach menschlichem Ermessen) unsagbar schön sind und die ihren unscheinbaren und schlicht gestalteten Artgenossen gegenüber keinen Vorteil zu haben scheinen. Charles Darwin schrieb in seinem Werk *Die Entstehung der Arten*, dass es für seine Theorie ein harter Schlag wäre, wenn viele organische Strukturen wirklich »nur der Schönheit wegen vorhanden wären, um den Betrachter zu erfreuen« (1). Einfach nur schön zu sein, brächte der Evolution keinen Vorteil. Dessen war sich Darwin bewusst.

Selbstverständlich kann ein großer Teil von Schönheit in der Natur mit dem Fortpflanzungsverhalten der Lebewesen in Verbindung gebracht werden. In vielen Fällen scheint sie jedoch in der Tat unzweckmäßig zu sein.

Strukturen, die scheinbar »nur der Schönheit wegen« vorhanden sind

Viele **Blumen** müssten bei Weitem nicht so schön ausgebildet sein, wie wir sie kennen. Um die richtigen Bienen und anderen Insekten anzuziehen, würde es in den allermeisten Fällen genügen, Blütenblätter mit den richtigen Farben zu produzieren. Schließlich haben Bienen keine Augen, wie wir Menschen sie haben. Die Schönheit der meisten Blumen (speziell der Orchideen) scheint in der Tat unzweckmäßig zu sein.

Das eindrucksvolle **Pfauenrad** in seiner unnötigen Pracht oder die wunderschönen Muster und Farben auf **Schmetterlingsflügeln** sind wahrscheinlich nicht zweckmäßig. Sie können sich sogar nachteilig auswirken. Die **Aeolidier** sind winzige Schnecken, die man nur mit einer starken Lupe beobachten kann. Diese Schnecken zeigen raffinierte Musterbildung in lebhaften Farben – obschon sie selbst ganz einfache Augen haben, mit denen sie keine Bilder wahrnehmen können. Der Biologe Adolf Portmann schreibt dazu: »Man sieht bei diesen farbigen Schnecken, wie in ungezählten anderen Fällen, komplizierte Aufbauprozesse für optische Bildungen, die überhaupt keinem anschauenden Organ zugeordnet werden können und trotzdem in Farbe und Form wie auf ›Sicht‹ hin gebildet erscheinen« (2).

Unzweckmässige Schönheit impliziert eine betrachtende, übergeordnete Intelligenz, die nicht nur auf Detailkonstruktionen und Zweckmässigkeit achtet, sondern auch einen Blick für **das Lebewesen als Ganzes** hat und dabei auf Harmonie und eben Schönheit bedacht ist. Dasselbe gilt im Übrigen auch für die Codierung der DNS. Auch hier muss eine betrachtende (codierende) Intelligenz vorausgesetzt werden, die das Wort, den Satz und den Zusammenhang, der geschrieben wird, als Ganzes erfasst.

Referenzen

(1) *Digitale Bibliothek*, Band 2: Philosophie. Charles Darwin, *Die Entstehung der Arten*, S. 423.
(2) Adolf Portmann, *Meerestiere und ihre Geheimnisse*, Reinhardt-Verlag, Basel, 1958, S. 73.

Informationstheorie

Die stärkste Argumentation in der Wissenschaft ist immer dann gegeben, wenn man Naturgesetze in dem Sinne anwenden kann, dass sie einen Prozess oder Vorgang ausschließen.

Naturgesetze über Information und ihre Schlussfolgerungen (1)

In allen Lebewesen finden wir eine geradezu unvorstellbare Menge an Information. Das Gedankensystem Evolution könnte überhaupt nur dann funktionieren, wenn es in der Materie eine Möglichkeit gäbe, dass durch Zufallsprozesse Information entstehen kann. Diese Information ist unbedingt erforderlich, weil alle Baupläne der Individuen und alle komplexen Vorgänge in den Zellen (z. B. Proteinsynthese) informationsgesteuert ablaufen.

In den folgenden acht Thesen wird mit den Naturgesetzen der Information argumentiert. Diese Naturgesetze wurden aus Beobachtungen gewonnen. Sie schließen aus, dass jegliche Information – und damit auch die biologische Information – aus Materie und Energie ohne einen Bezug zu einem intelligenten Urheber hervorgegangen sein kann. In Bezug auf die Herkunft der biologischen Information verlangen sie einen bewussten und mit Willen ausgestatteten Schöpfer.

Was ist ein Naturgesetz?

Von Naturgesetzen spricht man, wenn sich die allgemeine Gültigkeit von Sätzen, die unsere beobachtbare Welt betreffen, in reproduzierbarer Weise immer wieder bestätigen lässt. Hinsichtlich ihrer Aussagekraft genießen sie in der Wissenschaft den höchsten Vertrauensgrad.

Naturgesetze

- kennen keine Ausnahme.
- sind unveränderlich in der Zeit.
- existieren unabhängig von ihrer Entdeckung und Formulierung durch Menschen.
- können stets erfolgreich auf unbekannte Fälle angewendet werden.
- beantworten uns die Frage, ob ein gedachter Vorgang überhaupt möglich ist oder nicht. (Dies ist eine besonders wichtige Anwendung der Naturgesetze.)

Normalerweise verstehen wir unter Naturgesetzen die physikalischen und die chemischen Gesetze. Zu unserer Welt gehören aber auch nicht-materielle Größen, wie z. B. Information, Wille und Bewusstsein. Wer meint, unsere Welt sei allein mit materiellen Größen beschreibbar, schränkt seine Wahrnehmung ein.

Mithilfe des hier vorgetragenen Konzepts wird erstmalig der Versuch unternommen, Naturgesetze auch für nicht-materielle Größen zu formulieren. Da sie dieselben strengen Kriterien wie die Naturgesetze für materielle Größen erfüllen, sind sie in ihren Schlussfolgerungen ebenso aussagekräftig.

Was ist Information?

Von dem amerikanischen Mathematiker Norbert Wiener stammt der viel zitierte Satz: »Information ist Information, weder Materie noch Energie.« Damit hat er etwas sehr Wesentliches erkannt: Information ist keine materielle Größe.

Stellen wir uns eine Sandfläche am Strand vor. Mit dem Finger schreibe ich einige Sätze in den Sand. Der Inhalt der Information ist verständlich. Dann lösche ich die Information, indem ich den Sand glätte. Nun schreibe ich andere Sätze in den Sand. Ich benutze dabei dieselbe Materie zur Informationsdarstellung wie zuvor. Durch das Löschen und Wiederbeschreiben hat sich die Masse des Sandes zu keinem Zeitpunkt verändert, obwohl zwischenzeitlich unterschiedliche Information dargestellt wurde. Die Information selbst ist also masselos. Die gleiche Überlegung hätten wir auch mithilfe des Speichermediums eines Computers anstellen können.

Halten wir darum fest: **Information ist keine Eigenschaft der Materie.**

Norbert Wiener hat uns gesagt, was Information nicht ist. Nun aber wollen wir wissen, was Information wirklich ist. Weil Information eine nicht-materielle Größe ist, kann ihr Entstehen aus materiellen Prozessen heraus nicht erklärt werden. Was ist der auslösende Faktor dafür, dass es überhaupt Information gibt? Was veranlasst uns dazu, einen Brief, eine Postkarte, eine Gratulation, ein Tagebuch oder einen Aktenvermerk zu schreiben? Die wichtigste Voraussetzung dafür ist unser eigener **Wille** oder derjenige unseres Auftraggebers. Information beruht immer auf dem Willen eines Senders, der die Information abgibt. Sie ist keine Konstante; absichtsbedingt kann sie zunehmen, und durch Störeinflüsse kann sie deformiert oder zerstört werden.

Halten wir fest: **Information entsteht nur durch Wille (Absicht).**

Naturgesetzliche Definition von Information

Um die Naturgesetze der Information beschreiben zu können, braucht man eine geeignete und präzise Definition, um eindeutig entscheiden zu können, ob ein unbekanntes System zum Definitionsbereich gehört oder nicht. Die folgende Definition erlaubt eine sichere Zuordnung:

Information liegt immer dann vor, wenn in einem beobachtbaren System alle folgenden fünf hierarchischen Ebenen vorkommen: Statistik, Syntax, Semantik, Pragmatik, Apobetik.

Statistik (Zeichen): Es müssen Zeichen zur materiellen Repräsentation (z. B. Buchstaben, Magnetisierungen auf einer Festplatte, DNA-Basenpaare, Schallspektrum) vorhanden sein, die statistisch erfasst werden können. Mit welchen Einzelbuchstaben (z. B. a, b, c [...] z oder G, C, A und T) wird gearbeitet? Mit welcher Häufigkeit treten bestimmte Buchstaben und Wörter auf? Claude Elwood Shannon hat als Mathematiker und Begründer der Informationstheorie ein Konzept entwickelt, das nur diese unterste Ebene erfasst (2) (3).

Syntax (Code): Die Zeichen sind nach bestimmten syntaktischen Regeln einer Grammatik angeordnet. Auf dieser zweiten Ebene geht es nur um die Zeichensysteme selbst (Code) und um die Regeln der Verknüpfung von Zeichen und Zeichenketten (Grammatik, Wortschatz), wobei dies unabhängig von irgendeiner Interpretation geschieht.

Semantik (Bedeutung): Zeichenketten und syntaktische Regeln bilden die notwendige Voraussetzung zur Darstellung von Information. Das Entscheidende einer zu übertragenden Information aber ist die Semantik, die darin enthaltene Botschaft, die Aussage, der Sinn, die Bedeutung. Zum Beispiel steht »GGA« im Codesystem der lebenden Zellen stellvertretend für ein Glycin-Molekül.

Pragmatik (Wille): Information fordert zur Handlung auf. Dabei spielt es in unserer Betrachtung keine Rolle, ob der Informationsempfänger im Sinne des Informationssenders handelt, entgegengesetzt reagiert oder gar nicht darauf eingeht. Jede Informationsweitergabe geschieht mit der senderseitigen Absicht, beim Empfänger eine bestimmte Handlung auszulösen.

Apobetik (Ziel): Die letzte und höchste Ebene der Information ist die Apobetik (Zielaspekt, Ergebnisaspekt). Der Apobetikaspekt der Information ist der wichtigste, da er nach der Ziel-

197

vorgabe des Senders fragt. Es gilt für jede beliebige Information, dass der Sender ein Ziel damit verfolgt.

Referenzen

(1) Werner Gitt, *Am Anfang war die Information*, 3. überarbeitete und erweiterte Auflage 2002, Hänssler-Verlag, Holzgerlingen.

(2) Ref. (1), S. 294-311.

(3) Claude E. Shannon, *A mathematical theory of communication*, *Bell System Technical Journal* 27, Juli und Oktober 1948, S. 379-423 und 623-656.

Vier Naturgesetze über Information (NGI)

NGI-1: Eine materielle Größe kann keine nicht-materielle Größe hervorbringen.

Es ist unsere allgemeine Erfahrung, dass ein Apfelbaum Äpfel, ein Birnenbaum Birnen und eine Distel Distelsamen hervorbringt. Ebenso bringen Pferde Pferdefohlen, Kühe Kuhkälber und Frauen Menschenkinder zur Welt. In gleicher Weise entnehmen wir der Beobachtung, dass eine materielle Größe niemals etwas Nicht-Materielles hervorbringt. (Statt immateriell oder nichtmateriell verwenden wir durchgängig die Schreibweise »nicht-materiell«, um den Gegensatz zu materiell noch deutlicher herauszustellen.)

NGI-2: Information ist eine nicht-materielle fundamentale Größe.

Unsere Wirklichkeit, in der wir leben, lässt sich in zwei grundsätzlich zu unterscheidende Bereiche einteilen, nämlich in die materielle und nicht-materielle Welt. Die Materie verfügt über Masse, und diese ist im Gravitationsfeld wägbar. Im Unterschied dazu sind alle nicht-materiellen Größen (z. B. Information, Bewusstsein, Intelligenz, Wille) masselos. Dennoch gilt es festzuhalten, dass zur Speicherung und Übertragung von Information Materie und Energie erforderlich sind.

NGI-3: In statistischen Prozessen kann keine Information entstehen.
Statistische Prozesse sind rein physikalische oder chemische Prozesse, die ohne Zutun von steuernder Intelligenz ablaufen. In solchen Prozessen kann keine definitionsgemäße Information entstehen.

NGI-4: Information kann nur durch einen intelligenten Sender entstehen.
Im Gegensatz zu einem maschinellen Sender verfügt ein intelligenter Sender über Bewusstsein. Er ist mit einem eigenen Willen ausgestattet, ist kreativ, denkt selbstständig und wirkt zielorientiert.

Aus dem allgemeinen Naturgesetz **NGI-4** lassen sich mehrere speziellere Naturgesetze ableiten:

– **NGI-4a:** Jeder Code beruht auf einer gegenseitigen Vereinbarung von Sender und Empfänger.
– **NGI-4b:** Es gibt keine neue Information ohne einen intelligenten Sender.
– **NGI-4c:** Jede Informationsübertragungskette kann bis zu einem intelligenten Sender zurückverfolgt werden.
– **NGI-4d:** Die Zuordnung von Bedeutung zu einem Satz von Symbolen ist ein geistiger Prozess, der Intelligenz erfordert.

Drei Bemerkungen von grundlegender Bedeutung
– **B1:** Technische und biologische Maschinen können Information speichern, übertragen, decodieren und übersetzen, ohne die Zuordnung selbst zu verstehen. Diese sind dem Fall **NGI-4** zuzuordnen.
– **B2:** Information ist die nicht-materielle Basis für alle technologischen und für alle biologischen Systeme.
– **B3:** Zur Speicherung von Information bedarf es eines materiellen Trägers.

Im Folgenden werden mithilfe der Naturgesetze der Information (**NGI**) acht Schlussfolgerungen gezogen.

Acht weitreichende Schlussfolgerungen (Thesen 76-83)

Die Naturgesetze **NGI-1** bis **NGI-4** haben wir aus Erfahrung gewonnen. Nun können wir sie gezielt und effektiv anwenden. Dabei gelangen wir zu acht Schlussfolgerungen, die uns grundlegende Fragen beantworten.

Da diese Fragen über die Grenzen dessen, was wir wissenschaftlich tun und denken können, hinausgehen, brauchen wir eine höhere Informationsquelle, um die erforderliche Grenzüberschreitung vornehmen zu können. Diese höhere Informationsquelle ist die Bibel. Wir nennen die kurz formulierte Schlussfolgerung, dann begründen wir diese unter Verwendung der Naturgesetze über Information, und schließlich geben wir den biblischen Hinweis, der die Folgerung bestätigt oder darüber hinausgeht.

76 *Intelligente Information*

Weil wir in allen Formen des Lebens einen Code (DNA- bzw. RNA-Moleküle) und die anderen Ebenen der Information vorfinden, befinden wir uns eindeutig innerhalb des Definitionsbereiches von Information. Daraus können wir schließen, dass es einen intelligenten Urheber/Sender dieser Information geben muss. (Anwendung von **NGI-4**)

Begründung

Da es keinen nachweisbaren Prozess durch Beobachtung oder Experiment in der materiellen Welt gibt, bei dem von allein Information entstanden ist, gilt das auch für alle Information, die wir in den Lebewesen vorfinden. So verlangt **NGI-4** auch hier einen intelligenten Urheber, der die Programme ursprünglich geschrieben hat.

Biblischer Hinweis

»Am Anfang schuf Gott Himmel und Erde [...] Und Gott **sprach**: Es lasse die Erde aufgehen Gras und Kraut, das sich besame, und fruchtbare Bäume, ein jeglicher nach seiner Art [...] Und Gott **sprach**: Es rege sich das Wasser mit webenden und lebendigen Tieren, und Gevögel fliege auf Erden unter der Feste des Himmels. Und Gott schuf große Walfische und allerlei Getier, [...] ein jegliches nach seiner Art, und allerlei gefiedertes Gevögel, ein jegliches nach seiner Art [...] Und Gott **sprach**: Die Erde bringe hervor lebendige Tiere, ein jegliches nach seiner Art: Vieh, Gewürm und Tiere auf Erden, ein jegliches nach seiner Art« (1).

Das Wort »**sprach**« ist hervorgehoben, um zu verdeutlichen, wie Gott als Informationsgeber durch Sein Wort das irdische Leben erschaffen hat.

Referenz

(1) Die Bibel, 1.Mose 1,1-25.

77 Allwissender Sender

Das Konzept, mit dem die DNA-Moleküle codiert sind, übertrifft alle modernen menschlichen Informationstechnologien bei Weitem. Der Sender, der die uns bekannten ein- und mehrzelligen Lebewesen und ganze ökologische Systeme geschaffen hat, muss so intelligent gewesen sein und über so viel Information verfügt haben, dass wir ihn aus unserer Sicht als unendlich intelligent und allwissend bezeichnen können. (Anwendung von NGI-1, NGI-2 und NGI-4b)

Begründung

Nach **NGI-4** steht am Anfang einer jeden Informationsübertragungskette ein intelligenter Urheber. Wendet man diesen

Satz konsequent auf die biologische Information an, dann ist auch hierfür ein intelligenter Urheber erforderlich. In den DNA-Molekülen finden wir die allerhöchste, uns bekannte Informationsdichte vor (1).

Wegen **NGI-1** scheiden alle nur denkbaren, in der Materie ablaufenden Vorgänge als Informationsquelle prinzipiell aus. Der Mensch, der zwar Information erzeugen kann, scheidet ebenfalls als Quelle der biologischen Information aus. So bleibt nur ein Sender übrig, der außerhalb der uns bekannten Welt gehandelt hat.

Nach einem Vortrag an einer Universität fragte eine Studentin: »Wer hat Gott informiert, dass Er in der Lage war, die DNA-Moleküle zu programmieren?«

Zwei Erklärungen sind denkbar:

Erklärung a): Stellen wir uns vor, dieser Gott wäre zwar wesentlich intelligenter als wir, aber dennoch begrenzt. Nehmen wir weiterhin an, Er hätte so viel Intelligenz (bzw. Information) zur Verfügung, dass Er in der Lage wäre, alle biologischen Systeme zu programmieren. Die Frage liegt dann tatsächlich auf der Hand: Wer hat Ihm diese dazu erforderliche Information gegeben, und wer hat Ihn gelehrt? Nun, in diesem Fall brauchte Er einen höheren Informationsgeber IG1, also einen Übergott, der mehr wüsste als Er selbst. Wenn IG1 zwar mehr weiß als Gott, aber auch begrenzt wäre, dann brauchte auch Er wiederum einen Informationsgeber IG2, also einen Überübergott. So ließe sich bei dieser Denkweise die Kette beliebig fortsetzen über IG3, IG4, … bis IG-unendlich.

Erklärung b): Einfacher und befriedigender ist es, gleich nur einen einzigen Sender (einen Urheber, einen Schöpfer, einen Gott) anzunehmen. Dann aber müsste gefordert werden, dass dieser unendlich intelligent ist und unendlich viel Information zur Verfügung haben muss. Er muss also allwissend sein.

Welche Erklärung ist zu bevorzugen?

Beide Erklärungen sind logisch gleichwertig. Wir müssen eine Entscheidung treffen, die sich aber nicht aus den NGI ableiten lässt. Dies tun wir mit den folgenden Überlegungen: In der Realität gibt es immer nur abzählbar endliche Mengen. Die Anzahl der Atome im Universum ist zwar unvorstellbar hoch, aber im Prinzip dennoch abzählbar. Die Gesamtheit aller Menschen oder aller Ameisen oder aller Weizenkörner, die es je gegeben hat, ist ebenfalls immens hoch, aber dennoch endlich. Obwohl unendlich ein üblicher Begriff in der mathematischen Abstraktion ist, gibt es in der Realität dennoch nichts, das durch eine unendliche Zahl repräsentiert wird.

Die Erklärung a) besteht also nicht den Plausibilitätstest, womit b) wahrscheinlich ist. Das bedeutet: Es gibt nur einen einzigen Sender. Dieser muss unendlich intelligent und allwissend sein.

Biblischer Hinweis

Die Bibel lehrt, dass es nur einen Gott gibt: »Ich bin der Erste, und ich bin der Letzte, und außer mir ist kein Gott« (2). Was bedeutet es, wenn Gott (der Sender der biologischen Information, der Schöpfer) unendlich ist? Dann gibt es für Ihn keine Frage, die Er nicht beantworten könnte, dann gehören zu Seiner Kenntnis nicht nur alle Dinge der Gegenwart und der Vergangenheit – auch die Zukunft ist Ihm nicht verborgen.

Wenn Er aber alle Dinge (auch jenseits aller zeitlichen Grenzen) weiß, dann muss Er selbst ewig sein. Zum gleichen Schluss kommt der Apostel Paulus, wenn er schreibt, »dass wir aus den Werken der Schöpfung auf die ewige Kraft Gottes schließen können« (3). Dass Gott ewig ist, bezeugt die Bibel an vielen Stellen (4) (5) (6).

Referenzen

(1) Werner Gitt, *Am Anfang war die Information*, 3. überarbeitete und erweiterte Auflage 2002, Hänssler-Verlag, Holzgerlingen, S. 311-313.
(2) Die Bibel, Jesaja 44,6.
(3) Paulus von Tarsus, die Bibel, Römer 1,20.
(4) Mose, die Bibel, Psalm 90,2.
(5) Die Bibel, Jesaja 40,28.
(6) Die Bibel, Daniel 6,27.

78 *Mächtiger Sender*

Das Wissen darüber, wie z. B. DNA-Moleküle programmiert werden können, reicht nicht aus, um Leben entstehen zu lassen. Für den Schritt vom Wissen zur praktischen Ausführung ist zusätzlich die Fähigkeit erforderlich, alle benötigten Biomaschinen bauen zu können. Ohne eine kreative Macht konnte kein Leben entstehen.

Weil der Sender die Information, die wir in den DNA-Molekülen vorfinden, genial codiert hat, weil er die komplexen Biomaschinen, die die Information decodieren und sämtliche Prozesse zur Biosynthese ausführen, konstruiert und alle konstruktiven Details und Fähigkeiten der Lebewesen gestaltet haben muss, können wir schließen, dass der Sender mächtig sein muss.

Begründung

Auf der Grundlage von Naturgesetzen (**NGI-1**, **NGI-2** und **NGI-4b**) konnten wir feststellen, dass der Sender der Information in der DNA allwissend sein muss. Nun stellen wir die Frage nach der Größe seiner Macht. Unter »Macht« fassen wir alles zusammen, was wir mit den Begriffen Fähigkeit, Kraft,

Wirksamkeit und Kreativität beschreiben. Solche Macht ist unbedingt notwendig, um alles Lebendige herzustellen.

Biblischer Hinweis

Von der Größe dieser gewaltigen Macht haben wir keine quantitative Vorstellung, aber die Bibel zeigt uns das wahre Ausmaß, indem sie uns den dahinter stehenden Sender als allmächtig vorstellt:»Ich bin das A und das O, der Anfang und das Ende, […] der Allmächtige« (1).»Bei Gott ist kein Ding unmöglich« (2).

Referenzen

(1) Die Bibel, Offenbarung 1,8.
(2) Die Bibel, Lukas 1,37.

79 Nicht-materieller Sender

Weil Information wesensmäßig eine nicht-materielle Größe ist, kann sie nicht von einer materiellen Größe herstammen. Daraus können wir schließen, dass der Sender von seiner Natur her nicht-materiell (geistig) sein muss. (Anwendung von **NGI-1** und **NGI-2**)

Begründung

Information ist eine nicht-materielle Größe und benötigt darum hinsichtlich ihrer Herkunft eine nicht-materielle Quelle. Daraus können wir schließen, dass der Sender seinem Wesen nach nicht-materiell sein muss oder dass er zumindest eine nicht-materielle Komponente besitzen muss.

Biblischer Hinweis

Aus der Bibel erfahren wir, dass Gott Geist ist (1); dass Ihm die materielle Welt untergeordnet ist (2); dass Er selbst nicht-materiell ist (3); dass Er spricht und es dementsprechend geschieht (4).

Referenzen

(1) Die Bibel, Johannes 4,24.
(2) Die Bibel, Lukas 8,28.
(3) Die Bibel, 1. Könige 19,11-13.
(4) Die Bibel, Psalm 33,9.

80 Widerlegung des Materialismus

Der Mensch ist in der Lage, Informationen zu kreieren. Da diese Informationen nicht-materieller Natur sind, können sie nicht von unserem materiellen Teil (Körper) stammen. Daraus können wir folgern, dass der Mensch eine nicht-materielle Komponente (Seele, Geist) haben muss. (Anwendung von **NGI-1**, **NGI-2**)

Begründung

In der Evolutions- und Molekularbiologie wird ausnahmslos materialistisch gedacht. Dieser Reduktionismus (ausschließliche Erklärung im Rahmen der Materie) ist geradezu zum Arbeitsprinzip erhoben worden. Mithilfe der Informationssätze lässt sich der Materialismus wie folgt widerlegen:

Wir alle haben die Fähigkeit, neue Information zu erzeugen. Wir können Gedanken in Briefen, Aufsätzen und Büchern festhalten oder kreative Gespräche führen. Damit erzeugen wir eine nicht-materielle Größe, nämlich Information. Dass wir zur

Speicherung und Weitergabe der Information einen materiellen Träger benötigen, ändert nichts am Wesen der Information.

Daraus können wir eine sehr wichtige Schlussfolgerung ziehen, nämlich, dass wir neben unserem materiellen Körper noch eine nicht-materielle Komponente haben müssen. Die Philosophie des Materialismus, die ihre stärkste Ausprägung im Marxismus-Leninismus und im Kommunismus fand, ist mithilfe der Naturgesetze über Information wissenschaftlich widerlegt.

Biblischer Hinweis

Die Bibel bestätigt, dass der Mensch nicht rein materiell ist (1). Der Leib ist der materielle Anteil des Menschen, während Seele und Geist nicht-materiell sind (2).

Referenzen

(1) Die Bibel, 1. Mose 2,7.
(2) Paulus von Tarsus, die Bibel, 1. Thessalonicher 5,3.

81 Widerlegung der Urknalltheorie

Die Behauptung, dass das Universum allein aus einer Singularität hervorgegangen sei (wissenschaftlicher Materialismus), steht im Widerspruch zu der nicht-materiellen Größe der Information. Damit kann ein Urknall als alleinige Ursache für die Entstehung des Universums ausgeschlossen werden. (Anwendung von **NGI-2**)

Begründung

Alles, was wir heute in unserer Welt wahrnehmen, beobachten und messen, ist nach Auffassung der maßgeblichen Vertreter der Urknalltheorie ausschließlich und ohne irgendwelche sonstige Zutat aus Materie und Energie hervorgegangen. Diese Hypothese ist mithilfe der Naturgesetze über Information ebenso widerlegbar wie ein Perpetuum mobile.

In unserer Welt finden wir eine Fülle von Information in den Zellen aller Lebewesen. Gemäß Satz **NGI-1** ist Information eine nicht-materielle Größe und kann darum unmöglich aus Materie und Energie entstanden sein. Somit ist das »Gedankensystem Urknall« falsch.

Die Evolution wird von ihren Vertretern als ein universales Prinzip angesehen. Sie bildet eine Kette, bei der jedes Glied unverzichtbar ist: Urknall – kosmologische Evolution – geologische Evolution – biologische Evolution. Reißt ein Kettenglied, dann ist damit die Tragfähigkeit insgesamt verloren gegangen. Durch die Widerlegung der Urknalltheorie bricht bereits das erste Glied der Kette.

Wir können es auch so formulieren: Es ist kein Urknallsystem denkbar, woraus in der Folge Information und Leben entstehen kann.

Biblischer Hinweis

Die Bibel lehrt, dass diese Welt nicht aus einem Milliarden Jahre andauernden Prozess hervorgegangen ist, sondern durch Erschaffung durch den allmächtigen Gott. »Denn in sechs Tagen hat Gott Himmel und Erde gemacht und das Meer und alles, was darin ist« (1) (2).

Referenzen

(1) Die Bibel, 2. Mose 20,11.
(2) Die Bibel, Hiob 38.

82 *Abiogenese und Makroevolution*

Weil Information die grundlegende Komponente allen Lebens ist, die nicht von Materie und Energie stammen kann, ist ein intelligenter Sender für die Information in den DNA-Molekülen erforderlich. Da aber alle Theorien der chemischen und biologischen Evolution fordern, dass die Information allein von Materie und Energie (ohne intelligenten Sender) stammen muss, können wir schließen, dass all diese Theorien und Konzepte über Abiogenese (Urzeugung) und Makroevolution falsch sein müssen. (Anwendung von **NGI-1, NGI-2, NGI-4b, NGI-4d**)

Das Lebendige ist eine nicht-materielle Größe, die nicht durch die Materie hervorgebracht werden konnte. Rein materielle Vorgänge können weder auf der Erde noch anderswo im Universum zum Leben führen. Die Behauptung, dass Leben sich allein im Rahmen materieller Prozesse einstellt, wenn nur die entsprechenden Rahmenbedingungen erfüllt sind, widerspricht der empirischen Erfahrung. Eine ähnliche Aussage hat auch der Biologe William Dembski gemacht (1).

Unzulässiger Reduktionismus

Die Evolutionslehre versucht, das Leben allein auf physikalisch-chemischer Ebene zu erklären (Reduktionismus). Den Reduktionisten wäre es am liebsten, wenn es einen fließenden Übergang vom Unbelebten zum Belebten hin gäbe. Mithilfe der Informationssätze können wir eine grundsätzliche und weitreichende Schlussfolgerung ziehen:

Die Idee von Abiogenese und Makroevolution, also der Weg von der unbelebten Materie bis zum Menschen, ist falsch. Information ist ein grundlegender und absolut notwendiger Faktor für alle lebenden Systeme. Jede Information aber – und davon sind lebende Systeme nicht ausgenommen – braucht einen geistigen Urheber. Das Evolutionssystem erweist sich im Angesicht der Informationssätze als ein »Perpetuum mobile der Information«.

Wo finden wir den Sender der Information in den DNA-Molekülen?

Der Sender der Information in den Lebewesen kann nicht ausgemacht werden. Können wir daraus schließen, dass diese Information irgendwie molekularbiologisch entstanden sein muss?

– Wenn wir uns die Informationsfülle ansehen, die in Ägypten in Hieroglyphen festgehalten ist, dann ist dort auf keinem Stein etwas von dem Sender zu erkennen. Wir finden nur seine Spuren, die er in Stein gemeißelt hat. Niemand aber würde behaupten, diese Information sei ohne Sender und ohne geistiges Konzept entstanden.

– Sind zwei Computer miteinander verbunden, die Information austauschen und bestimmte Prozesse anstoßen, dann ist von dem Sender auch nichts zu erkennen. Alle Information aber ist irgendwann einmal von einem (oder mehreren) Programmierer(n) erdacht worden.

Genauso wie ein Computer Information an einen anderen transferiert, wird die Information in den DNA-Molekülen an RNA-Moleküle übertragen. In jeder lebenden Zelle befindet sich eine äußerst komplexe Biomaschinerie, worin die programmierten Befehle in genialer Weise umgesetzt werden. Auch wenn wir von dem Sender der Information nichts sehen, wäre es ein unerlaubter Reduktionismus, ihn zu ignorieren.

Parameteroptimierungen in der biologischen Information

Wir dürfen uns nicht wundern, wenn die Programme des Senders der biologischen Information viel genialer sind als alle menschlichen Programme. Schließlich haben wir es hier mit einem Sender unendlicher Intelligenz zu tun. Das Programm des Schöpfers ist so genial konzipiert, dass sogar weitreichende Anpassungen und Adaptionen an neue Bedingungen möglich sind. In der Biologie werden solche Vorgänge als Mikroevolution bezeichnet.

Die Informationssätze schließen eine Makroevolution, wie sie im Rahmen der Evolutionslehre vorausgesetzt wird, aus. Hingegen sind Variationen mit oft weitreichenden Adaptionen innerhalb einer Art mithilfe des vom Schöpfer erstellten genialen Programms erklärbar.

Biblischer Hinweis

Im Schöpfungsbericht der Bibel wird neunmal wiederholend betont, dass alle Pflanzen und Tiere »ein jedes nach seiner Art (= seinem Grundtyp)« geschaffen wurden (2).

Referenzen

(1) William A. Dembski, *The Design Revolution*, InterVarsity Press, 2004, S. 157.
(2) Die Bibel, 1. Mose 1,20-25.

83 Alte und neue Gottesbeweise

Der kausale Gottesbeweis von Aristoteles (384–322 v. Chr.) geht davon aus, dass man die Reihe der Ursachen nicht unendlich fortsetzen kann; darum muss es eine erste Ursache (prima causa) geben. Der ontologische Gottesbeweis des Anselm von Canterbury (1033–1109) zieht den Schluss von der logisch-begrifflichen Ebene zur Ebene des Seins. Der teleologische Gottesbeweis des Thomas von Aquin (1225–1274) besagt, dass die planvolle Einrichtung dieser Welt eine äußere Ursache haben muss. **Zum kosmologischen Gottesbeweis gibt es mehrere Varianten, wobei die älteste Formulierung damit argumentiert, dass das Universum einer Ursache bedarf, die außerhalb seiner selbst liegen muss. Neue Gottesbeweise lassen sich aus der naturgesetzlichen Information im Universum und der prophetischen Information der Bibel ableiten.**

Zu jeder Zeit hat es starke Befürworter und ebenso heftige Kritiker bezüglich der Gottesbeweise gegeben (1). Heute berufen sich die meisten Kritiker auf Immanuel Kant, der als der große Zerschmetterer aller Gottesbeweise angesehen wird. Neben dem Dichter Gotthold Ephraim Lessing ist Kant zum Inbegriff der Aufklärung geworden. Er definierte sie als den »Ausgang des Menschen aus seiner selbstverschuldeten Unmündigkeit«. Die beiden werden das »Zweigestirn der Aufklärung« genannt, jener Bewegung also, die die Bibel als unglaubwürdig hingestellt hat.

Kant meinte, unser Erkenntnisvermögen sei äußerst beschränkt; dennoch wirft unser Gehirn dauernd Fragen nach dem Sinn des Lebens, nach der Seele, nach Gott auf. Die Bibel sagt, dass wir Gott sehr wohl erkennen können (2). Außerdem gibt Sein Geist unserem Geist Zeugnis, dass wir Christen Seine Kinder sind (3). Doch am allerdeutlichsten offenbarte Er sich in Jesus Christus selbst: »Wer mich sieht, der sieht den Vater« (4).

In der Bibel führt uns Gott zur rechten Einschätzung. Er erklärt uns, dass wir aus den erschaffenen Werken mithilfe unseres Verstandes auf die Existenz Gottes schließen können: »Denn Gottes unsichtbares Wesen, das ist Seine ewige Kraft und Gottheit, wird seit der Schöpfung der Welt gesehen an Seinen Werken, wenn man sie wahrnimmt, sodass sie keine Entschuldigung haben. Denn obwohl sie von Gott wussten, haben sie Ihn nicht als Gott gepriesen noch Ihm gedankt« (5).

Die Formulierung »sie wussten von Gott« ist eine sehr starke Aussage. Damit ist gesagt, dass Gott sich auch außerhalb der Bibel offenbart hat. Wenn auch Gottesbeweise nicht direkt zum Glauben führen, so haben sie doch eine wichtige Funktion: Sie widerlegen den Atheismus und sind geeignet, manche Glaubenshindernisse abzubauen oder gar zu beseitigen.

Der Gottesbeweis aus der naturgesetzlichen Information *(6)*

Aufgrund der Naturgesetze über Information (**NGI**) wissen wir, dass die riesigen Informationsmengen in den Zellen aller Lebewesen einen intelligenten Urheber benötigen. Gegenüber den historischen Gottesbeweisen, die weitgehend philosophisch argumentieren, haben wir hier einen naturgesetzlichen Beweis für die Existenz eines intelligenten Senders und damit für die Existenz eines Gottes. Kant wusste noch nichts von der genetischen Information, darum dürfen wir uns heute, wenn es um moderne Gottesbeweise geht, nicht auf Kant berufen, der vor mehr als 200 Jahren lebte und nur von einem Bruchteil jener naturwissenschaftlichen Erkenntnisse wusste, die uns heute vorliegen.

Der prophetisch-mathematische Gottesbeweis *(7)*

Die Auffassung, die Bibel sei ein Buch wie jedes andere, ist heute weitverbreitet. Man meint, dass Menschen verschiedener Zeitepochen sich über Gott und die Welt Gedanken gemacht und dies aufgeschrieben hätten. Stimmt das?

Die Bibel enthält 3268 prophetische Aussagen, die sich bereits erfüllt haben (8). Diese Qualität weist kein anderes Buch der Weltgeschichte auf (9). Damit ist uns ein einzigartiges Kriterium zur Prüfung der Wahrheit an die Hand gegeben. Ist es möglich, dass Menschen, über einen Zeitraum von 1500 Jahren verteilt, so viele präzise Voraussagen treffen können? Haben sie sich zufällig erfüllt oder war das nur möglich, weil Gott der Autor der Bibel ist, der aufgrund Seiner Allwissenheit Prophetien geben kann, die dann auch am geschichtlichen Ablauf nachprüfbar sind?

Die Wahrscheinlichkeit, dass sich 3268 Prophetien zufällig erfüllen, ist praktisch null. Die Zahlenergebnisse der mathematischen Berechnungen wachsen derart ins Gigantische und Transastronomische, dass unser Denken und Vorstellungsvermögen weit überfordert sind, um diese Realität richtig einzuschätzen. Davon ausgehend, dass alle Prophetien mit 50 % gleich wahrscheinlich sind, kommt man auf die unvorstellbare Wahrscheinlichkeit von $1{,}7 \times 10^{-984}$.

Vier direkte Schlussfolgerungen

a) Es ist undenkbar, dass sich alle erfüllten prophetischen Aussagen der Bibel zufällig erfüllen konnten. Dieser kritische Einwand kann statistisch ausgeschlossen werden.

b) Da die prophetischen Aussagen in ihrer Gesamtheit sich nicht zufällig erfüllen konnten, bedarf es eines allmächtigen und allwissenden Gottes, der die Prophetien im Voraus nennen und aufgrund Seiner Allmacht in die Realität umsetzen konnte.

c) Da die Erfüllung der Prophetien nur durch einen allmächtigen und allwissenden Gott möglich ist, haben wir durch unsere Betrachtung einen prophetisch-mathematischen Gottesbeweis erbracht. Wir können es auch so sagen: Die Idee des Atheismus wurde widerlegt.

d) Da es bei dieser Betrachtung um die Prophetien in der Bibel ging, ist der unter b) genannte Gott kein anderer als der lebendige Gott der Bibel, der sich durch gewöhnliche Menschen offenbart hat und in Jesus Christus persönlich zu uns gekommen ist.

Zwei indirekte Schlussfolgerungen

e) Von den insgesamt über 6000 prophetischen Angaben in der Bibel haben sich 3268 bereits erfüllt. Viele prophetische Aussagen (insbesondere im Buch der Offenbarung) beziehen sich auf die Wiederkunft Jesu und das Ende der Weltgeschichte, die sich noch nicht erfüllt haben. Wir können aber den indirekten Schluss ziehen, dass auch diese sich planmäßig – genau wie beschrieben – erfüllen werden.

f) Wenn wir für große Teile der Bibel den Nachweis erbringen konnten, dass sie durch den unendlich intelligenten und allmächtigen Schöpfer des Universums inspiriert wurden, dann ist es geradezu zwingend, dass die ganze Bibel (inklusive ihrer Aussagen über die Schöpfung) wahr sein muss.

Zwei Gesamt-Schlussfolgerungen

g) Durch den prophetisch-mathematischen Beweis wurde die Existenz eines allwissenden und allmächtigen Gottes nachgewiesen, der mit dem Gott der Bibel identisch sein muss.

h) Die Bibel ist von Gott, und sie ist wahr.

Fazit

Keiner der in der Vergangenheit genannten Gottesbeweise verweist auf einen bestimmten Gott. Sie sind ausnahmslos so allgemein gehalten, dass sie von jeder Religion für sich nutzbar gemacht werden können. Demgegenüber verweist der prophetisch-mathematische Gottesbeweis klar auf den Gott der Bibel und auf seinen Sohn Jesus Christus.

Referenzen

(1) Alister McGrath, *Der Atheismus-Wahn*, Gerth Medien, 2007.
(2) Paulus von Tarsus, die Bibel, Römer 1,19.
(3) Paulus von Tarsus, die Bibel, Römer 8,16.
(4) Die Bibel, Johannes 14,9.
(5) Paulus von Tarsus, die Bibel, Römer 1,20-21.
(6) Werner Gitt, *Am Anfang war die Information*, Hänssler-Verlag, Holzgerlingen, 3. überarbeitete und erweiterte Auflage, 2002.

(7) Werner Gitt, *So steht's geschrieben*, 7. stark erweiterte und überarbeitete Auflage, Christliche Literatur-Verbreitung, Bielefeld, 2008.

(8) Finis Jennings Dake, *Dake's Annotated Reference Bible*, Lawrenceville, Georgia, USA, 1961.

(9) Werner Gitt, *Und die anderen Religionen?*, Christliche Literatur-Verbreitung, Bielefeld, 1991.

Mensch und Kultur

Ein eindrucksvolles Argument gegen die Evolutionstheorie ist der Mensch selbst. Sieht so (siehe Titelbild) das zufällige Produkt einer endlos langen Entwicklung aus?

Doch nicht nur die äußere Geometrie des Körperbaus, auch der menschliche Geist, die menschliche Sprache, das menschliche Auge, die menschlichen Hände etc. – alles ist so vollkommen und einzigartig ausgeprägt, dass von einer zufälligen und beliebigen Entstehung kaum die Rede sein kann. Dazu kommt die erstaunliche menschliche Begabung, Neues zu erschaffen und kreativ zu sein.

Eine weitere Frage, die sich stellt: Wenn der menschliche Geist tatsächlich ein Produkt materieller Vorgänge sein soll, wie kommt es, dass er über seine materielle Existenz hinaus nachdenken und sich seiner selbst bewusst werden kann? Der Philosoph René Descartes definierte sein eigentliches Ich über die Fähigkeit des Denkens. »Ich denke, also bin ich«, folgerte er. Kann die menschliche Psyche als ein Phänomen der Materie erklärt werden? Können übersinnliche und spirituelle Erfahrungen rein naturalistisch interpretiert werden?

In menschlichen Überlieferungen und archäologischen Funden findet man Indizien, die gegen das Konzept einer uralten Erde sprechen. Anhand des Szenarios einer weltweiten Flut lässt sich die Entstehung der geologischen Formationen sehr gut mit dem Modell einer jungen Erde und einer kurzen Menschheitsgeschichte erklären.

84 Flutberichte

In den meisten alten menschlichen Kulturen und auf allen fünf Kontinenten finden sich Überlieferungen, die von einem großen Flutereignis berichten. Dementsprechend weisen die geologischen Schichten rund um den Globus auf mehrere Flutkatastrophen von kontinentalem Ausmaß hin, die am besten als Nachflutereignisse einer einzigen gigantischen, weltweiten Flut interpretiert werden können.

In 77 unterschiedlichen Kulturen (die über den ganzen Globus verteilt sind) wird von der Sintflut berichtet, wobei die Rettung in 72 Berichten durch ein Schiff geschah. Es würde auch überraschen, wenn eine solche Katastrophe in den Überlieferungen der verschiedenen Völker nicht erhalten geblieben wäre. **Im Folgenden einige Umstände, die diese Flutberichte stützen:**

Fossile Massengräber

Auf allen Kontinenten der Erde findet man fossile Massengräber von gigantischem Ausmaß. So wimmelt es im Old-Red-Sandstone-Gestein (160 km vor den Orkneys in Schottland) förmlich von versteinerten Fischen, die eines gewaltsamen Todes gestorben sind. In der Karroo-Formation (518 000 km² große, ausgedehnte Felsschichten in Südafrika) schätzt man, dass Skelette von ca. 800 Milliarden Tieren abgelagert sind (hauptsächlich Lurche und Kriechtiere) (1).

Großflächige Kohleschichten

Das Ausmaß und die Verteilung der weltweiten Kohlevorkommen lassen sich mit langsamen Prozessen nicht erklären. Um eine Kohleschicht von 1 m zu bilden, benötigt es eine Torfschicht von ca. 50 m. Damit eine Kohleschicht von 10 m

Mächtigkeit entstehen konnte, musste eine ca. 500 m mächtige Schicht von Pflanzenmaterial zusammenkommen. Diese Funde lassen sich am besten mit einer gigantischen Flutkatastrophe erklären, bei der schwimmendes Pflanzenmaterial zusammengeschwemmt und anschließend mit Sand und Schlamm aus dem Landesinneren überdeckt wurde (2). Dass man kaum Wurzeln findet, die in die Schichten unterhalb der Kohleschichten hineingewachsen sind, zeugt von einer schnellen Ablagerung.

Riesen-Abtragungsfluten

Eiszeitliche weitflächige Überschwemmungen, wie z. B. die Missoula-Flut im Nordwesten der USA, frästen bis Hunderte Meter tiefe Täler ins harte Gestein. Die geologische Debatte dauerte viele Jahrzehnte; erst dann war anerkannt, dass die Geländebefunde nur katastrophisch verstanden werden können (3). In *Science* vom 29. März 2002 schreibt Victor R. Baker davon, wie viele Geologen ein Wirken von Superfluten lange Zeit ignoriert haben (4). Allgemein ging man davon aus, dass die allermeisten Schluchten und Täler über Jahrtausende und Jahrmillionen von den langsam arbeitenden Kräften des Windes und des Wassers geformt wurden. Aufgrund neuerer Analysen findet allmählich ein Umdenken statt (5).

Entstehung des Grand Canyon

Viele Geologen realisieren, dass der 28 km lange Grand Canyon niemals durch den Colorado River herausgearbeitet werden konnte. Es ist gut vorstellbar, dass gegen Ende der Nachflutereignisse eine große Wassermasse hinter dem Kaibab-Upwarp-Damm zurückgestaut wurde. Der Regen der Eiszeit könnte diesen See weiter aufgefüllt haben, bis der Damm brach und das ausfließende Wasser und Geröll in kurzer Zeit das mächtige Tal des Grand Canyon herausfräsen konnten (3) (6).

Kontinentweite Sandverteilung

Viel von dem Sand, den man heute findet, ist sehr weiträumig transportiert worden. So beobachtet man in der Sahara über eine Fläche von mehr als 1000 x 1000 km Kies und Sand, der vom Meer her gleichmäßig ins Landesinnere geschwemmt und abgelagert wurde (7). Der Silikatsand von Florida (USA) stammt aus den Appalachen und ist über eine Distanz von mehr als 700 km transportiert worden (8). Der Quarzkies, der sich in Nord-Dakota (USA) befindet, stammt aus der Gegend um British Columbia (Kanada) und musste ebenfalls mehr als 700 km transportiert werden (9).

Die Arche Noah

Von den 72 Flutberichten, in denen von einem Schiff die Rede ist, haben wir mit der biblischen Arche Noah die eindeutig sinnvollste Beschreibung:

Die Proportionen der biblischen Arche führen zu einer optimalen Schwimmstabilität, die vergleichbar ist mit derjenigen eines modernen Containerschiffs. Zudem ist der Materialaufwand für den Bau der Arche mit einem Verhältnis von Breite zu Höhe von 0,5 am geringsten (10). Der Innenraum war genügend groß, damit alle Tierarten, die Schutz vor der Flut benötigt haben, Platz darin finden konnten; inklusive Nahrungsreserven für ein Jahr (11).

Kontinentalverschiebung (Plattentektonik)

Man kann davon ausgehen, dass unmittelbar nach der Flut noch alle Kontinente miteinander verbunden waren. Von den Landtieren, die in der Arche überlebt haben, verstreuten sich einige sehr schnell über den gesamten Kontinent, während sich andere nur in einzelnen Regionen niederließen. In der folgenden Zeit hat die schnelle Kontinentverschiebung den Verbreitungsprozess abgebrochen, sodass beispielsweise die Beuteltiere fast ausschließlich in Australien zu finden sind.

Heute beobachtet man immer noch eine sehr langsame Verschiebung der Kontinente, doch es ist gut denkbar, dass dieser Prozess während der Flut und in den nachsintflutlichen Jahrhunderten schneller abgelaufen ist. Der Geophysiker John R. Baumgardner hat dazu eine Computersimulation erstellt, womit er ein solches Szenario nachmodellierte (12). Um die heutige Distanz zu erreichen, mussten sich z. B. Afrika und Amerika über 500 Jahre mit 12 cm/h auseinanderbewegt haben.

Hochdruck-Minerale in Subduktionszonen

Dass schnelle Verschiebungen von Erdkrustenteilen auch heute noch möglich sind, beweist die rasche Rückkehr von Gesteinen aus Subduktionszonen (»Erdplatten-Abtauchzonen«). Das Vorhandensein von Hochdruck-Mineralen, z. B. beim Dora-Maira-Massiv in den Westalpen, zeigt, dass solches Gestein sehr schnell aufsteigen kann. Die Geologen Frisch und Meschede beschreiben das wie folgt: »Durch den Zergleitungsprozess [...] können tief versenkte Gesteine rasch herausgehoben werden und bis nahe an die Oberfläche gelangen [...] Die Hochdruckminerale werden vor allem dann wieder zerstört, wenn der Aufstieg der Gesteine langsam vor sich geht oder wenn bei tektonischen Prozessen während des Aufstiegs Wasser hinzutritt [...] Nur bei raschem Aufstieg und [...] rascher Abkühlung bleiben Hochdruck-Minerale erhalten« (13).

Referenzen

(1) David C.C. Watson, *Weltschöpfung und Urgeschichte*, Gerth Medien, 1982, S. 166-167.
(2) Joachim Scheven, *Karbonstudien, Neues Licht auf das Alter der Erde*, Hänssler, 1986.

(3) Stephen. J. Gould, *Der Daumen des Panda*, Suhrkamp, 2. Aufl., 2008., S. 204-214.

(4) Victor R. Baker, *Science*, 29. März 2002, Bd. 295, S. 2379-2380.

(5) Alexander und Edith Tollmann, *Und die Sintflut gab es doch. Vom Mythos zur historischen Wahrheit*, Droemer Knaur, München 1993.

(6) John D. Morris, *Geology*, Master Books, S. 69. (deutsche Fassung: *factum* August 2007, S. 22-30).

(7) H. Füchtbauer und G. Müller, *Sedimente und Sedimentgesteine II*, 1977, 3. Auflage, Stuttgart.

(8) Carl R. Froede Jr., *CRSQ* 42, März 2006, S. 229.

(9) Michael J. Oard, *CRSQ* 44, Frühling 2008, S. 264.

(10) Werner Gitt, *Das sonderbarste Schiff der Weltgeschichte*, *Fundamentum* 3/2000, S.36-81.

(11) Fred Hartmann und Reinhard Junker, *Passten alle Tiere in die Arche Noah?*, Wort und Wissen, Diskussionsbeitrag 4/90, http://www.wort-und-wissen.de/index2.php?artikel=disk/d90/4/d90-4.html.

(12) John R. Baumgardner, *Runaway subduction as the driving mechanism for the Genesis Flood*, Proceedings of the Third International Conference on Creationism, 1994, Pittsburgh, Penn., USA, S. 63-75.

(13) Wolfgang Frisch und Martin Meschede, *Plattentektonik, Kontinentverschiebung und Gebirgsbildung*, 2007, Wissenschaftliche Buchgesellschaft, Darmstadt, S. 117-118.

85 Alter der Menschheit

Die meisten Fachleute glauben, dass es seit etwa zwei Millionen Jahren Menschen gibt. Allerdings müsste dann das Bevölkerungswachstum bis in die Neuzeit hinein praktisch bei null gewesen sein. Verglichen mit heutigen ähnlichen Kulturen ist dieses Szenario völlig unrealistisch. Folgendes kommt hinzu: Analysiert man die Hinterlassenschaften der Steinzeitmenschen, so gelangt man zu dem Schluss, dass sie trotz guter Ernährung nie zu Millionen-Völkern geworden sind. Die heute verfügbaren empirischen Daten aus Demografie und Mengenabschätzungen von Hinterlassenschaften des Menschen erlauben höchstens einige Tausend Jahre menschlicher Vorgeschichte.

Sechs Aspekte, die gegen ein Menschheitsalter von zwei Millionen Jahren sprechen:
1) das fehlende Bevölkerungswachstum
2) die kulturell-technische Stagnation
3) die geringen Hinterlassenschaften an Steinwerkzeugen
4) die geringe Siedlungsstabilität und die relativ wenigen Siedlungsplätze
5) die kurzen Höhlenbegehungen
6) die fehlenden Gräber

1. Das fehlende Bevölkerungswachstum

Wenn man schlechte bis katastrophale Lebensbedingungen für den Frühmenschen annimmt, kommt man bei einem geringen jährlichen Bevölkerungswachstum von 0,1 % bereits nach 15 000 Jahren auf 8 Millionen Steinzeitmenschen. Die Erdbevölkerung müsste selbst unter ungünstigsten Bedingungen nach spätestens 23 000 Jahren etwa gleich groß wie heute geworden sein. Aufgrund ihrer Hinterlassenschaften wissen wir, dass die

Lebensverhältnisse (Ernährungssituation und Gesundheits-zustand) meistens recht gut waren, sodass man von einem noch schnelleren Bevölkerungswachstum ausgehen müsste (1).

2. Die kulturell-technische Stagnation

Die kulturell-technische Entwicklung stagnierte während der gesamten Steinzeit (Paläolithikum) nahezu vollständig. Als Ursache wird eine angebliche geistige Unterentwicklung des Frühmenschen angegeben. Doch die archäologischen Hinter-lassenschaften sprechen eine andere Sprache. Sie weisen so-wohl beim Neandertaler als auch beim Homo erectus auf Fä-higkeiten und Verhaltensweisen hin, die denen des modernen Menschen nicht nachstehen (2) (3). Der Archäologe Robin Den-nell schreibt von einer bemerkenswerten Tiefe der Planung, raf-finiertem Design und geduldigem Holzschnitzen, das bei der Herstellung von Waffen an den Tag gelegt wurde (4). All das wurde bisher nur dem modernen Menschen zugeschrieben.

3. Die geringen Hinterlassenschaften an Steinwerkzeugen

Das Alter der Überreste der frühesten echten Menschen wird im konventionellen Rahmen auf etwa zwei Millionen Jahre geschätzt. Man geht davon aus, dass sie bis vor 10 000 Jahren als Wildbeuter in einer Steinzeitkultur gelebt haben. Trotz-dem sind zahlenmäßig kaum nennenswerte Hinterlassenschaf-ten bekannt. Das ist insbesondere in Bezug auf die Steinwerk-zeuge verwunderlich, da diese die Zeit relativ gut überdauern. Zählt man die gefundenen Werkzeuge und vergleicht sie mit den Mengen, die heutige Wildbeuter herstellen, dann sind es viel zu wenige.

Selbst wenn man annimmt, dass beispielsweise in Deutsch-land über einen Zeitraum von 800 000 Jahren lediglich 1000 Per-sonen (!) gelebt haben, müssten bereits viele Milliarden Stein-werkzeuge zu finden sein. Realistischerweise müsste man davon ausgehen, dass es zumindest phasenweise einige Millionen Menschen in Europa gegeben hat. Im Vergleich zu den Billionen Steinwerkzeugen, die sie uns hinterlassen haben müssten, kann nur ein viel zu winziger Teil nachgewiesen werden (5).

4. Die geringe Siedlungsstabilität und die relativ wenigen Siedlungsplätze

Die Zahl der Siedlungsplätze der Steinzeitmenschen ist ebenfalls viel zu klein. Als Beispiel mag die Situation in Böhmen während des Magdaléniens (vor angeblich 11 500 bis 15 000 Jahren) dienen. Man schätzt, dass damals etwa 350 Menschen in 14 Gruppen verteilt waren. Sie verlegten ihre Lager mehrmals im Jahr. Während einer Zeitspanne von 3500 Jahren müssten allein bereits diese 14 Gruppen 87 500 bis 245 000 Plätze hinterlassen haben. Gefunden hat man bisher nur 15. Auch wenn nur ein kleiner Teil der Siedlungsplätze die Zeiten überdauert hat, ist diese Zahl viel zu gering für den zugehörigen Zeitraum. Hinzu kommt die äußerst unrealistische Annahme, dass eine Zahl von 350 Menschen mehr als 3500 Jahre überleben konnte, ohne sich zu vergrößern (6).

5. Die kurzen Höhlenbegehungen

Im Gegensatz zu dem, was man vermuten würde, waren die jeweiligen Höhlenbegehungen nur von kurzer Dauer. Das geht auch aus den wenigen Hinterlassenschaften in den Höhlen Südwestdeutschlands hervor. So existieren zum Beispiel im Eselsburger Tal drei Fundstellen aus einer angeblich 25 000-jährigen Zeitperiode, die nur wenige Male kurze Zeit besiedelt wurden. Wenn die Menschheit über mehr als eine Million Jahre zumindest teilweise in Höhlen gelebt hätte und sich dabei auch nur minimal vermehrt hätte, müsste man davon ausgehen, dass sehr viele Höhlen über Tausende von Jahren bewohnt worden wären (7).

6. Die fehlenden Gräber

Selbst wenn man von einer minimalen Bevölkerungsdichte von nur drei Einwohnern pro km² ausgeht, ergibt das für einen Zeitraum von 1,5 Millionen Jahren 0,15 Gräber pro m² (also alle 2,6 m ein Grab). Natürlich wurde nicht für jeden Menschen ein einzelnes Grab ausgehoben. Dennoch müssten die Kontinente geradezu mit Gräbern übersät sein, wenn die Geschichte der Menschheit tatsächlich zwei Millionen Jahre gedauert hätte.

Referenzen

(1) Michael Brandt, *Wie alt ist die Menschheit?*, Hänssler-Verlag, 2006, S. 67-86.

(2) Hartmut Thieme in einem Interview in *Spektrum der Wissenschaften*, Oktober 2004, S. 48-50, Jagdwaffen und -strategien des Homo erectus.

(3) Junker und Scherer, *Evolution, ein kritisches Lehrbuch*, 2006, S. 283-286.

(4) Robin Dennell, *The world´s oldest spears*, Nature 385, 27. Februar 1997, S. 767-768.

(5) Michael Brandt, *Wie alt ist die Menschheit?*, Hänssler-Verlag, 2006, S. 95-123.

(6) Ref. (4), S. 125-129.

(7) Ref. (4), S. 137-140.

86 Neandertaler und Australomorphe

Die Abstammung des Menschen aus affenähnlichen Vorfahren ist nach wie vor unbelegt. Von den fantasievoll gezeichneten Zwischenformen (Affe wird zum aufrecht gehenden Menschen), die uns in den Medien immer wieder präsentiert werden, wurde bis auf den heutigen Tag kein einziges unbestrittenes Exemplar gefunden. Der berühmteste Urmensch, von dem bereits zahlreiche Exemplare ausgegraben wurden, ist der Neandertaler. Der Neandertaler war aber keineswegs primitiv. Ganz im Gegenteil. Er hatte im Durchschnitt eine höhere Hirnkapazität als der moderne Mensch. Wenn auch umstritten ist, ob und wie der moderne Mensch mit dem Neandertaler verwandt sein könnte, so scheint dennoch geklärt, dass er als Bindeglied zwischen Affe und Mensch definitiv nicht infrage kommt. Die heute allgemein anerkannte Hypothese besteht darin, dass der Neandertaler, der Schimpanse und auch der moderne Mensch einen gemeinsamen Vorfahren haben. Von diesem hypothetischen Vorfahren fehlt jedoch nach wie vor jede Spur. Auch die Australomorphen scheinen nicht infrage zu kommen.

Die ausgestorbene Menschenaffengattung Australopithecus und einige ähnliche Gattungen (als »Australomorphe« zusammengefasst) werden evolutionstheoretisch als mögliche Vorfahren des Menschen diskutiert. Alle diese Formen weisen jedoch Merkmale auf, die nicht zu einer Übergangsstellung passen. Das gilt auch für die erst in jüngerer Zeit entdeckten Gattungen Orrorin, Kenyanthropus und Sahelanthropus.

Die bekannten Fossilien lassen sich nicht recht in eine widerspruchsarme Linie zum Menschen einordnen. Bei jeder Art kommen Merkmale vor, die den jeweiligen Stammbaumdarstellungen widersprechen. Die Australomorphen lassen sich weder als Bindeglieder zwischen affenähnlichen Arten und dem Neandertaler noch als Vorfahren des modernen Menschen eingliedern (1).

Fazit

Es genügt nicht, einzelne Merkmale hervorzuheben, die für eine Übergangsstellung von Australopithecus (oder anderen Gattungen) zwischen Menschenaffen und Menschen sprechen. Vielmehr entscheidet das **gesamte Merkmalsspektrum**. Denn bei der hypothetischen Makroevolution müssten nicht einzelne Merkmale, sondern ganze Arten evolvieren. Damit eine Deutung als Übergangsform plausibel wird, sollte das Merkmalsspektrum **als Ganzes** zumindest ungefähr zu einer Übergangsstellung passen. Bei Australopithecus ist das definitiv nicht der Fall.

Aufgrund des insgesamt einzigartigen Merkmalsspektrums können die Australomorphen als eigenständiger ausgestorbener Grundtyp betrachtet werden, der nicht in einer Abstammungsbeziehung mit dem Menschen steht.

Ramapithecus, der einst als erster Menschenähnlicher und früher Vorfahre des Menschen gehandelt wurde, erweist sich heute eher als ein Verwandter des asiatischen Menschenaffen Orang-Utan (2).

Referenzen

(1) Sigrid Hartwig-Scherer, 18.06.2007, http://www.genesisnet.info/?Sprache=de&Artikel=43622&l=1.
(2) Sigrid Hartwig-Scherer, *Ramapithecus, Vorfahr des Menschen?*, Zeitjournal-Verlag, 1989, S. 47.

87 Menschen- und Schimpansen-Genom

Der Unterschied im Genom zwischen Menschen und Schimpansen wurde bisher mit 1,5 bis 2 % angegeben. Der Molekularbiologe Roy J. Britten fand jedoch heraus, dass der Unterschied nahezu 5 % beträgt, wenn man auch Insertionen (Einfügungen) und Deletionen (Vernichtungen) mit berücksichtigt. Das bedeutet, dass mindestens 75 Millionen »richtige« Mutationen nötig gewesen wären, um aus einem gemeinsamen Vorfahren einen modernen Menschen und einen Schimpansen zu machen. Selbst wenn in einer dieser Populationen jedes Jahr (!) eine vorteilhafte Mutation hinzugekommen wäre, so wären insgesamt 75 Millionen Jahre nötig gewesen (während die Entwicklung der Menschheit angeblich bloß 2 Millionen Jahre gedauert haben soll). Nach Schätzungen des Genetikpioniers J.B.S. Haldane wären realistischerweise sogar mindestens 2,5 Milliarden Jahre notwendig gewesen.

Bisher war bekannt, dass der Unterschied im Genom zwischen Affe und Mensch zwischen 1,5 und 2 % beträgt, sodass es angeblich naheliege, eine Verwandtschaft zwischen Affen und Menschen zu vermuten. Roy J. Britten fand nun jedoch heraus, dass der Unterschied nahezu 5 % beträgt, wenn man auch Insertionen (Einfügungen) und Deletionen (Löschungen) berücksichtigt (1) (2). Es könnte außerdem gut sein, dass noch größere Unterschiede gefunden werden, denn bisher hat man erst einen kleinen Bruchteil des ganzen Genoms verglichen. Von den insgesamt 3 Milliarden Basenpaaren im menschlichen Genom wurden bis zum Jahr 2008 etwa eine Million verglichen.

Unterschiede zwischen Menschen- und Schimpansen-Genom

1) Der Mensch hat 23 Chromosomenpaare, der Schimpanse hat 24.

2) An den Enden jedes Chromosoms gibt es besondere Sequenzen, die man Telomere nennt. Bei den Affen sind es etwa 23 Kilobasenpaare, beim Menschen nur deren 10.

3) Während 18 Chromosomenpaare praktisch identisch sind, befinden sich in den Chromosomen 4, 9 und 12 die Gene und Markierungen in einer anderen Reihenfolge.

4) Das Y-Chromosom hat eine andere Größe und viele Markierungen, die nicht übereinstimmen.

5) Im Chromosom 21 gibt es große Regionen, die komplett unterschiedlich sind.

6) **Das Schimpansengenom ist 11,5 % größer als das menschliche Genom ...!**

Das Genom der Schimpansen ist 11,5 % grösser als das des Menschen (3). Wie kann da eine Differenz von nur einem Prozent entstehen, wenn das Genom des Schimpansen 12 % mehr enthält? Das ist gar nicht möglich. Die 12 % werden ganz einfach weggelassen. Die tatsächliche Ähnlichkeit des Menschen- und Schimpansen-Genoms ist noch nicht bekannt (4).

Zu diesem Thema empfiehlt sich das Buch *Genetic Entropy & the Mystery of the Genome,* das der Genetiker John C. Sanford im Jahr 2005 veröffentlicht hat. Sanford zeigt, dass das Genom mit der Zeit immer mehr Information verliert, bis die betreffende Art ausstirbt.

Haldanes Dilemma

Wenn in einer Population eine nützliche Mutation vorkommt, müssen möglichst viele Kopien davon verbreitet werden, damit die Evolution weitergehen kann. Mit anderen Worten müssen die Individuen, die diese Mutation noch nicht enthalten, ersetzt werden. Die Geschwindigkeit, womit dies geschehen kann, ist jedoch begrenzt. Einer der Hauptfaktoren für die Begrenzung ist die Fortpflanzungsgeschwindigkeit der betreffenden Art. Für eine menschenähnliche Art mit einer Generationenzeit von 20 Jahren und einer tiefen Reproduktionsrate pro Individuum ist die Weiterverbreitung einer Mutation in der Population extrem langsam (5).

John B.S. Haldane (1892-1964) ist einer von drei Begründern der modernen Populationsgenetik. In einer einfachen Überschlagsrechnung ging er davon aus, dass es eine Population von 100 000 Vorfahren gegeben haben könnte, in der ein Männchen und ein Weibchen gleichzeitig (!) eine so vorteilhafte Mutation erhielten, dass sie alle anderen überlebten (was an sich bereits sehr unwahrscheinlich ist). Der ganze Rest (alle übrigen 99 998) der Population starb aus, und das überlebende Paar konnte die ganze Population wiederherstellen. Dieser Prozess müsste sich im Verlauf von 10 Millionen Jahren in jeder Generation (also alle 20 Jahre) wiederholt haben, damit 500 000 (10 000 000:20) vorteilhafte und perfekt abgestimmte Mutationen in die Population hineinkommen konnten. Diese 500 000 Mutationen würden jedoch erst 0,02 % der erforderlichen 5 % ausmachen. Wenn realistischere Raten von Fitness/Selektion und Populationserneuerung angenommen werden, reichen selbst 2,5 Milliarden Jahre bei Weitem nicht aus.

1960 wurde Haldanes Dilemma diskutiert, doch seither ist es in den Fachzeitschriften kein Thema mehr (6). Das mag damit zusammenhängen, dass die mathematische Modellierung solcher populationsgenetischer Prozesse extrem komplex ist. Heute konzentriert sich die Forschung primär auf die Erhebung der Anzahl vorteilhafter Mutationen, die tatsächlich feststellbar sind. Für weiterführende Berechnungen fehlen bis heute wichtige Grundlagen.

1992 hat der bekannte Evolutionsgenetiker George C. Williams bemerkt: »Die Zeit ist gekommen für eine neue Diskussion und die experimentelle Inangriffnahme von Haldanes Dilemma« (7). Der Appell hatte offenbar keine Wirkung auf seine

Kollegen. Immerhin hat Walter ReMine 1993 eine umfangreichere Arbeit publiziert, worin er die Angelegenheit im Einzelnen untersuchte (8). Er hat am Thema weitergearbeitet, seine Argumente verfeinert und Versuche der Vernebelung durch Evolutionisten behandelt. Leider ist es bis heute zu keinem ernsthaften Disput darüber gekommen. ReMine hält fest, dass Haldanes Dilemma noch nie gelöst, sondern lediglich vertuscht, entstellt und voreilig beiseitegewischt wurde (9).

Referenzen

(1) Roy John Britten, *Divergence between samples of chimpanzee and human DNA sequences is 5 % counting indels*, Proc. Nat. Acad. Sci., 99, USA, 2002, S. 13633-13635.

(2) David A. DeWitt, *98 % Chimp/human DNA similarity? Not any more*, Technical Journal 17/1, 2003, S. 8-10.

(3) *CRSQ* 45/4, 2009, S. 242-243.

(4) Chimpanzee Sequencing and Analysis Consortium (CASC), 2005, *Initial sequence of the chimpanzee genome and comparison with the human genome*, Nature 437, S. 69–87.

(5) John Burdon Sanderson Haldane, *The cost of natural selection*, Journal of Genetics 55, 1957, S. 511-524.

(6) Don Batten, *Haldane´s Dilemma has not been solved*, Technical Journal 19/1, 2005, S. 20-21.

(7) George Christopher Williams, *Natural Selection: Domains, Levels and Challenges*, Oxford University Press, NY, 1992, S. 143-144.

(8) Walter J. ReMine, *The Biotic Message*, St. Paul Science, St. Paul, MN, 1993.

(9) Walter J. ReMine, *Cost theory and the cost of substitution – a clarification*, Technical Journal 19/1, 2005, S. 113-125.

88 Aufrechter Gang

Der aufrechte Gang des Menschen bedingt ein gleichzeitiges (!) Auftreten von folgenden Merkmalen: gestrecktes Knie- und Hüftgelenk, Halswirbelsäule unten mit dem Kopf verbunden (statt hinten wie beim Affen), flaches Gesicht, besseres Gleichgewichtsorgan, gerader Rücken, hohler Fuß, starke große Zehe und entsprechende Hirnfunktionen für den aufrechten Gang. Für jedes dieser Merkmale müssten gleichzeitig mehrere Tausend »richtige« und perfekt abgestimmte Mutationen im Genom auftreten. Ein solches Szenario ist nicht denkbar.

Einzigartige Merkmale des aufrecht gehenden Menschen

Der menschliche Fuß ist für den aufrechten Gang besonders vorteilhaft ausgebildet. Zwischen dem Fußballen und der Ferse bildet er einen flachen Bogen. Das ermöglicht bei unebenem Boden ein besseres Gleichgewicht. Der Fuß enthält 26 Knochen und viele Muskeln und Sehnen, die dem Fuß eine Flexibilität verleihen, womit das Gehen erleichtert wird. Dank des gebogenen Fußes kann dieser beim Gehen und Rennen Schläge absorbieren. Der Affe hingegen hat einen handähnlichen Fuß, der zwar das Greifen von Ästen erleichtert, aber das Gehen erschwert.

Die große Zehe am menschlichen Fuß ist besonders kräftig ausgebildet. Sie liegt parallel zu den übrigen Zehen. Bei jedem Schritt wird der letzte Vorschub von der großen Zehe ausgeübt. Um beim Gehen den Körper beherrschen zu können, muss die große Zehe besonders stark sein. Beim Affen dagegen ist die große Zehe abstehend, sodass er damit einen Ast leicht ergreifen und festhalten kann.

Das Kniegelenk des Menschen erlaubt ein Strecken der Beine bis zur Geraden. In der aufrechten Stellung geht das

Kniegelenk in eine eingeklinkte Position, welche die Muskeln beim Stehen entlastet. Der Affe kann sein Kniegelenk nicht ganz strecken, sodass er mit gekrümmten Beinen gehen muss, was sehr mühsam ist. MD (Abkürzung für Dr. med.) Dye schreibt zur Einmaligkeit des menschlichen Knies: »Trotz der allgemeinen Ähnlichkeit des Knies bei den Tetrapoden (Landwirbeltieren) gibt es unter ihnen kein ideales Modell für das menschliche Knie« (1).

Die Beine des Menschen sind etwa halb so lang wie der ganze Körper. Dies ermöglicht es, längere Strecken zu gehen oder zu rennen. Die Beine der Affen dagegen entsprechen nur etwa einem Drittel der Körperlänge, was beim Gehen schneller zur Ermüdung führt. Wenn der Schimpanse aufrecht steht, kann er die Beine nicht gerade strecken. In der aufrechten Haltung muss er sich besonders anstrengen. Sein Gesicht ist dann nach oben gerichtet. Er muss den Kopf daher neigen, wenn er nach vorne sehen will. Die Wirbelsäule ist beim Affen am Hinterkopf befestigt, beim Menschen jedoch unten am Kopf. Daher sieht der Affe mühelos nach vorn, wenn er auf allen vieren geht, nicht aber, wenn er aufrecht steht. Hingegen muss ein kleines Kind, das sich auf allen vieren bewegt, den Kopf angestrengt nach oben halten, um nach vorne sehen zu können.

Die Hüftgelenke im Becken des Menschen erlauben es, den Oberschenkelknochen in eine vertikale Stellung zu bringen. Beim Affen ist dies nicht möglich. Die Oberschenkelknochen sind beim Menschen so ausgebildet, dass die Knie und Füße nahe nebeneinanderstehen können. Weil die Füße nahe unter dem Zentrum des Körpers liegen, ergibt dies eine größere Stabilität beim Gehen und Rennen. Während des Gehens und Rennens wird der Körper abwechslungsweise nur von einem Fuß getragen, sodass er umfallen würde, wenn sich der Schwerpunkt zu weit außerhalb des tragenden Fußes befände. Die Oberschenkelknochen der Affen hingegen sind gerade, sodass seine Knie weiter voneinander entfernt sind. Daher schwanken Affen ziemlich stark, wenn sie versuchen, auf zwei Beinen zu gehen.

Der gerade Rücken des Menschen führt dazu, dass sich der Kopf beim Stehen senkrecht über den Hüften befindet. Der Affe hat einen gekrümmten Rücken, sodass er die Hände braucht, um sich gegen das Umfallen zu stützen. Die Wirbelsäule des Menschen ist leicht S-förmig gekrümmt, die des Affen hingegen C-förmig. Wenn der Affe auf allen vieren geht, ist seine Wirbelsäule entspannt. Beim Menschen ist sie entspannt, wenn er aufrecht geht. Mögliche Übergangsformen hätten zwangsläufig eine ungünstige Belastung tragen müssen. In diesem Zusammenhang ist es interessant festzustellen, dass die Menschen der bekannten Urvölker einen gesunden aufrechten Gang haben. Das einzige Lebewesen, das teilweise mit einer physiologisch ungünstig gekrümmten Haltung durchs Leben geht, ist der zivilisierte Stadtmensch.

Das flache Gesicht des Menschen ermöglicht es ihm, zu sehen, was unmittelbar vor ihm liegt. Der Schimpanse dagegen hat zurückgesetzte Augen und ein vorgeschobenes Kinn, sodass er beim aufrechten Gang ein vor ihm liegendes Hindernis nicht sehen kann. Wenn er auf allen vieren geht, liegt sein Kopf hingegen tiefer, sodass er die Hindernisse sehen kann.

Das Gleichgewichtsorgan im menschlichen Ohr ist für die vertikale Raum-Dimension besonders ausgebildet. Beim Affen hingegen ist die vordere vertikale Dimension deutlich schwächer (2). Beim Gehen auf allen vieren ist beim Affen die vertikale Balance durch vier Auflagepunkte gegeben, also normalerweise schon vorhanden. Der Affe kann weder auf den Zehen gehen, noch auf einem Bein stehen.

Der Gesichtsausdruck ist ein wichtiger Bestandteil der menschlichen Kommunikation. Auch wenn wir uns dessen nicht bewusst sind, so beobachten wir doch ständig den Gesichtsausdruck der Menschen in unserem Blickfeld. Wir versuchen, die Gedanken und Reaktionen der Leute zu erraten. Viele von unseren eigenen Reaktionen werden vom Gesichtsausdruck anderer beeinflusst. Wenn wir zum Beispiel jemanden mit traurigem Gesicht antreffen, fragen wir ihn nach dem

Grund. Affen haben relativ wenige Gesichtsmuskeln und sind nur zu wenigen Gesichtsveränderungen fähig.

Das Stimmorgan des Menschen ist dafür konzipiert, mithilfe einer Sprache Informationen auszutauschen. Bei den Affen ist die Stimmerzeugung anders ausgebildet. Der Kehlkopf liegt beim Menschen tiefer im Rachen. Dies ergibt für die Zunge einen größeren Bereich der Beweglichkeit. Es ermöglicht die Erzeugung von mehr Vokalen. Bei den Affen befindet sich der Kehlkopf jedoch weit oben, was die Erzeugung von präzisen Lauten unmöglich macht. Die Gestalt der Mundhöhle ist beim Menschen akustisch vorteilhaft.

Die Sprechfähigkeit bedingt einen entsprechenden Abschnitt im Gehirn, der die zum Sprechen nötigen Muskeln steuert und die vom Gehör empfangenen Signale verarbeitet, sodass sie verstanden werden. Dieser Gehirnabschnitt fehlt bei den Affen.

Das menschliche Gehirn ist wesentlich größer als dasjenige der Affen. Das menschliche Gehirn enthält etwa 100 Milliarden Neuronen, und jedes Neuron hat etwa 1000 Verbindungen zu anderen Neuronen. Wenn man die Anzahl Verbindungen zur Hirnrinde zählen will und jede Sekunde eine Verbindung zählt, würde man dazu 3,2 Millionen Jahre brauchen.

Die Fähigkeit zu denken macht den Menschen zu dem, was er ist. Er hat ein Selbstbewusstsein und ist schöpferisch. Das menschliche Gehirn hat die einmalige Fähigkeit, Schönheit wahrnehmen zu können. Die linke Gehirnhälfte enthält das Gebiet zur Ausübung der Sprache, in der rechten Gehirnhälfte sitzt das Zentrum zur Ausübung und Wahrnehmung von Musik. Kein anderes Lebewesen hat ein »Musikgehör«, wie wir es kennen.

Referenzen

(1) Scott F. Dye, M.D., *An evolutionary perspective of the knee*, *Journal of bone and joint surgery*, 69A, 1987, S. 976-983.
(2) *Labyrinth und aufrechter Gang*, *factum* Mai 1995, S. 17-21.

89 Menschliches Auge

Die Netzhaut des menschlichen Auges enthält 126 Millionen Pixel (Bildpunkte). Eine durchschnittliche Digitalkamera von heute hat »nur« 6 Millionen Pixel. Die Signale der Pixel im Auge werden zunächst durch spezielle Nervenzellen »komprimiert« und gelangen dann über etwa 12 Millionen Nervenfasern zum Gehirn. Dabei muss jede einzelne Nervenfaser an eine bestimmte Stelle im Gehirn gelangen, damit das Bild im Gehirn korrekt erzeugt wird. Diese Zuordnung der Nervenfasern kann unmöglich in einem schrittweisen, zufälligen Prozess entstanden sein. Erschwerend kommt hinzu, dass die Fasern auf dem Weg zum Gehirn gekreuzt, aufgefächert und verschiedenen Bereichen zugeführt werden müssen.

Auf der Netzhaut des menschlichen Auges wird das Bild, das wir sehen, in elektrische Signale umgewandelt. Eine sehr große Zahl von Nervenfasern leitet die Signale von der Netzhaut in verschiedene Schichten des Gehirns. Erst im Gehirn entsteht die Wahrnehmung des Bildes.

Wie ist es möglich, dass beim Wachstum eines Lebewesens jede einzelne dieser Millionen von Nervenfasern von der Netzhaut zum richtigen Ort im Gehirn geführt wird? Wäre es denkbar, dass durch »Versuch und Irrtum« allmählich jede einzelne Nervenfaser an die richtige Stelle gelangt ist?

Die Sehgrube (die Stelle im Auge mit der höchsten Sehschärfe) enthält etwa 15 000 Pixel. Deren Signale werden in der Netzhaut zusammengefasst und zum Hirn geleitet. Die Anzahl der möglichen verschiedenen Verbindungen zum Gehirn beträgt mehr als 10^{80} (eine Eins mit 80 Nullen). So groß ist in etwa die Anzahl der Atome im ganzen Universum. Doch nun enthält die ganze Netzhaut nicht nur 15 000 Pixel, sondern 126 Millionen. Deren Signale werden zwar in der Netzhaut auf etwa eine Million reduziert, aber ein zufälliges Zustandekommen der Ordnung dieser Nervenfasern darf dennoch als unmöglich bezeichnet werden (1).

Wenn man das räumliche Erkennen mit einbezieht, wird es noch komplizierter. Damit ein räumlicher Eindruck vom Gehirn gebildet werden kann, müssen beide Augen dasselbe Bild betrachten. Die Bilder der beiden Augen enthalten aufgrund der räumlichen Verhältnisse systematische Unterschiede. Aus den Unterschieden der Bildpunkte zwischen den Bildern der beiden Augen berechnet das Gehirn die Distanz. Dies geschieht einzeln für jeden Bildpunkt. Wenn die Nervenfasern nicht exakt am richtigen Ort im Gehirn enden, ist räumliches Sehen nicht möglich.

Es bedurfte zweifelsohne einer überaus genialen intelligenten Instanz, die in der DNA das Programm für die Herstellung eines solch hochgradig geordneten Systems schreiben konnte (2).

Referenzen

(1) David E. Stoltzmann, *The Specified Complexity of Retinal Imagery*, CRSQ 43/1, Juni 2006, S. 4-12.

(2) Wolf-Ekkehard Lönnig, *Auge widerlegt Zufalls-Evolution*, 2. Auflage, Naturwissenschaftlicher Verlag Köln, 1989, http://www.weloennig.de/AuIEnt.html.

90 Inverse Retina

Die lichtempfindlichen Zellen im menschlichen Auge befinden sich unter zwei Schichten von Nervenzellen. Dadurch, so glaubte man, würde das Licht durch die Nervenzellen abgeschwächt. Ein intelligenter Schöpfer hätte das besser konstruiert, war die gängige Meinung. Nun hat sich jedoch herausgestellt, dass die sogenannten Müllerzellen, von denen man

bislang nur wusste, dass sie eine Stützfunktion haben, auch die Funktion hoch effizienter Lichtleiter erfüllen und so das Licht zwischen den Nervenzellen zu den lichtempfindlichen Zellen in der Retina weiterleiten. Da die lichtempfindlichen Zellen direkt über den Blutgefäßen liegen, werden sie besser gekühlt und können zudem besser mit Energie versorgt werden.

Im menschlichen Auge enthalten die oberflächlich liegenden Schichten der Netzhaut Nervenzellen. Darunter befinden sich die lichtempfindlichen Zäpfchen und Konen. Weil nun die Nervenzellen über den Zäpfchen und Konen liegen, würden sie das Licht unter normalen Umständen abschwächen und die Sehkraft dadurch beeinträchtigen. Aus diesem Grund behaupteten die Evolutionsforscher, dass diese Anordnung nicht von einem intelligenten Schöpfergott geschaffen worden sein könne.

Neue Forschungsergebnisse am Paul-Flechsig-Institut für Hirnforschung der Universität Leipzig haben jedoch gezeigt, dass keine Streuung und kein Verlust des Lichtes im menschlichen Auge stattfinden. Sogenannte Müllerzellen leiten das Licht von der vorderen Netzhautoberfläche zu den Lichtsinneszellen in der hinteren Netzhaut, ähnlich wie bei einem Glasfaserkabel. Somit gelangt das Licht unabgeschwächt zwischen den Nervenzellen hindurch auf die lichtempfindlichen Zellen. Weil die Müllerzellen konisch sind, wird das Licht gesammelt statt zerstreut. Das bedeutet, dass die Sehfähigkeit durch diese Anordnung der Nervenzellen, Müllerzellen, Zäpfchen und Konen einen optimalen Wert erreicht (1).

Dass die lichtempfindlichen Zellen zuunterst liegen, ist daher sinnvoll, weil diese Zellen am meisten Energie benötigen. Damit werden sie optimal versorgt, weil sie direkt über den Blutgefäßen liegen. Hinzu kommt, dass die Blutgefäße die lichtempfindlichen Zellen kühlen, was verhindert, dass die Retina durch infrarote Strahlung geschädigt wird (2). Beim Tintenfisch sind die Zellen umgekehrt angeordnet, weil der Tintenfisch im kühlen Wasser lebt. Hier ist es in der Tat sinnvoller, die lichtempfindlichen Zellen zuoberst zu platzieren, da der Augapfel vom Wasser gekühlt wird (3).

Kurzum: Der unterschiedliche Aufbau des menschlichen Auges und des Tintenfischauges gewährleistet für beide Lebewesen eine optimale Sehfähigkeit und deutet klar auf einen intelligenten und vollkommenen Schöpfer dieser beiden Systeme hin.

Referenzen

(1) Kristian Franze et al., *Müller cells are living optical fibers in the vertebrate retina*, herausgegeben von Luke Lee, University of California, Berkeley, CA, und vom wissenschaftlichen Beirat am 27. März 2007 angenommen, http://www.pnas.org/cgi/content/short/104/20/8287.

(2) Sylvia Baker, *Seeing and believing*, Genesis Agendum, 2004, S. 4.

(3) Willian A. Dembski und J.M. Kushiner, *Signs of Intelligence*, Bazos Press, 2002, S. 216.

91 Degenerierung der menschlichen Sprache

Untersuchungen an alten Sprachen zeigen, dass diese früher komplexer waren und mit der Zeit einfacher wurden. Für das alte Latein, Griechisch, Hebräisch, Chinesisch, indianische Sprachen etc. gilt: Soweit wir zurückblicken, konnte mit den frühen Sprachen der Menschheit mehr Information mit weniger Worten vermittelt werden, als das bei modernen Sprachen der Fall ist. Hinzu kommt, dass man mit diesen Sprachen präziser formulieren konnte. Das widerspricht der evolutionären Vorstellung der Entwicklung vom Einfachen zum Komplexen.

Es hat sich gezeigt, dass eine Entwicklung der menschlichen Sprache vom Primitiven zum Höheren nicht nachgewiesen werden kann. Die Sprachen von sogenannten Eingeborenen weisen nicht den Hauch von Primitivität auf. Sie sind hochgradig komplex, meistens viel komplizierter als unsere europäischen Sprachen.

Die Erforschung der Eingeborenensprachen hat deutlich gemacht, dass zwischen dem Kulturniveau einer Gemeinschaft und der Struktur ihrer Sprache kein Zusammenhang besteht. Das heißt, dass eine Stammesgemeinschaft in noch so einfachen Verhältnissen leben und dennoch eine extrem komplexe Sprache haben kann.

Auch die komplexen Strukturen des alten Sumerischen, Akkadischen und Ägyptischen stehen in einem eindrucksvollen Gegensatz zu den (teilweise) vergleichsweise extrem simplen morphologischen Strukturen der modernen Sprachen, die im heutigen Europa gesprochen werden. Während z. B. im Akkadischen Tausende von synthetischen Verbalformen gebildet werden konnten, findet man im modernen Deutsch ein geradezu armselig wirkendes Formeninventar (1). Unter dem Begriff »synthetische Verbalformen« versteht man aus einem Wort bestehende Formen, die keine weitere Umschreibung durch Hilfsverben (z. B. haben, sein, wollen, dürfen) benötigen.

Ägyptisch, Akkadisch, Hebräisch und Griechisch

Roger Liebi führte eine Untersuchung von sehr alten Sprachen durch, die über einen großen Zeitabschnitt hinweg schriftlich dokumentiert sind. Unter anderen wurden die folgenden Sprachen untersucht: Ägyptisch (über 4000 Jahre), Akkadisch (2600 Jahre), Hebräisch (3500 Jahre) und Griechisch (3500 Jahre). Das Fazit von Roger Liebi: »Wo man auch immer im Bereich der Sprachgeschichte hinschaut, überall lässt sich deutlich eine Entwicklung des Zerfalls, der Reduktion und der Simplifizierung feststellen, d. h. insbesondere im Bereich der Morphologie und der damit verknüpften Phonologie. Die Sprachgeschichte ist auf den Ebenen der Morphologie und Phonologie durch Devolution (Abwärtsentwicklung) förmlich charakterisiert« (2).

Die Ursache dafür sieht Roger Liebi in der Trägheit der Sprechenden. Diese Trägheit führt zum Abschleifen phonologischer Elemente bis hin zur Eliminierung morphologischer Strukturen.

Der Turmbau zu Babel

Im biblischen Bericht heißt es, dass zu Beginn alle nach der großen Flut lebenden Menschen eine einzige Sprache hatten. Als die Menschheit wuchs, da sagten sie zueinander: »Wohlauf, lasst uns eine Stadt und einen Turm bauen, dessen Spitze bis an den Himmel reiche, dass wir uns einen Namen machen, denn wir werden sonst zerstreut in alle Länder.« Daraufhin verwirrte Gott als Strafe für ihren Hochmut ihre Sprachen, sodass sie sich tatsächlich in alle Welt verstreuten, weil sie einander nicht mehr verstanden (3).

Interessant an dieser Geschichte ist, dass alle Kulturen, die damals rund um die Erde entstanden, astronomische Berechnungen anstellten und teilweise gigantische Monumente aufstellten. Jede Kultur verfügte über einen Teil der gesamten »Menschheitsinformation«. Man kann davon ausgehen, dass seit dieser Zeit die Sprachen der Menschheit degenerieren.

Den Ursprung der menschlichen Sprachen in einer einzigen, höchst komplexen Sprache zu suchen (die unseren modernen Sprachen womöglich noch weit überlegen war), scheint der Wirklichkeit näher zu kommen, als sie von den Lauten abzuleiten, die Tiere von sich geben (4).

Referenzen

(1) Roger Liebi, *Der Mensch, ein sprechender Affe?*, Schwengeler Verlag, 1991, S. 48.

(2) Ref. (1), S. 52.

(3) Die Bibel, 1.Mose 11,1-9.

(4) Roger Liebi, *Herkunft und Entwicklung der Sprachen*, Hänssler, 2007, S. 272-276.

92 Menschliches Bewusstsein

Sogenannte Nahtoderlebnisse legen nahe, dass das Bewusstsein des Menschen unabhängig vom Körper existieren kann. Zwar können selbst übereinstimmende Zeugenaussagen von Menschen, die über kurze Zeit klinisch tot waren, keine Gewissheit geben (das menschliche Bewusstsein ist eine Erscheinung, die weder medizinisch noch philosophisch eindeutig definiert werden kann), aber entscheiden Sie selbst: Ist Ihr Bewusstsein das Produkt eines an sich toten Mechanismus, oder ist es ein »Teil« Ihres ureigenen »Ichs«, das unabhängig von Ihrem physischen Körper existiert?

Unter »Bewusstsein« versteht man die Fähigkeit, über Gedanken, Emotionen, Wahrnehmungen oder Erinnerungen zu verfügen und sich ihrer »gewahr« zu sein, sie wahrzunehmen, sich ihrer »bewusst« zu sein. Das Phänomen des Bewusstseins wird oft als eines der größten ungelösten Probleme von Philosophie und Naturwissenschaft angesehen, und derzeit gibt es keine präzise, allgemein anerkannte Definition von Bewusstsein.

Das eigentliche Rätsel des Bewusstseins ist die Frage, wie es prinzipiell möglich sein kann, dass aus einer bestimmten Anordnung von Molekülen und der Dynamik eines aktiven Gehirns die eigentliche Wahrnehmung des Bewusstseins entsteht. Dabei geht es weniger um die Frage, wie unser Gehirn die Signale aus den Nervenzellen verarbeitet und wie wir darauf reagieren. Die Frage ist vielmehr: Wo endet diese Wahrnehmung? Wer oder was nimmt den Gehalt der vom Gehirn präsentierten

Erlebnisse letztlich auf? Wer bin »ich«, der dies alles erfährt und realisiert? Hat der Mensch einen »übernatürlichen« Geist, und wird dieser Geist in irgendeiner Form von Bewusstsein weiterexistieren, wenn die physische Hirnaktivität aussetzt?

Die Rätselhaftigkeit des Phänomens Bewusstsein äußert sich in zwei verschiedenen Aspekten:

Zum einen haben Bewusstseinszustände einen Erlebnisgehalt, und es ist nicht klar, wie das Gehirn Erleben produzieren kann – und wer oder was es letztlich ist, der/die/das dieses Erleben aufnimmt und tatsächlich »erlebt«. Dies ist das sogenannte **Qualiaproblem** (1).

Zum anderen können sich Gedanken nicht nur auf Gegenstände, sondern auch auf empirische Sachverhalte beziehen: In der Vorstellung ist etwas vorgestellt, im Urteil ist etwas anerkannt oder verworfen, in der Liebe geliebt, im Hass gehasst, im Begehren begehrt usw. Der Gedanke, dass noch Milch im Kühlschrank ist, bezieht sich auf die Objekte Kühlschrank und Milch – und den Sachverhalt, dass noch Milch im Kühlschrank ist. Dabei ist es völlig rätselhaft, wie das Gehirn Gedanken mit solchen Eigenschaften erzeugen kann – und wer oder was es letztlich ist, der/die/das diesen Sachverhalt aufnimmt und im eigentlichen Sinne »realisiert«. Das ist das sogenannte **Intentionalitätsproblem** (2).

»Meinen Körper und mein Gehirn kann ich erklären, aber das ist nicht alles. Meine eigene Existenz kann ich nicht erklären«, sagte der australische Hirnforscher und Nobelpreisträger John C. Eccles einmal. Eccles erforschte unter anderem, wie Nervenzellen Reize weiterleiten, und trug damit entscheidend dazu bei, die Vorgänge im menschlichen Gehirn aufzuklären.

Eccles beschäftigte sich auch philosophisch mit dem Problem des Bewusstseins. Er selbst glaubte, dass nur der Mensch ein »Ich-Bewusstsein« besitzt. Dieses sei von Zeugung an im Menschen angelegt und entwickle sich durch die Beziehung zur Außenwelt in den ersten Lebensjahren. Er lehnte einen strikten Materialismus (die Annahme, das Bewusstsein lasse sich auf rein physikalische und chemische Prozesse zurückführen) ab und verglich das Gehirn mit einem Computer und das »Ich« mit dessen Programmierer. Dieses Ich (Geist, Seele) sei übernatürlich und bediene sich des Gehirns als Instrument. Aus diesem Grund gäbe es Anlass zur Hoffnung, dass das Ich auch nach dem Tod weiterbestehen könne (3).

Besonders bekannt wurde Eccles durch die 1977 erschienene Schrift »Das Ich und sein Gehirn« (*The self and its brain*), die er gemeinsam mit Karl Popper verfasste.

Referenzen

(1) David Chalmers, *The Conscious Mind*, Oxford University Press, 1996.
(2) John Searle, *Intentionality – An Essay in the Philosophy of Mind*, Cambridge University Press, 1983.
(3) John C. Eccles, *factum* 5/2001, S. 17.

93 Menschliche Kreativität

Kreativität schafft Neues. Nicht nur Künstler sind kreativ, auch Autokonstrukteure, Straßenbauer, Programmierer, Hausfrauen, Schüler etc. Sie alle finden Lösungen für komplexe Probleme und erschaffen Dinge, die es zuvor nicht gegeben hat. Unsere Fähigkeit, Neues zu erschaffen und die Geheimnisse des Universums und der Materie zu ergründen, könnte daraus abgeleitet werden, dass wir Geschöpfe und Ebenbilder des Gottes sind, der all das erschaffen hat.

Der menschlichen Kreativität im Erforschen und Erschaffen von komplexen Systemen ist fast keine Grenze gesetzt. Die Bibel sagt, dass wir Menschen wenig niedriger als Gott selbst gemacht worden sind (1). Sind wir also im Ebenbild des Gottes gestaltet worden, der einst das ganze Universum erschaffen hat (2)? Oder sind wir **selbst** die höchste Instanz auf Erden? Sind **wir** es, die eine Gottesvorstellung erschaffen haben – oder ist es umgekehrt so, dass wir alle ein Gedanke Gottes sind?

Gemäß Evolutionstheorie könnte man in der Tat annehmen, dass **wir** die höchsten Lebewesen auf Erden sind. Ähnlich denkt Richard Dawkins, wenn er schreibt, dass »jede kreative Intelligenz, die ausreichend komplex ist, um irgendetwas zu gestalten, ausschließlich als Endprodukt eines langen Prozesses der allmählichen Evolution entsteht« (3).

Im Gegensatz dazu sagt die Bibel, dass Gott (der Kreator [Schöpfer] aller menschlichen Fähigkeiten) selbst seit Ewigkeiten »ist, der Er ist«. So bedeutet Jahwe, der hebräische Eigenname Gottes, übersetzt »Ich bin, der Ich bin«.

Wenn man sich Gott als ewigen Geist und ›ewiges Urprinzip‹ vorstellt, dann wird Er selbst sich nicht erst im Ablauf einer Zeitachse entwickelt haben. Wenn Befürworter der Evolution meinen, dass auf jedem Planeten, der alle Voraussetzungen dazu erfüllt, zwangsläufig Leben entsteht, so glauben sie ebenfalls an ein Urprinzip des Lebens, das »ist, was es ist«, und das schon immer war und das »zwangsläufig« Leben hervorbringt. Letztendlich glauben sie an dasselbe, woran auch ein an Gott glaubender Mensch glaubt: an eine seit Ewigkeiten bestehende Ursache aller Dinge.

Ursache und Wirkung

Alles, was aus etwas Vorangehendem hervorgegangen ist, muss in dem Vorangehenden in irgendeiner Form bereits enthalten gewesen sein:

Eine Ursache kann viele Auswirkungen haben, aber keine der Auswirkungen kann quantitativ größer oder qualitativ besser sein als die Ursache. Das verdeutlicht der Energieerhaltungssatz (erster Hauptsatz der Thermodynamik).

Da wir Menschen ein Bewusstsein haben, ist die Folgerung, dass die Ursache unserer Existenz ebenfalls ein Bewusstsein hat, naheliegend. Energie kommt nur von Energie / Leben kommt nur von Leben / Bewusstsein kommt nur von Bewusstsein. Das kann durchaus plausibel vertreten werden. Oder sollten **wir**, als Endprodukt einer langen Entwicklung, **die Ersten** sein, die über ihre eigene Existenz nachdenken und sich ihrer selbst bewusst sein können? Auch einige Evolutionisten glauben nicht, dass wir die höchsten Wesen im Universum sind. Die Außerirdischen, woran viele von ihnen glauben, sind uns Erdenmenschen überlegen und im Charakter mit den überirdischen Wesen der Religionen vergleichbar ...

In Bezug auf die Weiterentwicklungen, die wir heute beobachten, darf Folgendes nicht vergessen werden:

a) Warum können sich Lebewesen ihrer Umgebung anpassen? Weil sie bereits über Mechanismen verfügen, die eine solche Anpassung ermöglichen.

b) Warum hat die menschliche Technologie Fortschritte gemacht? Weil der Mensch bereits über ein kreativ arbeitendes Gehirn / einen kreativen Geist verfügt.

Das menschliche Gehirn

Wie wenig bis heute von der Funktionsweise des menschlichen Gehirns und unseren kognitiven Fähigkeiten bekannt ist, verdeutlicht der Sinneswandel, den die moderne Hirnforschung in den vergangenen Jahren erlebt hat.

Mitte des 19. Jahrhunderts entdeckte der Arzt Rudolf L.K. Virchow die sogenannten Gliazellen. Er vermutete, dass diese Zellen eine Stütz- und Haltefunktion erfüllen, und gab ihnen, abgeleitet vom griechischen Wort für »Leim«, den Namen Gliazellen. Im Vergleich zu den Tieren hat das menschliche Nervengewebe erheblich mehr Gliazellen. Gliazellen sind kleiner als die Nervenzellen und beanspruchen ca. 50 %

des Gehirns. Im menschlichen Gehirn gibt es ca. 10- bis 50-mal mehr Gliazellen als Neuronen.

Bis vor Kurzem dachte man, dass diese Zellen ein Stützgerüst für die Nervenzellen bilden und zugleich für die gegenseitige elektrische Isolation der Nervenzellen sorgen. Neuere Erkenntnisse zeigen jedoch, dass sie sich maßgeblich am Stoff- und Flüssigkeitstransport sowie an der Aufrechterhaltung der Homeostase[7] im Gehirn beteiligen. Zudem wirken sie im Prozess der Informationsverarbeitung, -speicherung und -weiterleitung mit.

Mit der Entdeckung dieser Funktionen hat die Erforschung des menschlichen Gehirns vor wenigen Jahren wieder einmal erst richtig begonnen.

Referenzen

(1) David, die Bibel, Psalm 8,6.

(2) Die Bibel, 1. Mose 1,27.

(3) Richard Dawkins, *Der Gotteswahn*, Ullstein, 2007.

94 Gewissen und Ethik

Das Gewissen und die Ethik werden sich kaum in einem seit Millionen von Jahren dauernden gnadenlosen Überlebenskampf entwickelt haben. Das Gewissen bringt keinen Überlebensvorteil. Der Instinkt ohne Gewissen würde wahrscheinlich in den allermeisten Fällen zur Ausmerzung der gegnerischen Rasse verleiten. Das Gewissen hingegen hält davon ab,

---

7 Unter Homeostase (»Gleichgewichtsfähigkeit«) versteht man das ständige Bestreben des Organismus, verschiedene physiologische Funktionen einander anzugleichen und diesen Zustand möglichst konstant zu halten. In diesem Zusammenhang wird insbesondere auf eine der kleinsten Regionen des Gehirns, den sogenannten Hypothalamus, Bezug genommen, der als übergeordnete Schaltzentrale an der Basis des Gehirns liegend ein wichtiges Integrationsorgan zur Regelung des inneren Milieus des Körpers ist.

rein skrupellos und nur als auf den eigenen Vorteil Bedachter zu agieren.

Die Welt der Evolution (wie sie selbst von Befürwortern der Evolution formuliert wird) ist eine wesenlose Zufälligkeit. Leben oder Tod, Sein oder Nicht-Sein, alles ist gleichwertig, weil alles zufällig und damit ohne Plan und Ziel ist. Eine sinn- und ziellose Welt ist aber ein äußerst brüchiges Fundament, um ethische Verpflichtungen zu begründen.

Die allgemein formulierte Evolutionsethik (die per Definition sinn- und ziellos ist) soll nach Ansicht berühmter Philosophen doch auch immer einem großen Ziel entgegenstreben. Friedrich Nietzsche spricht von der Entwicklung bis hin zum »Übermenschen« und Teilhard de Chardin (in pseudochristlicher Verbrämung) vom »Punkt Omega«. Aus evolutionstheoretischer Sicht könnten Sterbehilfe, Abtreibung und manche Praktiken von Genmanipulation (als Instrumente einer weiteren evolutionären Entwicklung) durchaus positiv gewertet werden. Das Gewissen hingegen hält uns eher von solchen Praktiken ab (1).

Wenn die menschliche Rasse tatsächlich aus einem gnadenlosen evolutionären Überlebenskampf hervorgegangen wäre, dann gäbe es keinen sinnvollen Grund, den evolutionären Fortschritt durch Ethik und Moral zu behindern. Das Überleben des Stärksten kann nicht die Grundlage für unsere Ethik sein. Wie kann die ethische Fragestellung beim Menschen überhaupt auftauchen, wenn der egoistische Überlebenstrieb angeblich über viele Millionen Jahre die einzige Maxime des tierischen Verhaltens war? Wie kommen egoistische Lebewesen plötzlich dazu, uneigennützig an das Wohl des anderen zu denken?

In der Tierwelt (2) können wir beobachten, wie sich einzelne Individuen zusammenschließen, um gemeinsam zu jagen, sich gegen gemeinsame Feinde zu verteidigen und kranke Familienmitglieder zu pflegen. Auch reziproker Altruismus (gegenseitiges Füttern, gegenseitige Fellpflege, symbiotisches

Zusammenleben zweier verschiedener Grundtypen) ist in der Tierwelt häufig anzutreffen. Demgegenüber besteht die menschliche Ethik darin, sich unabhängig vom eigenen Vorteil Gedanken über das »moralisch richtige« Verhalten zu machen. Die menschliche Ethik ist eine Reflexion über das an sich geforderte richtige Verhalten und nicht nur über die Frage: Was nützt mir (oder meiner Familie) im Moment am meisten? (Utilitarismus)

In Sachen Ethik sind die meisten europäischen Philosophen inkonsequent. Ihr »wissenschaftlicher« Hintergrund ist zwar die Evolutionstheorie, aber die Grundlage für ihre Ethik und ihr praktisches Handeln ist immer noch (bewusst oder unbewusst) die Bibel. Interessant ist ein Zitat des englischen Naturalisten Thomas Henry Huxley aus dem 19. Jahrhundert: »Ich muss bekennen, wie verwirrt ich war, als ich eine Grundlage zu einer moralischen Verhaltensweise für unsere chaotische Zeit suchte, ohne die Bibel zu gebrauchen« (3).

Offensichtlich ist es nicht möglich, eine Ethik, die diesen Namen auch verdient, auf der Basis der Evolutionstheorie aufzustellen. Wo dies in Ausnahmefällen doch geschehen ist, handelte es sich durchweg um die ganz finsteren Epochen der menschlichen Geschichte (Hitler und der Nationalsozialismus, Marx, Stalin und der Kommunismus) – die größten Verbrechen der Menschheitsgeschichte wurden im Irrglauben der Evolutionstheorie begangen.

Referenzen

(1) Marcel Wildi, *Evolution und Schöpfung und die jeweiligen Konsequenzen für die Ethik*, Seminararbeit, STH Basel, 1992.
(2) Frans de Waal, *Der gute Affe*, dtv, München, 1996.
(3) Octobible-Führer der Expo Tabernacle, Lausanne, 1992, S. 15.

95 Liebe, Freude, Leid und Trauer

Die Existenz des Phänomens Liebe lässt sich nur schwer mit den Vorstellungen der Evolutionstheorie vereinbaren. Abgesehen von der geschlechtlichen Liebe ist sie eine unbeschreibliche, rein geistige Komponente, die dem naturalistischen Weltprinzip widerspricht. Soll das Leben wirklich aus unbelebter,»gefühlloser« Materie entstanden sein? Wenn das der Fall sein sollte, dann können auch Liebe, Freude, Leid und Trauer nichts weiter als immens komplizierte naturalistische Mechanismen sein, die jedoch im gnadenlosen Überlebenskampf der Evolution eher hinderlich als nützlich wären. Könnte es sein, dass am Anfang des irdischen Lebens nicht der Zufall, sondern die Liebe eines intelligenten Schöpfers stand?

Im engeren Sinne ist»Liebe« die Bezeichnung für die stärkste Zuneigung, die ein Mensch für einen anderen Menschen empfinden kann. Liebe ist ein Gefühl oder mehr noch eine innere Haltung positiver, inniger und tiefer Verbundenheit zu einer Person, die den reinen Zweck oder Nutzwert einer zwischenmenschlichen Beziehung übersteigt und sich in der Regel durch eine tätige Zuwendung zum anderen ausdrückt.

In der griechischen Sprache unterscheiden wir drei verschiedene Arten von Liebe:
- **eros** bezeichnet die sinnlich-erotische Liebe, das Begehren des geliebten Gegenübers, der Wunsch nach Geliebt-Werden, die Leidenschaft.
- **philia** bezeichnet die Familien- und Freundesliebe, Liebe auf Gegenseitigkeit, die gegenseitige Anerkennung und das gegenseitige Verstehen.
- **agape** bezeichnet die selbstlose und fördernde Liebe, die Liebe eines Vaters oder einer Mutter zu ihrem Kind und die Nächsten- sowie die Feindesliebe, die das Wohl des anderen im Blick hat. Man nennt sie auch göttliche Liebe (1).

Im Evolutionsablauf werden die Beziehungen in erster Linie durch Egoismen bestimmt, während agape und philia zuerst das Wohl des anderen suchen. Doch selbst die eros-Liebe ist in evolutionistischen Kreisen umstritten. Nicht wenige Befürworter der Evolutionstheorie weisen darauf hin, dass es eine Vielzahl von eingeschlechtlichen Lebewesen gibt, die gänzlich ohne eros-Liebe auskommen. Doch warum gibt es sie? Damit die am besten angepassten Lebewesen ihr Überleben absichern können? Eine nicht sehr romantische Vorstellung ...

Fazit

Das Alter der Erde und des Universums kann mit wissenschaftlichen Methoden untersucht werden. Ebenso die Abstammung der Arten und der Aufbau unseres Ökosystems. Dabei muss das Modell der Evolutions-, Ursuppen- und Urknalltheorie deutlich infrage gestellt werden. Doch niemand wird Ihnen im wissenschaftlichen Sinn beweisen können, dass über allem Leben ein liebender und fürsorglicher Schöpfer steht, der **Sie** persönlich von ganzem Herzen liebt, der sich mit Ihnen freut, der mit Ihnen Leid und Trauer empfindet und der Sie zu sich nehmen möchte, wenn Ihr physisches Herz einst nicht mehr schlagen wird.

Stellen Sie sich vor, ein verliebter junger Mann möchte seiner Freundin beweisen, dass er sie liebt. Wird er das mit logischen Argumenten und wissenschaftlichen Methoden tun? Kann man eine Liebe, die rein logisch nachvollzogen werden kann, überhaupt Liebe nennen? Ebenso wenig wird es Gottes Plan sein, uns auf alle unsere Fragen eine rationale Antwort zu geben. Denn die Liebe wird nicht mit dem Verstand, sondern mit dem Herzen erfasst. Gott ist Liebe – wenn Sie **das** glauben, dann wissen Sie mehr, als die Wissenschaft (wie hochstehend sie auch sein mag) jemals ermessen wird ...

Referenz

(1) Paulus von Tarsus, die Bibel, 1. Korinther 13.

Schlusserklärung

Die vorliegenden 95 Thesen haben wir nach bestem Wissen und Gewissen zusammengestellt und dabei ein möglichst breites Quellenmaterial berücksichtigt. Dennoch ist unser Wissen sehr unvollständig, und es ist klar, dass diese und auch die folgenden Versionen der 95 Thesen immer noch Irrtümer enthalten können.

Da wir bestrebt sind, Fehler zu korrigieren, bitten wir Sie, uns nach dem aktuellen Stand der Wissenschaften Feedbacks und Änderungsvorschläge zukommen zu lassen. Unsere Kontaktdaten sowie die aktuellste Version der 95 Thesen finden Sie unter **www.0095.info**

Die Autoren

Dr. jur. Dieter Aebi, Dr. med. Markus Bourquin,
Prof. a. D. Dr.-Ing. Werner Gitt, Dr. chem. Ruedi Hartmann,
Dipl.-Ing. Kai-Uwe Kolrep, Roland Schwab,
Dipl.-Ing. Hansruedi Stutz, lic. theol. Marcel Wildi.

Nachwort

Evolutionisten und Nicht-Evolutionisten steht genau das gleiche naturwissenschaftliche Datenmaterial zur Verfügung. Es ist nicht eine Frage der naturwissenschaftlichen Daten, sondern eine Frage der vom eigenen Weltbild bewusst oder unbewusst beeinflussten Datenauswahl, -interpretation und -extrapolation, ob jemand das Modell der Evolutions-, Ursuppen- und Urknalltheorie befürwortet oder ablehnt.

Der Glaube, dass chemische und physikalische Gesetzmäßigkeiten genügen, um die Komplexität und Vielfalt des Lebens und den unermesslichen Kosmos hervorzubringen, wird durch die naturwissenschaftliche Datenlage nicht zwingend gestützt. Bei vielen Herkunftsfragen muss die naturwissenschaftlich korrekte Antwort schlicht lauten: Wir wissen es nicht. Das wirkt ehrlicher, als unbewiesene Hypothesen als Tatsachen auszugeben.

Die Autoren der 95 *Thesen gegen die Evolution* wissen und anerkennen, dass gerade in der naturwissenschaftlichen Grundlagenforschung viele Forschende mit großem persönlichen Einsatz versuchen, neue Horizonte sichtbar werden zu lassen. Dabei werden nicht nur Fragen beantwortet, sondern es tauchen auch immer wieder neue, oft unerwartete Fragen auf. Die Zahl der ungelösten Fragen nimmt rascher zu als diejenige der lösbaren Fragen.

Leider ist es in der öffentlichen Evolutionsdebatte so, dass über noch ungeklärte Detailfragen diskutiert, aber die Evolution im Sinne der Höherentwicklung nicht grundsätzlich infrage gestellt werden darf. Leuten, die das trotzdem tun, droht der Ausschluss aus dem Wissenschaftsbetrieb und dem Bildungswesen. Hier können Verfechter der Evolutionstheorie, oft unbewusst, ihren totalitären, dogmatischen und ideologischen Standpunkt einnehmen.

Die Autoren wünschen sich eine Gesellschaft, in der jedem Menschen die Freiheit zugestanden wird, seine Weltanschauung selbst wählen und vertreten zu können, soweit dadurch die Freiheit anderer nicht eingeschränkt wird. Es erscheint ihnen legitim, über ein Weltbild der Entstehung des Lebens, frei von evolutionären Dogmen und gesellschaftlichem Druck, nachzudenken.

Der grundsätzliche Beweis- und Plausibilitätsnotstand der Evolutionshypothese wird exemplarisch in den hier vorgelegten 95 Thesen dargelegt. Die Orientierung der Autoren bei diesem Thema ist die Sicht der Bibel, in der steht: »Seit der Erschaffung der Welt sind Gottes Werke ein sichtbarer Hinweis auf Ihn, den unsichtbaren Schöpfer, auf Seine ewige Kraft und Sein göttliches Wesen.« (1)

Referenz

(1) Paulus von Tarsus, die Bibel, Römer 1,20a.

Ken Ham u. a.

Fragen an den Anfang

CLV

288 Seiten, Paperback
ISBN 978-3-89397-279-1

Dieses Buch liefert Antworten auf die zwanzig am häufigsten
gestellten Fragen über Schöpfung, Evolution und das 1. Buch
Mose.
Die Autoren kombinieren wissenschaftliche und biblische
Argumentation in gelungener Weise, ohne Faktenwissen und
Weltanschauung zu vermischen. Es ist überzeugend fachlich
versiert und doch einfach zu verstehen.